U0060114

大都會文化
METROPOLITAN CULTURE

SEE THE FUTURE

看見未來

超級精英破解未來大趨勢

有一種邏輯指向未來

顏石泉

　　2010 年 9 月 17 日的傍晚，一場不急不緩的小雨給正值尖峰時段的北京帶了一場史無前例的堵塞：開車比走路還慢。人民因此把「首都」的名字改為「首堵」，這讓人煩惱不已。而清華大學交通研究所所長陸化普卻在回答央視記者的提問時說，城市整體性道路堵塞才剛剛開始，三、五年內全國至少 50 個城市都將如同北京般堵塞。

　　堵塞是一種資格，北京的今天其實就是陸化普先生所指 50 個中國城市的明天。但，三、五年真是太快了。陸化普顯然是交通方面的專家，陸先生作此預告的當天，北京堵車依舊。三、五年是指未來，只不過看得見。而能得出此結論，依據的是邏輯。如果不相信邏輯就只能等到那天到來時看了。

　　2010 年 8 月 10 日，英國人史蒂芬・威廉・霍金對英國媒體說，地球會在 200 年內滅亡。霍金是英國劍橋大學應用數學及理論物理學教授，當代最重要的廣義相對論和宇宙論家。是當今享有國際盛譽的偉人之一，被稱為在世最偉大的科學家，還被稱為「宇宙之王」。霍金的說法有些突然，也無疑於在科學界投下一顆重磅炸彈，且波及廣闊，因為這顯然不只是科學界關心的問題。那天，倫敦的天氣一如往常。

　　「人類生存的唯一機會就是搬離地球，到別的星球上居住。」霍金在接受採訪時悲觀地說。人類要是想在接下來的幾百年存活下去，可得「小心」度過。

　　霍金的話在網路上引發爆炸，而 8 月 10 日，正是蘇言的《2012 地球

懸念》火熱加印之時，由於蘇言的另一本書《上海沉沒》也已上市，IPCC主席在世博會上再指，2050年上海可能將與多個城市一起被海水淹沒。因而，氣氛並不良好。有網友直指霍金身體狀況是否有問題，網友的意思是：這個結論太可怕了。我知道：**因為太可怕，所以無人相信。**

與陸化普先生對三、五年後中國城市堵塞預告一樣，霍金的預言時間相對長遠，也讓人有些難以企及，但其實邏輯是一樣，哪一個更可靠？顯然，前面那道算術題相對更簡單，儘管已足以令人震撼。然而，這只是關於未來的另一個預告。

2010年11月，蘇言和賀瀨的新書《看見未來》再次讓我看過並作序，我也如同該書的指向一樣：感慨不已！因為，對全球來講，相信會有幾年艱難的日子要過。好在，多數預言相信中國的崛起毫無懸念。

拒絕相信沒有發生的事，是現實或超現實主義者，而能通過現實看到未來的人則是智者。但所有的大眾卻希望智者能預知吉祥的未來，否則就不想面對。

1加1等於2，為什麼？前面的「1」猶如歷史，後面的「1」猶如現實，而「2」則等於未來。邏輯的方程式是歷史加現實等於未來，可見，未來並不是虛構的，而是有一種邏輯的指向。就如同中國的應試教育導致了今日中國大量之「山寨」產品一樣，一定是一種原因導致了一種結果。

比如：石油用完了必須產生新的能源，而如果沒有新能源會是什麼結果？

比如：地球上人口巨量膨脹，結果就必然導致轉基因產品，而轉基因產品又導致何種結果？

比如：氣候暖化海水上升，沿海城市受淹於海，而其原因是人類對於熱能無法控制的需求。

2010年11月9日，美國前總統布希的回憶錄《抉擇時刻》在美國本土上市銷售，在談到對伊拉克戰爭時，小布希強調了老布希對自己的支持。「父親說：你做的是一件正確的事情。」

伊拉克戰爭給當地人民帶來巨大痛苦，同時也讓小布希聲望大跌，但他仍堅持當初決定的正確。不過回憶錄稱，在獲悉伊拉克並無大規模殺傷性武器時，小布希坦言「當時有一種令人作嘔的感覺。」可是，話又說回來，如果伊拉克確有大規模殺傷性武器，這仗有那麼簡單嗎？至少會有更多的人傷亡。我們如果再做假設：假如伊拉克有原子彈呢？邏輯的推演讓人無法假設和想像，又必須去假設和想像。未來的歲月裡，難講有多少弱小國家會尋找這種結果，而一旦形成這種結果，未來世界不出問題則已，萬一有問題基本就是毀滅性的問題。而，沒有問題可能嗎？

關於未來，很多算術題我們不願做而又不得不去做，因為別無選擇。子彈會傷人，你得告訴不知道的人們。

人類持續了半個多世紀的和平，用於發展經濟，而經濟也好比一個氣球，吹大後同樣面臨爆炸，那它的爆炸與人類的戰爭氣球大爆炸比又會怎樣呢？

網際網路、通訊和交通的便捷令現代人對過去和現在的資訊知道得太多，卻堵在對未來的通路上。想想自己，關於資訊你是否對過去很富有，而對未來則一貧如洗？

看見未來，你看不到，超級精英卻看得到。

未來是冷的

蘇　言

這本書從 2009 年底開始收集資料，到 2010 年 5 月開始整理資料，再到 8 月正式著手撰寫，我們遇到同樣的問題，即：未來是灰調子的。為此，在 5 月整理資料時，我們告誡自己，一定要竭盡全力去尋找未來世界的陽光地帶。但很遺憾，直到送廠，我們依然覺得：未來是冷的。

也許，提供一種忠告是戰略家們的職業習慣。好事大家就享樂著吧，而不好的事則要提請注意。唯有一件事特殊，那就是關於中國的崛起。

更多的戰略家們相信中國的崛起：市場的巨大，國家發展的團結一致，領導決策的堅定快捷無不令戰略家們獲此結論。只不過這個問題對西方世界來講具有兩面性，因為顯然這意味著他們的衰退，而這又是戰略家們同時得出的結論。

雖說溫室效應導致全球氣候暖化，但暖是以極端現象為表現形式的，即有極暖也有極寒，體現為兩個極端，而極端氣候恰是人類作為一種特殊的動物形態所難以接受的。且這種極端若稍有突破，則是人類的底線。極熱與極寒其結果是同一個道理：人類無法接受！因而說未來是冷的。再加上水危機、石油危機過後，在新能源徹底產生之時，石油是否已經枯竭？如是，未來難道不是冷的？

更不能設想第三次世界大戰。美國人以為槍炮依然管用，因而航空母艦到處游弋，卻不想萬一爆發世界大戰，根本就是毀滅性的結果。但是，雖然已知結果，似乎人類仍然有可能偏執地向那個方向行駛。

人類為何永遠逃不掉疾病的侵害？當有人告訴你，這一切根本源於一

種控制的時候，人類開始覺察到自己的渺小，就像螞蟻知道有人類一樣。當人類最終確切知道有 UFO，並確認 UFO 是外星人的交通工具時，自信心受到毀滅性打擊。但這一切根本就符合邏輯：人類固然比螞蟻聰明，應該也一定有比人類更聰明的動物，並永無止境。知道這一點，應該讓人類有所節制，否則同樣會有滅頂之災。

未來是冷的，還源於當今已逐漸變為現實的經濟危機。本書雖然是在「預告未來」，但不幸的是很多未來卻正在發生之中，而且比預告的時間來得快。

超過 100 位超級精英用各自的專長預告未來世界：美國經濟學家哈利‧鄧特指經濟蕭條已經出現，2012 年是蕭條的重要時段；哈佛大學金融歷史學教授尼爾‧弗格森指，歐洲主權危機並未結束，隨後將在日本和美國爆發；英國劍橋大學教授、著名物理學家史蒂芬‧威廉‧霍金更指，地球將在 200 年內毀滅……

我們無法相像超級精英指：2011 年大量 UFO 會「君臨地球」，如果是，那又是為什麼？

如果超級精英們在運用自己的知識「預知未來」，那麼，本書的目的則是要通過精英們的眼睛讓讀者「看見未來」。本書的內容因為是全解未來，你可以不相信，但不可以不知道。

目 錄 CONTENTS

沃倫‧巴菲特　　哈利‧鄧特　　高善文

第一章　世界級經濟危機後傳　019

你這輩子經歷的唯一一次經濟蕭條即將出現，2012 年則可能是蕭條期的重要時段，
是自 1930 年以來最大規模的經濟危機……
不只在美國，金融危機之後，一個全面的貨幣貶值時代將到來。

努里爾‧魯比尼　尼爾‧弗格森　吉姆‧羅傑斯　　陳光炎

第二章　見證，歐元大崩潰　029

受席捲全球的金融危機影響，在 2020 年，
歐洲大陸未來將有可能分裂成「西部歐洲」、「新歐洲」和「巴爾幹聯盟」三大部分。
預計金融危機後的五年內，美元仍將製造危機前的資金泡沫，
並導致大宗商品、黃金和石油價格暴漲。

茲比格涅夫·
布熱津斯基　　喬爾·科特金

第三章　未來亞洲格局，大國林立　039

2015 年左右，美國或將失去世界霸權地位。未來，或者可能在一個時期面臨解體，
甚至可能出現此伏彼起的「城市游擊戰」。

尼古拉斯·波義耳

第四章　如何度過一場世界戰爭　055

2014 年發生的重大事件將決定整個世界的走向：
和平繁榮抑或戰亂貧窮。世界金融動盪將會是「2014 危機」的導火線，
導致民族主義勢力升溫，
美國領導人對此的反應和採取的行動會對未來產生重大影響……

羅伯特·肯納

第五章　未來食物，半個地球的猜想　063

至 2020 年，轉基因作物的種植面積可能會超過天然作物。
在未來很長一段時期，人類與害蟲進行的戰鬥將更加激烈。
到二十一世紀末，地球上將只有轉基因作物。

拉金德拉·帕恰里

法蘭西斯·柯林斯

斯蒂芬·明爾

在二十一世紀，希臘神話中獅、羊、蛇合於一體的神話怪物似乎就要出現。
不久以後，複製人很快將像試管嬰兒一樣被社會接受，
沒有任何力量能阻擋富豪們去複製自己，
去複製 500 名瑪麗蓮・夢露。

保羅・薩福　　克雷格・文特爾

第九章　「DNA 生成」，基因世界輪盤　107

不管人類喜歡與否，
未來必定會有人在某處設計出改良品種的人類。
人類會在此後的一個百年內，
利用基因科技改良現有人種……
未來的富人將借助先進的技術重塑身體，
繼而與普通老百姓分開，進化為一個新的種族。

約翰・貝丁頓

第十章　時間輪，地球人口解碼　117

西方文明即將毀滅！人口問題是造成西方文明毀滅的關鍵。
人是傳承文明的唯一載體，有了人，才有一切。
沒有了人，就什麼也沒有了……
到 2030 年，世界將面臨人口「超級風暴」，出現大的動盪。

撒母耳・亨廷頓　　喬治・弗里德曼

第十一章　大遷移，未來移民到哪裡　127

在今後二十年歐盟正面臨著一個社會發生巨大變化的時代，
但政治家們都沒有加以重視。
歐盟國家都忽視了一枚移民「定時炸彈」……
二十一世紀世界人口會在達到一個頂峰後逐漸回落，
人口的減少會加劇各國對移民的爭奪。

比爾・蓋茲　　賈斯汀　　雷・庫日韋爾

第十二章　倒數計時，「人工智慧」鎖定　145

機器人很快將重複個人電腦崛起的道路。
點燃機器人普及的「導火線」，這場革命必將與個人電腦一樣，
徹底改變這個時代的生活方式……

傑倫・拉尼爾

第十三章　2015，「第二人生」傳奇　151

到 2015 年，2% 的美國公民將在虛擬世界裡結婚……
傳統的婚姻家庭模式在二十一世紀將逐步終結。
在 2030 年，生育權將逐漸淡化，家庭將解體，

每個人都可以單獨生活。
家庭將不再需要孩子來維繫，
女人甚至男人都可以找生子公司代孕後代。

雷姆・庫哈斯

第十四章　異度空間，虛擬城市生活指南　159

2020 年，憂鬱症將成人類健康第二大威脅，僅次於心臟病。
甚至，在發達國家中，
憂鬱症的排名超越所有疾病，躍居第一位。
在 2020 年至 2030 年後，
人類幾乎徹底與物理世界隔絕，
全面走入虛擬世界。

亞瑟・克拉克

第十五章　「數字虛擬社群」出場　167

在人類進入流動社區和虛擬社群時代後，
社會各組織將認同「幸福指數治天下」的價值觀，
而不再成為 GDP 的奴隸和盲從者。
在 2020 年，一些城市的社區革命性變化，
將促使人類反思生活的價值，
並重新定義他們的生活規則……

馬丁・里斯

柯林・坎貝爾　　比羅爾

保羅・克魯岑

阿爾文・托夫勒

第十九章　新疆界，哪些行業行將消失　201

人類現有的大多數職業再過 20 年將會永遠消失……
在 2020 年，是完完全全的被個性顛覆的時代，
人們將不再滿足於大規模生產下的標準化產品，
而重新發現個人創造的價值。

理查・賴利

第二十章　未來學校將發生什麼　215

在 2020 年，教育系統並未瓦解，但它已變得過時。
教授將被來自不同領域的教練隊伍所取代，
單一的授課方式將被各種實踐挑戰所取代……

史蒂芬・威廉・霍金

第二十一章　月球背面，一半是水　225

地球將在 200 年內毀滅，
地球上的生命一直不斷地承擔著被一場災難從地球上抹去的風險，

人類逃離地球毀滅最好的辦法是，
20 年內在月球上建立永久性基地，
而在接下來 40 年內在火星上建立殖民地，
外星人存在的可能性很大，但人類不應主動尋找他們，
應盡一切努力避免與他們接觸……

尼古拉斯・斯　詹姆斯・洛夫　馬克・林納斯　弗蘭克・芬納
特恩　　　　　洛克

第二十二章　6 度界限，地球蛻變　239

「異常」氣候可能只是全球氣候變冷趨勢的開端而已。
未來可能持續 20 至 30 年之久，全球將經歷一個寒冷的冰河世紀。
當人類正不斷往大氣中注入二氧化碳造成「溫室效應」時，
地球這個行星本身可能正進入一次劇烈無比的冰川期中。
溫室效應將與地球冰川期激烈碰撞。

赫拉爾多・阿爾達納

第二十三章　2012，化石時代預言　251

太陽正從沉睡中甦醒，在未來幾年間，
人們預計將會看到更多太陽活動。
在二十一世紀末，也許沒有人會相信，人類所生存的地球，
所面臨的危機，遠遠超過人類所經歷的史前年代。

加來道雄

第二十四章　超弦時代，「蟲洞」旅行　263

隱身披風和隱形傳送可能會在本世紀變成現實，
時間旅行至少在幾千年後才能實現。
蟲洞是宇宙中的隧道，它能扭曲空間，
可以讓原本相隔億萬公里的地方近在咫尺。
黑洞和黑洞之間也可以通過蟲洞連接，
當然，它還是僅僅是一個連通的「宇宙監獄」。

艾倫·韋斯曼

第二十五章　與未來告別　271

在天上可以做到地面上做不到的事……
生物的時鐘也在一刻不停地往前走。
那麼人類究竟會通向何方？
百萬年後我們的後代又會是什麼樣子呢？

第 一 章

世界級經濟危機後傳

【本章專家】

哈利‧鄧特　美國經濟學家、著名經濟分析師

保羅‧克魯曼　美國諾貝爾經濟學獎得主、世界著名經濟學家

沃倫‧巴菲特　世界投資大師

高善文　中國安信證券首席經濟學家

你這輩子經歷的唯一一次經濟蕭條即將出現，2012 年則可能是蕭條期的重要時段，這是自 1930 年以來最大規模的經濟危機……

不只在美國，金融危機之後，一個全面的貨幣貶值時代將到來。

1 哈利‧鄧特，－唯一一次經濟大蕭條

2009 年，美國經濟學家、著名經濟分析師哈利‧鄧特二世在《2010 大崩壞》一書中預測，你這輩子經歷的唯一一次經濟蕭條即將出現，2012 年則可能是蕭條期的重要時段，這是自 1930 年代以來最大規模的經濟危機。

哈利‧鄧特被譽為紐約最準確的長期趨勢預測家，曾準確預測了 2001 年網路科技泡沫化，及 2002、2003 年繁榮期，哈利‧鄧特指出，美國當前印鈔票救經濟的做法是飲鴆止渴，因為美國遲早會發現，鈔票印的再多，只會增加更多負債，導致整體經濟進一步下滑，從人口統計的趨勢來看，實體經濟每 40 年一次的消費週期，加上每 30 年一次的商品行情，都將到達反曲點，未來 10 年將是這一波經濟衰退最慘烈的時期，至少要等到 2020 年才能回到下一次的經濟繁榮期，且必須以中、印為首的新興市場興起後，才有可能再次來臨，因此，可歸納在未來 10 年內，至少有四種資產要緊抱：現金（強勢貨幣）、高評價公司債、亞洲股票、中國的消費相關股票。

哈利‧鄧特預測，世界上沒有哪個國家像中國這樣，以如此飛快的速度趕上西方國家的生活水準，未來 10 年內，西方世界的人口將加速老化，經濟成長速度繼續放緩，情況將比大多數人預期的更為嚴重。但是，中國存在著兩大矛盾，其一是中國自 1970 年代初期以來，實施的一胎化政策將出現問題，以人口統計趨勢看，中國消費潮將在 2015 年到 2020 達到高峰，然後開始下滑，尤其是在 2035 年以後，情況將更為嚴重，中國人口老化速度將比美國更快，與歐洲與日本相當，事實上，東亞包括日本、韓國等國家，其人口增長從 2020 年起開始趨緩，當下一波全球經濟繁榮期在 2020 年揭開序幕時，中國將被印度追上。

中國的另一矛盾是由上而下的成長模式，以政府主導重大投資和吸引

外資來加速自身成長，這種模式在新興國家成長週期的原始積累階段更為重要，因為國家必須給予產業更多的「管教」，制定法律和金融體系，打造產業所需要的基礎建設。這種由上而下的成長模式也會束縛住中國的發展。

當前至 2023 年的這一段時期，美國經濟會步入寒冬或淘汰期，所有傳統資產類別或多或少都將走跌，大多數資產配置模型都將一敗塗地。在不景氣時，風險的群聚現象對於這個時期造成最大衝擊，因為在成長繁榮期隨著泡沫繁榮出現的各種資產泡沫，在這個時期將陸續破滅。因此，商品市場、房地產市場和股市都會在未來幾年內出現重挫。

哈利‧鄧特提到，每隔 40 年因為經濟趨勢，股市和經濟會出現一波高點，每隔 30 年，石油價格和商品價格也會創新高，經濟也具備大約 80 年一輪的生命週期，而且，現在就是經濟的生命週期對人類生活影響巨大的時刻之一！經濟學家在預測上總是犯了一個大通病：人類傾向於做線性預測，但是現實生活和進步的發生卻是以指數曲線週期上下起伏。過去的幾十年裡，股市、房地產和商品這三個巨大的泡沫已經蓬勃發展達到高潮，並開始同時下調。在即將來臨的蕭條期中，傳統的資產配置會一敗塗地。

哈利‧鄧特預測三階段：

第一階段，繁榮泡沫終於破滅，引發震驚，經濟體制和金融體系都受到重創，尤其是泡沫期創造出的龐大債務和極高的槓桿效應，這時候就發生通貨緊縮危機，銀行和企業也紛紛破產。這個階段通常持續 3 到 5 年（例如：1930 年到 1933 年、日本在 1990 年到 1992 年的情況。這次週期可能發生在 2010 年到 2012 年，或 2010 年到 2014 年）。

第二階段，因為政府振興經濟方案發揮效力，以及股市第一次大崩盤時的超賣現象所致，許多投資類別會出現反彈行情。通常，市場會持續 3 到 5 年的熊市反彈行情（例如：美國在 1932 年到 1937 年的情況、日本在 1992 年到 1996 年的情況。這次週期可能出現在 2012 年中到 2017 年

中），屆時大多數經濟學家和政治人物將聲稱：蕭條期已經結束。

　　第三階段，進入最後一波的衰退，相較下沒那麼嚴重，因為人口統計趨勢和技術趨勢持續走弱所致，通常持續 3 到 5 年（例如：美國在 1937 年到 1942 年的情況、日本在 1997 年到 2003 年的情況。眼前這個週期可能出現在 2017 年到 2020 年，或持續到 2022 年）。

　　哈利‧鄧特指出，2010 年到 2020 年至 2023 年間，經濟循環週期進入淘汰期，將出現通貨緊縮或經濟蕭條。在這個循環週期中，除了現金和優質債券以外的所有資產（包括房地產、股市和商品）將大幅貶值，傳統的資產配置模型也將一敗塗地，同時許多企業和金融機構也會破產倒閉。而第三次世界大戰（亞洲機率較高），可能在 2020 年代中期爆發。

　　印度是最後階段的主導國家。2030 年可能超越中國；2060 年，在經濟實力和軍隊實力上跟美國匹敵，甚至超越。

　　下一波經濟繁榮將從 2020 年至 2023 年揭開序幕，持續到 2035 年至 2036 年，再下一波繁榮大約在 2052 年到 2069 年。

　　在這波大蕭條後，下一波大蕭條可能發生在 2060 年代後期到 2070 年代，東亞、中東和非洲國家將因此受到重創。

2 紙牌預言，經濟危機的 10 年

　　在經歷了金融海嘯後，美國經濟有沒有走出低谷？歐債危機會不會拖累全球經濟二次探底？全球經濟到底會走向何處？2010 年 6 月，諾貝爾經濟學獎獲得者、世界著名經濟學家、美國普林斯頓大學教授保羅‧克魯曼在《紐約時報》專欄發表文章預測，一些國家過早展開財政緊縮政策的擔憂，決策失誤可能會觸發經濟史上的第三次大蕭條，蕭條期可能持續10 年。

　　保羅・克魯曼曾提前 5 年準確地預測出亞洲經濟危機以及美國華爾街金融風暴，克魯曼對經濟學家普遍動輒以複雜、抽象的數學理論推斷經濟的做法很不以為然，經濟衰退很普遍，但經濟大蕭條卻很罕見。經濟歷史上只有兩次經濟衰退在當時被廣泛地描述為「大蕭條」。第一次是在經歷了 1873 年的經濟恐慌後進入了通貨緊縮和市場不穩定時期；第二次就是 1929 年至 1931 年金融危機後大量失業人員無法就業的困難時期。

　　克魯曼預測，中國將成為全球金融與貿易的主導力量，但成為最大經濟體還需 20 年，全球金融危機將改寫中國經濟地理版圖。未來第三次大蕭條主要是由決策失誤引起的，世界各國政府現在均表現出對通貨膨脹的過度擔憂，而事實上，真正的威脅卻來自通貨緊縮；各國領袖都在宣揚收緊開支的必要性，而人們面臨的真正問題是支出不足。2010 年之後，歐美各國失業率、尤其是長期失業率依然居高不下，且並沒有跡象顯示失業率在短期內能夠迅速下降。而同時，美國和歐洲似乎都正在走向日本式的通貨緊縮困境。面臨這種嚴酷的情況，人們可能會期望決策者意識到他們在推動復甦方面做得還不夠。而事實卻相反，在過去的幾個月裡，許多國家的決策者都日益關注財政緊縮計畫並且趨向於按傳統觀念平衡預算。各國過早實施財政緊縮計畫和退出經濟刺激，那麼為這一政策埋單的只能是那數百萬的失業人員，他們中的許多人可能要持續幾年處於失業狀態，甚至有一些人永遠無法再回到工作崗位上去。不管是十九世紀的長期低迷還是二十世紀的大蕭條，它們都並非發生在經濟持續衰退時期。相反，當時都包含了週期性的經濟增長，但那些經濟改善並不足以彌補最初經濟衰退帶來的損害，如今的情況看起來更接近十九世紀經歷的長期低迷期，儘管形勢沒有像二十世紀大蕭條時期那樣嚴峻，但本次大蕭條的代價，對全球經濟、尤其是對受失業困擾的人民來說，仍然是巨大的。

　　克魯曼提到，永遠不要猜測股票市場，股票市場並不一定告訴經濟未來的所有資訊。有很多情況下人們可以看到，股票市場的大幅度波動對經濟沒有任何反映，股市的大跌並沒有預示著經濟的衰退，股市的大漲也沒

有預示經濟的成功。近年來六次大規模的股票市場上漲，都沒有正確地預示經濟的復甦，所以股票市場並不是一個很好的可以預測經濟的市場。有些資產價格的變化只是意味著人們以為有一些事情會發生。

3 巴菲特投資預告

2010 年 5 月，世界投資大師沃倫·巴菲特在伯克希爾·哈撒韋公司股東大會的專訪中預測，不只在美國，金融危機之後，一個全面的貨幣貶值的時代將到來。從全球貨幣範圍來講，不管是美元還是歐元、英磅，總體來講都會貶值。全球很多貨幣很可能會貶值，錢不值錢了，能購買的東西少了。經濟會出現泡沫，人們總是會走過頭的，每個人都會，但當大家同時走過頭的話，人們就會看到泡沫從房地產到網路，以後還會有別的。人類的思維方式決定了人們會對周圍人們的情緒和行為有所反應。當看到別人靠賣貝殼，賣花苞，可以賺錢時，自己就會想也可以同樣的賺錢。如果能夠在別人狂熱的時候，自己保持冷靜，當然最好。但問題是人類的思維就是在那種時候，只有非常少的人，能夠看清未來，但沒有人會注意他們，聽他們的。

4 全球化危機，投資保值大預測

2010 年 4 月，安信證券首席經濟學家高善文在媒體撰文預測稱，未來中國經濟增速將出現系統化下移，這也意味著從 1980 年開始的中國經濟增長奇蹟，可能就此結束。而目前處在輿論風暴中心的房市，也將面臨

泡沫破裂的風險。

回顧過去 20 年中國經濟波動的歷史，從產能餘缺的角度來看，大致可以 10 年為跨度劃分成兩個週期：第一輪週期大約是從 1992 年開始，一直持續到 2001 年；第二輪週期從 2002 年開始，目前可能正在接近尾聲。

高善文預測，從 2011 年下半年開始，中國嚴重的通貨膨脹將導致政府更加嚴厲的宏觀調控，導致經濟減速。

高善文預測，一次大規模的經濟危機，不外乎兩種原因，物價水準和匯率。這兩個要素出問題，會導致銀行金融體系出問題，最後整個金市做一個大清理，在未來 3 到 5 年內，這個經濟危機的條件完全具備。以依靠廉價勞動力供給形成的不平衡的經濟發展，將得到系統化的徹底清算。這次清算有兩個重要標誌，一是地方融資平臺的清理；二是樓市泡沫的破裂。

高善文提出這一觀點的依據是，中國在從 2003 年到 2006 年某個時間點已經跨過了「路易斯拐點」。在經濟學上，勞動力的這種無限供給到短缺的轉變，被稱為「路易斯拐點」。「路易斯拐點」的到來也使得以往依賴勞動力數量和價格優勢的中國經濟發展模式遭遇到極大的挑戰。高善文預測，未來 3 年，農民工工資將保持 16% 至 25% 左右的增長。農民工、建築工、工廠工人，他們的工資在比較快速地上升。這個過程正在比較快速地推動很多領域價格上升。實際上，從 2010 年開始，如果扣除大學畢業生和離退休人口，中國社會可以供應的低端勞動力已經是負增長。由於用工成本上升，通脹預期普遍存在。目前從微觀經濟系統看，通貨膨脹的壓力正在積聚，不過由於企業毛利率尚處較高水準，仍有調整空間。

但在 2011 年 7 月後，生豬、乳製品、蔬菜、水果以及勞動力工資將出現此起彼伏的上漲。中國這麼多年的通脹壓力，包括這一輪的通脹壓力，甚至未來幾年之內的通脹壓力，主要來自於食品領域。

高善文指出，例如六〇年代的日本，大家都在稱讚日本的奇蹟，但是七〇年代經濟體系的崩潰，也是在這次巨大的崩潰之後日本才實現了電子

等方面的崛起。在這次東南亞危機中，很多國家都沒有爬起來，而韓國卻實現了恢復的高增長。若要在完全不出現危機的情況下去實現經濟轉型，這種可能性只能祈禱。

從經濟危機的視野看，除了現金類的資產，其他資產看長遠都不太踏實。包括黃金債券，吸引力都不是很大。危機發生之前，債券是最差的資產，不過危機一旦發生，它立刻就會變成最好的資產。因為很快各個系統都會出問題。當然看短一些，如果運做的快，流動性好的資產還是可以快速進出，股市還可快速進出，三、四線城市的房子還有投資價值。

高善文預測，未來 10 年，經濟新週期有三個重要發展方向：

第一方向：大眾消費

在過去的十年中，從消費端來看，非常重要的特點就是汽車開始快速地進入中國中產階級家庭，包括住房擁有率、人均住房面積也開始快速上升。同這樣一個消費升級相比較，整個經濟結構需要配合非常大的調整，比如重工業、化工、有色金屬比重就需要提升。

所以說，中國需要在這些領域，形成更多的產能。但是產能大量的興起和釋放，最終又會形成一定的產能過剩和產能的清除，這也會有一定的週期性，一般認為這個產能週期的長度大概是 8 到 10 年。

這一輪 10 年經濟增長非常快，紡織、空調、家電等行業的增長迅速，但是相比之下，房地產、鋼鐵、化工等行業產量的增長則可以說是非常驚人的。在行業層面上，它們的結構和內容總是在不斷變化的。

在 2000 年左右，中國還沒有像樣的房地產市場，大部分還處在分房、房改的階段。但是，到了 2009 年，實際上人們已經有一個市值可能比股票市場還要大得多的房地產市場，所以在結構層面上會有很多這樣很重要的變化。

服務實際上可以理解為大眾消費的一部分，例如：醫療服務、教育等。現在許多家長把孩子送到國外念書，很大的原因是對中國教育體系的

失望。中國教育體系生產出來的產品，是不是符合市場的需求？學生念了這麼多年的書，花了這麼多錢，犧牲了這麼多機會成本，是不是能夠給他們帶來相稱的收益能力的提高呢？其實就是看教育到底能不能市場化。可見，在教育領域存在很大的問題。

第二方向：機器替代人力

隨著人力變得越來越昂貴，生產過程用機器替代人力是必然趨勢。企業要加速勞動生產效率的提高，不僅需要給勞動力配置資本，而且也要給他們配置有效率的、代表了很多技術的工具。這個本身會對整個產業，甚至經濟增長形成廣泛的影響。相對而言，這是比較確定的一個方向。

第三方向，進口替代

即是用自己生產的產品去替代進口品，最後再變成出口，打倒其他國家的產業。實際上，上世紀九〇年代的紡織、鋼鐵、電器設備都是這樣的。但是在大量的技術密集型，複雜程度非常高的領域，中國都是大量依賴進口的。現在中國液晶電視、手機等的生產量都很大，但核心技術和部件都需大量進口。經濟發展水準要提高，製造業競爭力要提高，裝備製造能力要提高，必須逐步替代進口。

第 二 章

見證，歐元大崩潰

【本章專家】

尼爾・弗格森　美國哈佛大學教授

羅伯特・夏皮羅　美國商務部前副部長

陳光炎　新加坡著名經濟學家

努里爾・魯比尼　美國紐約大學經濟學教授

劉利剛　澳大利亞澳新銀行經濟學家

彼得・希夫　美國經濟學家

吉姆・羅傑斯　世界投資大師

受席捲全球的金融危機影響，在 2020 年，歐洲大陸未來將有可能分裂成「西部歐洲」、「新歐洲」和「巴爾幹聯盟」三大部分。

預計金融危機後的 5 年內，美元仍將製造危機前的資金泡沫，並導致大宗商品、黃金和石油價格暴漲。

債務崩盤,「國家破產」預測

　　2010 年 1 月,美國哈佛大學著名教授尼爾‧弗格森在美國 CNBC 的財經欄目預測說,歐洲主權債務危機沒有結束,並將先後在日本和美國爆發。弗格森稱,這取決於是借入本國貨幣還是外幣,如果是前者,就可能將導致通脹;而後者則可能導致違約。他預測,由於美國控制著美元,它可以大量發行美元來減少其債務,但處在歐元區的希臘和其他國家無法效仿,所以這些國家的債務成本將會上升。這一事實將使人們認識到全球經濟的重心已經在多大程度上從西方轉移到了東方。

　　2009 年 3 月,美國中央情報局(CIA)在一份預測報告中指出,受席捲全球的金融危機的影響,在 2020 年,歐洲大陸未來將有可能分裂成「西部歐洲」、「新歐洲」和「巴爾幹聯盟」三大部分。

　　其中「西部歐洲」包括:德國、法國、英國、奧地利、西班牙、葡萄牙、荷蘭、比利時、挪威、丹麥、芬蘭、瑞典、瑞士和義大利。「新歐洲」將由愛沙尼亞、拉脫維亞、立陶宛、捷克、斯洛伐克、斯洛文尼亞、波蘭和克羅埃西亞組成。

　　所謂「巴爾幹聯盟」,根據中情局的預測,主要由東南歐組成,這裡聚集著大量的東正教人口。具體國家可能包括波黑(波斯尼亞和黑塞哥維那)、羅馬尼亞、保加利亞、塞爾維亞、馬其頓、希臘、阿爾巴尼亞。

　　2010 年 6 月,位於法國南部城市尼斯的智庫「歐洲政治預測實驗室」在一份預測報告中指出,主權國家債務違約和隨後形成的「債務之牆」,已經超出了這些國家的實際償還能力,將與西方銀行體系產生致命衝突,最終必將導致一場大危機。2006 年時該實驗室準確預測了美國次貸危機的爆發,從而名聲大噪。

　　該智庫早在 2009 年初就勾勒出一幅前程黯淡的圖景:國際金融危機在經歷了「爆發(次貸危機)、加劇(波及整個金融體系)、衝擊(危機

從金融領域轉向實體經濟領域）和清晰（經濟危機深化並導致全球衰退）」
四個階段後，從 2009 年年底將進入第五個更為嚴峻的階段：「全球地緣
政治體系解體」，表現形式為各國內部產生動盪，甚至爆發內戰。

報告認為，一些國家政府故意向公眾宣傳「危機得到了控制」，或提
出一些局部的改善來掩飾全域的惡化。如美國總統歐巴馬大肆宣揚他將
「堅定不移地削減美國國債」，而實際上卻再舉 1 萬 9 千億美元國債，使
美國債務達到天文數字的 14 萬 3 千億美元。法國也同樣。同時，當局宣
布失業率將「呈下降趨勢」，另一方面又為多達上百萬人因超過失業救濟
期限將要失去生活保障而頭痛。報告預測，未來影響世界經濟走向的因素
主要為兩大摩擦：歐元區與美元區、美元與人民幣匯率。報告還認為，如
果各國繼續掩飾嚴峻的現實，通過宣傳勾勒虛幻的回升，危機將會來得更
為猛烈。

所有這些問題最根本的關鍵，是各國債務遠遠超出了儲蓄。目前西方
發達國家正面臨歸還 2005 年至 2007 年債務的高峰期，當時世界各國認為
存在著「免費的午餐」而大幅舉債，到今天因利潤不足（僅 2% 至 5%、
遠非當年估計的 10%），要歸還本金的時候卻資不抵債。在 2010 年西方
發達國家從家庭到企業，一直到國家，都面臨巨額債務的償還問題。而其
中最主要的問題是主權國家債務違約現象的上升：從 2008 年的冰島，到
2009 年的拉脫維亞、愛爾蘭、杜拜，一直到 2010 年的希臘，都出現了類
似的問題。而下一波可以預測到的則是更為嚴重的 3 個國家：日本、英國
和美國。這三個國家一旦出現債務違約，將動搖整個世界金融體系，而且
沒有一個國家能夠對此提出解決方案。

2010 年，歐盟統計局預測，歐元區經濟成長動能仍弱。2010 年經濟
成增率僅為 +0.7%，2011 年幅度亦不高，僅成長 1.5%；而希臘及西班牙
今年更分別持續負成長 0.3% 及 0.8%，明年成長率亦低於 1.0%。歐元區
各國失業率持續攀升，歐盟一再強調的將預算赤字控制在 GDP 的 3% 之
下已變成一紙空談，歐元區將面臨成立以來最大的考驗。

2 債務鐘,「PIIGS」五國黑債

2009 年,美國商務部前副部長羅伯特‧夏皮羅在《下一輪全球趨勢》一書中預測,在 2020 年之前,歐洲主要國家以及日本將會面臨真正的經濟衰落前景,退休養老制度必將遭遇嚴重問題,在全球經濟及地緣政治的邊緣化道路上越滑越遠。

在全球化的推動下,絕大部分重工製造崗位以及數以千萬計的高端服務崗位,將會從以美國為代表的先進國家,持續轉移到中國、印度、印尼、墨西哥、羅馬尼亞、土耳其及其他發展中國家。所有主要國家——美國、歐洲諸國、日本及中國——都將面臨醫療領域的嚴重問題,整個世界難以避免遭遇能源供應與氣候變遷危機。

2010 年,英國《經濟學人》雜誌根據 2009 年設置的「全球政府債務鐘」預測,到 2010 年底,全球政府負債將高達 37 萬億美元,而 2011 年則將突破 45 萬億美元。在 2014 年,美歐等發達國家的公共債務水準將從 2007 年 GDP 的 78% 升至 114%。意味著這些政府將欠每個國民 5 萬美元的債。

「全球政府債務鐘」除了概括各國債務外,還依據各國政府債務總額占國內生產總值(GDP)比率的高低,在世界地圖上以不同顏色標示。其中,負債最嚴重的美國、加拿大、日本以及歐洲地區為最差的黑色,而俄羅斯、中國及印度等國為負債較低的淺綠色。

債務鐘顯示,英國政府的債務負擔正在以每秒近 1 萬美元的速度遞增,已經達到 1.38 萬億美元,占到 GDP 的 63.9%,人均負債 2.24 萬美元。由於經濟危機造成稅收收入大幅下降,英國政府的債務在過去一個月中飆升了 265 億美元,這一數字幾乎是 2012 年倫敦奧運會總預算的兩倍。

美國的政府負債額為 6.73 萬億美元,占到 GDP 的 48.1%。美國白宮

行政管理和預算局上月公布的預測資料顯示，儘管美國 2009 年度財政赤字將從先前預測的 1.84 萬億美元降至 1.58 萬億美元，但未來 10 年總赤字將大幅升高 9 萬億美元。相比之下，中國政府負債額為 0.87 萬億美元，平均每人負債僅為 653 美元。

在「PIIGS」五國（葡萄牙、義大利、愛爾蘭、希臘、西班牙）中，南歐的希臘、義大利、西班牙和葡萄牙四國，自 2008 年金融危機後，企業和家庭相繼「去槓桿化」，浪潮洶湧，政府身處赤字和債務的重重困擾中。

希臘本身經濟狀況不容樂觀，國債負擔沉重，超級社會福利體系更加重了其經濟結構性問題。自 2011 年歐洲央行可能恢復只接受 A- 級以上國債作為貸款的抵押品，在希臘政府深陷債務危機之後，2010 年 2 月統計資料顯示，西班牙政府財政赤字規模已經達到國內 GDP 的 11.4%，失業率更是高達 20%，過度的流動性更使得西班牙國內的通脹問題嚴重，CPI 等通脹指標資料已經連續多月保持在兩位數的水準。

經濟軟肋制約了歐元區的發展。享受慣了高福利的歐洲國家很難推出增稅、降薪等政策，當前，希臘 2009 年政府赤字占 GDP 比例超過 12.7%，愛爾蘭 2009 年政府赤字占 GDP 比例約為 10.75%，西班牙 2009 年政府赤字占 GDP 比例也超 10%，位居歐元區赤字前三位。

2010 年 2 月，紐約大學經濟學教授，魯比尼全球經濟學網站主席努里爾‧魯比尼在一份報告中預測，全球經濟將會在 2012 年第二次探底，許多發達經濟體對財政赤字貨幣化開始習以為常，其央行已大量購買短期、長期政府票據，使貨幣基數猛增。財政赤字大規模貨幣化終將導致財政列車脫軌，或引發高通脹預期，甚至「雙鬼拍門」，從而大幅推高長期國債收益，把原本就猶疑脆弱的經濟復甦活活扼殺。

3 2015，黑鐵時代「貨幣權」

2010 年初，英國渣打銀行在匯市展望報告中預測，人民幣將處於長期升值趨式，2011 年年底達到 6.00 元，2013 年年底達到 5.20 元，2015 年年底達到 4.50 元。預計人民幣將在不久與美元「脫鉤」重新步入逐步升值軌道。中國經常賬盈餘需要收窄至一個更加便於管理的水準。

2009 年，新加坡著名經濟學家、南洋理工大學教授、亞洲研究所所長陳光炎預測，人民幣在國際市場的地位越來越重要。下一個世界金融中心，將是以上海和香港為代表的中國。預計到 2015 年，人民幣兌美元匯率將降到 5.8，而到 2025 年，匯率將為 2.8。陳光炎依據日元在經濟上升期的表現，經過一系列經濟資料分析而得到這一結果，此前在 2003 年，他曾預測 2005 年人民幣兌美元匯率 8.1，事實證明預測極其準確。

以日本為例，1970 年，日本的 GDP 為 2068 億美元，1980 年為 10279 億美元，到了 1990 年為 30222 億美元，2000 年為 47661 億美元；2005 年為 46638 億美元。自 1970 年至 2000 年的 30 年間，日本 GDP 翻了 23 倍，幾乎每年增長 80%；而從 2001 至 2005 年 5 年間，儘管日本搭上了中國經濟快車，每年經濟增長了 2%，但是以美元計算，日本 GDP 的絕對值以美元計算居然減少了 1000 億美元。這是怎麼回事呢？原來這一切都是匯率惹的禍。1995 年時，日圓兌美元最高曾經達到過 78：1。後來隨著日本經濟泡沫的破裂，日元兌美元逐漸回跌到 115：1 至 118：1，開始穩定下來。

陳光炎提到，為了應對國際金融危機，作為新的債權人，中國被迫進行國際貸款，因此積累了大量的美元和歐元外匯儲備，這為中國帶來了巨大的外匯風險。對一個擁有中國這樣巨大國土和巨額外匯儲備的經濟體來講，以世界最大借款國的貨幣作為存儲本國財富的載體是缺乏長期戰略意義的。作為一個迅速崛起的債權國，中國需要最小化自己面對的匯率風

險，並通過對外借出本國貨幣來提升自身的金融中心地位。這正如英國在大不列顛和平時期以英磅放貸並把倫敦作為全球經濟中心進行推廣；相同的歷史也在美國統治下的和平時期重複，美國以美元放貸而紐約也成為世界金融中心。下一個世界金融強國，將是中國。

陳光炎指出，長期來看，在人民幣成為真正的國際貨幣之前，中國政府必須至少解決好三個問題：完善匯率市場機制、擴寬並深化國內資本市場、實現人民幣資本帳戶可兌換，例如：直接投資、國際貸款和組合投資。

4 貨幣氾濫，新匯率大戰

2009 年末，英國路透社公布了三十三名分析師簽署的調查報告，調查結果顯示，中國人民幣兌美元匯價被低估了 20%。中國逐漸放開人民幣匯率的舉措，意味著人民幣的自由兌換或到 2020 年方能實現，這也是中國希望上海成為國際金融中心的目標日期。

1993 年 6 月，人民幣兌美元的黑市匯率是 11.7 元兌 1 美元，2010 年 10 月，人民幣兌美元匯率的中間價約為 6.69 兌 1 美元。根據哈樂德‧巴拉薩‧薩繆爾森效應理論（HBS 效應），人民幣上升了很多，反映著十多年間中國的生產力急升。

2010 年 10 月，英國渣打銀行發表報告預測，亞洲將面臨新一輪資金流入，資產價格上升的風險增加。根據中國央行 2010 年 8 月公布資料，2010 年，中國整體外匯金融資產的異常變化，明顯超出外匯儲備部分的外匯金融資產，存在著大量「來路不明」的「熱錢」，這顯示在人民幣升值預期的誘惑下，「熱錢」大規模流入中國。

2010 年，全球經濟學界「先知」，曾在 2006 年準確預測美國次貸危

機及 2008 年投行傾覆的美國紐約大學經濟學教授努里爾・魯比尼預測，美國通過印刷貨幣來使債務縮水，由此所引起的通脹也將稀釋美國公共和私人債務。預計美元未來 2 年或 3 年兌亞洲國家貨幣和巴西等大宗商品生產國貨幣將下跌 15% 至 20%，「因為長時間內大宗商品價格將維持高位」。這一趨勢在未來幾年仍有可能持續。美元的衰落將會是一個漸進的過程，美國很可能追隨英國的軌跡，霸主地位和貨幣在未來幾十年裡緩緩逝去。歷史上，貨幣發行都或多或少地以金和銀為基礎，而這種關係在二十世紀七〇年代被徹底割裂。當今的國際貨幣體系所依賴的不是黃金，而是一種法定貨幣，它本身沒有任何內在價值，既沒有貴金屬的支持，也不能以任何形式固定其價值。這是一個前所未有的挑戰，在某種程度上，今天美元的作用和先前黃金的作用一樣。正如幾個世紀前的國王和銀行家，打開自己的金庫，發現那些堆積如山的硬幣已經化為灰塵。今天美元的崩潰只是這個古老故事的現代版本。

自金融危機以來，美國的主權債務危機愈演愈烈。2009 年，在倫敦召開的 G20 全球金融峰會上。美國政府問責局前總審計長、美國彼特・皮特森基金會總裁兼 CEO 大衛・沃爾克估計，如果把美國政府對國民的社保欠帳等所有隱性債務一起統計，2007 年美國的實際債務總額高達 53 萬億美元，這幾乎與全球 GDP 相當。經濟學家指出，美國金融危機發生後，債權國不能讓美國破產，否則某些債權國自己也會因此破產。換句話說，美元和美國的債務已經綁架了世界。

中國、印度的一些經濟學家表示，美國用自己幾乎無成本印製的美元來換取國外廉價的原材料等初級產品和勞動密集型製成品，或者併購國外的戰略性企業。預計金融危機後的 5 年內，美元仍將製造危機前的資金泡沫，並導致大宗商品、黃金和石油價格暴漲。全球流動性過剩將造成三種情況，一是資產價格上升，泡沫形成；二是 CPI 上升，通貨膨脹；三是二者兼而有之。

美國著名經濟學家克魯曼將當前全球經濟格局描述為：全世界都在努

力生產美元能夠購買的商品，而美國則負責生產美元，利用其核心貨幣提供國的地位，以印刷品的價格換取資本。在美國通過大量印刷貨幣來使債務縮水的背景下，世界各國爭相印刷貨幣，資金源源不斷地流入房地產、農產品等各類市場，並推高價格。2010 年 10 月，據《經濟觀察報》報導，中國發改委宏觀經濟研究所副院長陳東琪提到，中國經濟平均增長率達到 9.9%，最近 10 年增長更快。為了支撐中國經濟增長，中國貨幣管理機構釋放大量貨幣，證券機構國泰君安的研究資料顯示，從 2000 年 8 月，貨幣管理機構廣義貨幣發放量 12.8 萬億，到 2010 年 8 月 68.7 萬億，年均增長 18%。

增加貨幣並不沒有同比例的流入到居民口袋。清華大學經濟管理學院副院長白重恩分析，居民在國民收入分配中占比減少，錢大量地流入政府口袋。有了大量財力支持，政府支出自然有保障，2008 年全球金融危機時，中國政府迅速推出了 4 萬億經濟刺激計畫，2009 年，中國銀行業發放貸款總額更是達到前所未有的 9.59 萬億元，這些資金推動中國經濟迅速走出低谷，但埋下了流動性氾濫的隱患。企業，也從社會財富分配拿到更多的份額，從 1996 年到 2005 年，企業占國民收入的比例從 17.8% 上升到 24.6%。

中央財經大學金融學院教授郭田勇指出，傳統的實體經濟要麼是產能過剩，要不利潤微薄，要不就壟斷，社會資本沒有辦法介入，要麼門檻非常高，留給社會資本願意投資的空間就很少。

實體經濟的尷尬處境導致了資本大量流入房地產等領域。安信證券首席經濟學家高善文指出，那些具有資產性質的實物都成為了資金的棲息之地，這類資產必須要有核心特徵，一是長期儲存並且是有用；二是供應量不會隨著價格的上升而大幅度的增長。

澳新銀行經濟學專家劉利剛認為，美元氾濫催生了嚴重的貨幣危機，美元很可能會成為全球套利交易的新主角。因為，不管對保守型的養老基金還是激進型的對沖基金來講，借入低息美元並投入高息貨幣（人民幣）

或風險投資，都是一個極富吸引力的投資策略。此前，日元套利交易的成功示範，意味著會有更多的投機資金跟風加入到美元套利交易中。包括國際原油在內的大宗商品價格持續走強，都將導致中國面臨較為嚴峻的輸入型通脹壓力。同時，國內農產品價格的顯著上漲，將進一步推高食品價格，從而加大通脹壓力。未來，由於農產品價格的連續上漲引發市場擔心未來物價將繼續走高，下游相關行業商品也將可能面臨「水漲船高」的價格上漲行情。

華爾街資深「預言家」彼得‧希夫在《美元大崩潰》一書中提到，隨著金本位的布雷頓森林體系在上世紀七〇年代的瓦解，紙幣美元偷樑換柱，基本充當了世界貨幣的角色。目前是出口的順差越大，引進的美元投資越多，雖然獲得的美元紙幣越豐，但是風險也越大。

美元不僅早就與含金量脫節，而且在赤字財政、赤字貿易，擴張性的貨幣政策等的常年影響下，美元的理論購買力已經遠遠的低於了它的表象價值。

2009 年，世界投資大師吉姆‧羅傑斯在出席「亞洲金融論壇」時語出驚人，他預測美元未來將大幅貶值，並將失去作為世界外匯儲備貨幣的地位，2030 年中國二十年後人民幣會成為世界外匯儲備貨幣，當人民幣可以自由兌換時，建議港元與美元脫鉤。羅傑斯指出，由於美國過度借貸消費，造成經濟泡沫，目前正經歷痛苦的去槓桿化過程。美國共有十多萬億美元欠債，成為全球最大負債經濟體系，外債以每 12 至 15 個月增加 1 萬億美元的速度上升，而美國政府不斷印鈔，令美元匯價持續貶值，預期美元將會持續弱勢。

第 三 章
未來亞洲格局，大國林立

【本章專家】

茲比格涅夫‧布熱津斯基　地緣戰略家、美國前國家安全事務助理
喬爾‧科特金　全球未來學和城市問題研究權威
特奧‧佐默　德國《時代》週報政治分析家

2015 年左右，美國或將失去世界霸權地位。
未來，或者可能在一個時期面臨解體，甚至可能出現此伏彼起的「城市游擊戰」。

2015 年，世界各國派位

2009 年，曾在歐巴馬競選時任其外交事務顧問的波蘭裔美國國際關係學者、地緣戰略家、美國前國家安全事務助理茲比格涅夫‧布熱津斯基一次專訪中預測，2015 年，中國將領導一個亞洲合作的集團。中國和日本是否會成為對手，在很大程度上取決於中美關係。那時具有關鍵作用的全球力量三角將由美國、歐盟、中國和日本構成。

早在上世紀七〇年代，在前蘇聯這個超級大國還處在生產力不斷發展、上升階段，布熱津斯基另闢蹊徑，從生產關係角度來分析問題，在《大失敗》一書中準確預測了以前蘇聯為首的社會主義陣營的崩潰，引起了世界性的轟動。

布熱津斯基預測，未來的世界秩序的特點將是強權政治、民族對抗和種族關係緊張。即在某個時候，在世界地緣政治的激烈動盪的漩渦中，可能會使用大規模毀滅性武器。全球不平等現象勢必成為二十一世紀重大問題。這種不平等不但存在於國際範圍內，而且存在於各國內部。在未來的一段時間內，人們強烈地抵制這種不平等現象。這種抵制可能僅處於開始階段，更多地表現為憤恨而不是有組織的行動。令人更加憂慮的是，隨著世界人口的增長，財富分配不平等的現象更為顯著。2025 年世界人口將達 85 億。更加危險的是，這些人口大約有 2/3 集中在欠發達國家的貧民窟中，年輕人極容易接受激進的政治鼓動。

布熱津斯基指出，2015 年左右，美國或將失去世界霸權地位，未來，或者可能在一個時期面臨解體，甚至可能出現此伏彼起的「城市游擊戰」。美國將逐漸從一個「世界警察」的角色轉變為一個具有主導作用的領導者。美國不會就此放棄對全球的領導，而是希望通過調整，加強對全球的控制力，布熱津斯基認為今天的世界需要美國的領導，但是不但「美國的權力已不足以支持美國的立場」，而且「如何把它的權力轉成擁有道

德的合法性的領導」也已成問題。

布熱津斯基開出了一個清單，列舉美國面臨的二十個問題：（1）債務，（2）貿易赤字，（3）低儲蓄率和投資率，（4）缺乏工業競爭力，（5）生產率增長速度低，（6）不合格的醫療保健制度，（7）低品質的中等教育，（8）日益惡化的基礎設施和普遍的城市衰敗現象，（9）貪婪的富有階級，（10）愛打官司到了走火入魔的程度，（11）日益加深的種族和貧困問題，（12）廣泛的犯罪和暴力行為，（13）大規模毒品文化的流行，（14）社會上絕望情緒的滋生，（15）過度的性自由，（16）通過視覺媒體大規模地傳播道德敗壞的世風，（17）公民意識下降，（18）潛在的製造分裂的多元文化主義抬頭，（19）政治制度已不能溝通上下，（20）精神空虛感日益彌漫。

布熱津斯基一再指出美國社會有「解體的危險」甚至推測這已經是許許多多人表示的共識。除了今天世界上許多國家都面臨的價值觀念的混亂的問題而外，還有一個種族構成發生變化的問題。到 2050 年，美國人口中，歐洲裔的比重將從 60% 下降到 40%。這時的美國將與不久前的基本上是歐洲血統的美國迥然不同，它更可能反映出業已使世界分裂的文化的和哲學的分歧。

布熱津斯基心目中的未來世界的圖景已經現出相當清晰的輪廓了：越來越多的人口擠在一個越來越小的地球上。唯一有資格領導世界的超級大國——美國實際上已喪失領導能力，不但因為它物質力量不足，也因為它在精神上失去了像十八世紀法國能以民族主義與民主主義對世界所起的「催化作用」。美國的消費主義享樂主義一方面引起其他國家的羨慕與追求，使它們腐化墮落，一方面又引起後者的嫉妒與憎恨。當大多數人力求要過平等生活的願望得不到滿足時，新的政治上的荒謬事件又可能一陣陣爆發，可能會出現新的「準法西斯主義」。

布熱津斯基把行將過去的二十世紀稱做「大死亡」的世紀。二十世紀「最大的政治流派」是民族仇恨和貧富間的階級鬥爭。據他推算，由於戰

爭和各種爭鬥而死亡的不少於一億六千七百萬人，其規模是歷史上空前未有的。在他看來，造成這種殺戮的原因是起源於十九世紀的三個相互關聯的巨大力量：（1）識字的普及，（2）工業革命，（3）城市化。總體說來，在大部分已知的歷史中，人類一直是相對地順從其周圍的世紀，承認本身也是自然界的一部分。生存的嚴峻要求都被認為是「自然的」而恭順地承受了下來。「而」工業革命促使人類向自然界統治生命的挑戰能力有了量的飛躍。現實主義越來越把注意力集中到塵世生存的中心地位，提高人類的凡胎肉身而貶低人類的精神領域。結果，二十世紀成了空前地致力於建立全面的社會控制的第一個世紀，出現空前的大悲劇。在進入二十一世紀以後，在嚴酷的人為控制消失以後，又徹底轉向相對主義的 180 度的大轉彎，出現了全面失去控制的局面。幾乎所有的既定價值標準，特別是在世界先進地區大規模地瓦解了。世界因此已陷入了「全面的精神危機」。

布熱津斯基指出，電視對人類精神危機所起的破壞作用巨大。大眾媒介所傳播的價值觀念完全可以稱之為道德敗壞和文化墮落，而電視尤其是罪魁禍首。電視在內容上遵守「惡幣驅逐良幣」的「格萊欣定律」，為了吸引觀眾而日趨下流，在效果上則遵守「供給決定消費」的「薩伊定律」，引導社會腐敗頹廢。

布熱津斯基預測，科學技術發展另一個不可測度的方面——遺傳工程或者基因工程，遺傳工程已開始使人們步入窘境。它可能分裂人類，矛盾的尖銳甚至超過以前將人分為特權者和貧困者。也許在今後大約 15 年內，改變人的遺傳基因將成為可能，防止疾病的工作還必然要應用到人類本身。結果對人的生命來說可能是具有革命性的，其影響之大在人類史上是空前的。在沒有任何道德準則制約的情況下，就只有聽任遺傳工程的動力自行其是的危險。從遺傳上改進智慧和體能屬性首先將用於世界上那些有特權的人，從而在遺傳上改進的人和其他人之間就可能形成新的分裂，這會令人不寒而慄地想起希特勒種族淨化的狂想。

布熱津斯基預測，當今世界已出現了「新的不穩定弧形地帶」——這

一次是在歐亞大陸的巨大遼闊地帶。世界上有一半國家渴望近期成為擁有核武器國家，而且可能會成功的正是位於上述地理參數範圍內的國家，東亞是另一個有這種危險的區域。

這一弧形地帶從亞得里亞海自西往東延伸，毗連巴爾幹，抵達阿富汗，它從南往北圍繞波斯灣轉了一大圈（圈內包括近東一部分，南邊的伊朗，巴基斯坦和阿富汗，整個中東），沿著北部的俄羅斯——哈薩克邊境延伸，再往前，還包括俄羅斯——烏克蘭邊境。除了前蘇聯的南部領土，這條「弧形」還包括東南歐、近東和波斯灣區域這些地區的部分領土。在這「弧形」帶內有近 30 個國家，其中大部分國家尚處在建立自己政權的初期階段。這些國家中的大多數當前面臨著確定自己的政治態度問題。在他們的領土上居住著近 4 億人，其中恐怕沒有一個國家是單一民族的國家。

布熱津斯基指出，另一個可能會給全球安全帶來重要地緣政治威脅的地區是東北亞。他認為，如不適當處理朝鮮核問題，將給本地區帶來巨大影響和嚴重後果，甚至導致地區力量之間的重新分配。倘若在此問題上美國被認為無能為力，中國被認為不情願參與解決，那麼在本地區產生的反應將是一個用核武器武裝起來的日本。這就是為何美國和中國在此問題上的合作非常重要。

2 種群界限，未來新世界版圖

2010 年 10 月，全球未來學和城市問題研究權威、美國智庫「新美國基金會」研究員，未來學家喬爾‧科特金在美國《新聞週刊》發表「世界新秩序」文章，發表了一個未來全新的世界版圖。

喬爾‧科特金預測，「種群」一詞賦予了新的內涵。經濟全球化的浪

潮可以衝破傳統的地域疆界、國家和民族束縛，但即便是混居的人們，也將保留其各自的族群文化、信仰、行為方式特徵，在未來，一方面能夠適應全球化特徵、保持必要的開放性，另一方面堅持族群標籤的人，才會是名副其實的全球化贏家，這樣的族群才會是全球化部族、才可以在全球經濟和政治秩序的變化中不斷收益而不至於失去自身的基本凝聚力。

喬爾·科特金預測，猶太人、英國人（也包括同屬盎格魯—撒克遜族群的美國人）、日本人、中國人、印度人分別是從過去到未來的全球化部族。以猶太人羅斯柴爾德家族為例，正如許多知名經濟學家所指出的，歷史上許多強大的國家都排斥猶太人掌控政治資源、進入農業和（手）工業，迫使這個族群不得不從商，並不斷尋求新興、可以暫且庇護族群的商機；與之同時，猶太人還非常注意保留其民族特性，在中國之外的其他地方都成功的延續了自己的文化和習俗。這種「頑強和韌性的奇妙組合」，到了全球化時代，仍然是猶太人掌握全球金融命脈的關鍵支撐。相比法國人，英國人（及美國人）從近代開始，更加注重人員流動和文化流通的開放性。英美先後成為世界霸主，並長期維繫其影響力，不僅在於其財力和科技水準，而且還包括文化和語言優勢。特別是英語，儘管口音和用法五花八門，但全球各地的英語書面語仍然使用基本的標準語，這是其成為國際交流工具的保證。而建立和完善現代資本主義標準的英美，先後出現經濟和文化保守，這是族群、文明衰落的不祥之兆。

近代崛起之後，日本人族群仍然堅信，他們才能將傳統（日本本土神道教與儒家、佛教思想相結合的產物）和西方科技結合，才會產生一種全新的、更輝煌的社會方式。日本人仍然繼承了日本古代「鄉村文化」的許多基本特徵，保留著傳統上的狹隘偏見。日本真正的問題在於，它已不再是一個鄉村國家，而是一個世界性的部族，其傳統的思想觀念無論在國內多麼有效，都會造成其在世界舞臺上的自我毀滅。

喬爾·科特金預測，中國內外華人族群的團結，將造就一個全新的、強有力的全球性高科技網路，對於印度來說，只要印度更好的對接經濟全

球化的模式和要求，將會比日本人或中國人，更為深入地進入西方的主流
經濟和生活秩序。

在這張地圖上，各國重新排列組合，中國的位置居於中央，最為顯
要，並以鮮豔的橘黃色填充，頗為醒目，世界由 19 個「族群」組成。這
張地圖不以各國領土為界，而是按照經濟、人種、文化、宗教等來劃分。
原來以美國為首的北約、由 27 國構成的歐盟以及發展中國家組成的「第
三世界」，在新地圖中均消失，「北美聯盟」、「中央國家」、「橄欖共和
國」等新生 19 個「族群」取而代之。

喬爾‧科特金預測，在全世界，冷戰之後，原來以美國和前蘇聯為
基礎結盟的國家聯盟已失去意義；「金磚四國」也由於四個國家歷史、文
化背景相去甚遠，中印兩國迅速崛起而愈發顯得「牽強」。種群關係的甦
醒正在創造更複雜的全球聯盟。曾經通過外交定義的邊界，現在則要靠經
濟、歷史、種族、宗教以及文化來劃分。

中國在地圖上處於居中的位置，是歷史上劃定的疆域。而之所以稱之
為「中央國家」，與中國強勁的經濟增長力，日益強大的綜合國力和世界
影響力密切相關。同時，中國的種族團結和歷史優越感相當強烈，漢族占
了全國人口的 90%，創造了世界上最大的單一種族文化族群，使其具備了
無與倫比的文化凝聚力。

原來由亞洲、非洲、拉丁美洲及其他地區的 130 多個發展中國家組成
的「第三世界」，現在因為中國、印度、巴西等新興大國的崛起，也被重
新分割成七大區域。中國成為「中央國家」；印度、巴西以獨立的姿態出
現在「獨立國家」集團中；非洲、拉美地區則按經濟發展水準的不同及意
識形態的區分，被分為「南非聯盟」、「撒哈拉沙漠以南非洲」、「馬格諾
比安地帶」、「自由主義者」和「玻利瓦爾省共和國」。

歐洲也將一分為三，依據各國的歷史文化根源和經濟發展特點，重
新組合成三大聯盟，分別為以德國為首的「新漢薩同盟」、以英國為首的
「邊界國家」和希臘、義大利帶領下的「橄欖共和國」。

　　歐盟原有的 27 個國家如果只當成一個集體來對待，很難反映出歐洲各國當前不同的發展狀況，需要從歷史、文化、經貿等關係進行更細緻的劃分才更合理。

　　例如：「新漢薩同盟」的德國和丹麥、挪威、瑞典等北歐國家由於共用日爾曼的文化根源，以及在經濟發展、科技進步方面均排在歐洲前列被劃為一體。這六個國家有著令人羨慕的福利體系，它們皆是 2009 年全球繁榮指數前八名單成員，是世界儲蓄率最高的國家。在就業、教育以及科技革新等方面取得的成就令人印象深刻，因此在歐洲國家中屬於「第一階梯」集團。

　　而義大利、希臘、葡萄牙、西班牙等國因在貧困率、GDP 等每個類別的標準都遠落後於北歐國家，因此被分為一類，而且這些國家受 2008 至 2009 年金融危機影響嚴重，目前都面臨著巨額國債。而英國、冰島等因在經濟實力和國際事務上的影響力衰退，也淪為了歐洲「邊緣國家」。

未來新世界版圖：
【北美同盟】
成員：美國和加拿大
特點：這兩個國家在經濟、人口、文化方面密不可分，彼此容易互補而成為對方的最大交易夥伴。許多專家預計這片廣袤的地區也會走向難以避免的衰退。他們錯了，至少目前來說。北美有以紐約為首的眾多世界級都市；世界上規模最大的高科技經濟；全世界最發達的農業；人均淡水量是歐洲或亞洲的四倍之多。

【橄欖共和國】
成員：保加利亞、克羅地亞、希臘、義大利、馬其頓、蒙特內哥羅、葡萄牙、斯洛文尼亞以及西班牙
特點：這些與古希臘和古羅馬頗有淵源的盛產橄欖和葡萄酒的南歐國家，

幾乎在每個方面都落後於北歐各國：貧困率幾乎高出一倍，就業率則比北歐低 10% 至 20%。與大多數新漢薩國家相比，幾乎所有橄欖共和國的政府都有巨額財政赤字，以希臘最嚴重，其次是西班牙和葡萄牙。他們也是全世界出生率最低的地區：在人口老齡化方面，義大利是與日本平分秋色的國家。

【自由主義者】

成員：智利、哥倫比亞、哥斯大黎加、墨西哥以及秘魯

特點：這些國家是拉丁美洲標準的民主和資本主義的旗手。但仍被低居民收入和高貧困率所困擾，它們正嘗試加入快速增長的經濟體，比如中國的行列。但對其中一些國家來說與美國這個在該地區占主導地位的傳統經濟力量分裂似乎不太可能，尤其是墨西哥與美國有著地理和民族方面的近緣關係。然而，這些經濟體的未來是不明確的。

【玻利瓦爾省共和國】

成員：阿根廷、玻利維亞、古巴、厄瓜多爾、尼加拉瓜以及委內瑞拉

特點：以委內瑞拉總統烏戈・查維茲為首，拉美大部分地區又恢復了獨裁專制，以其歷來對美國和資本主義的反感重蹈「庇隆主義」的後塵。受查維茲主義影響的國家大都貧窮；玻利維亞的貧困人口超過 60%。挾其反美立場、礦產資源和能源儲備，它們很想以崛起的中國和俄羅斯為榜樣提升其在國際社會的影響力。

【獨立國家】

成員：巴西、法國、印度、瑞士、以色列

　　巴西　作為南美最大的經濟體，巴西的路線介於玻利瓦爾省共和國和自由主義國家之間。豐富的資源（包括海上石油）和工業實力使其成為二流強國（排在北美、印度和中東王國之後）。但存在嚴重的社會問題，尤

其是犯罪、貧困和腐敗問題。巴西近來已經從擁抱北美轉向尋求新的盟友，尤其青睞中國和伊朗。

法國 法國仍然是一個先進、以文明著稱的地方，一直致力於推廣法語文化以抵抗強勢的英美文化，同時熱衷於使歐盟成為一個更加緊密團結的經濟體。它不再是一個大國，比南歐那些橄欖共和國要強大，但經濟實力不及新漢薩國家。

印度 印度是世界上增長最快的經濟體之一，但居民收入卻不及中國的 1/3。整個國家的 13 億人口中至少有 1/4 處於貧困之中，其人口不斷劇增的大城市，尤其是孟買和加爾各答，出現了一些世界上最大的貧民窟。但也在從汽車製造業到軟體業等諸多行業扶搖直上。

瑞士 它本質上是一個通過電匯和航線而非海路與世界連接的城邦國家。一直保持著經濟繁榮，充足的淡水資源和良好的商業環境。

【馬格諾比安地帶】

成員：阿爾及利亞、利比亞、茅利塔尼亞、摩洛哥以及突尼斯

特點：這個地帶幾乎遍及北非的地中海沿岸國家，像利比亞和突尼斯這樣相對小康的國家有不斷發展的希望。但是，這些國家都普遍處於嚴重的貧困之中。

【新漢薩同盟】

成員：丹麥、芬蘭、德國、荷蘭、挪威以及瑞典

特點：十三世紀，一個被稱為「漢薩同盟」的北歐城市聯盟發展成被歷史學家費爾南·布羅代爾稱為所謂的「貿易創生的共同文明」。如今這些新漢薩國家都有日爾曼文化淵源，而且他們已經通過銷售高附加值商品給發達國家以及新興市場國家如俄羅斯、中國和印度找到了自己的市場定位。他們因其高福利制度而受到世人的稱道，近幾年這些國家大部分都已經完全開放經濟並融入全球市場。在列格坦

繁榮指數最高的八個國家中這些國家就占了六個，並擁有世界上最高的儲蓄率（25% 甚至更高），以及就業、教育和技術創新等方面令人讚嘆的領先水準。

【新土耳其帝國】

成員：土耳其、土庫曼斯坦以及烏茲別克斯坦

特點：土耳其是當今世界回歸部族趨勢的典型，更關注其東部與亞洲接壤的地區而非西部與歐洲接壤的地區。雖然與歐盟的關係對其經濟仍很關鍵，該國的經濟和外交已轉向奧斯曼帝國過去曾經控制的中東地區和中亞的同族兄弟國家，與俄羅斯的貿易也呈上升態勢。

【歐洲邊界國家】

成員：比利時、捷克共和國、愛沙尼亞、匈牙利、冰島、拉脫維亞、立陶宛、波蘭、羅馬尼亞、斯洛伐克以及英國

特點：這些國家正在努力尋找他們在這個部族化世界中的定位。其中的許多國家，包括羅馬尼亞和比利時，是多元文化並存的國家。它們易變，愛爾蘭已經從「凱爾特虎」變成了金融癱瘓的病貓。過去這些國家往往受制於強勢鄰國的軍事力量，將來他們可能會尋求自治並為爭奪勢力範圍而鬥爭。

【中東】

成員：阿富汗、阿塞拜疆、哈薩克斯坦、吉爾吉斯斯坦、巴基斯坦以及塔吉克斯坦

特點：這個地區依然是各大勢力博弈的中心，包括中國、印度、土耳其、俄羅斯以及北美。

【城邦】

成員：倫敦、巴黎、新加坡以及特拉維夫

特點：倫敦是金融和媒體中心，同時也是二級國家中最好的世界級城市；巴黎產出占法國 GDP 的 25%，也是許多全球大公司的總部所在地；新加坡位於太平洋和印度洋之間，地理位置優越，作為世界上最大的港口之一，這裡的收入和教育水準更高，堪稱城市化的典範；特拉維夫是以色列高科技出口中心，其人均收入比全國平均高 50%，也是 4/9 以色列億萬富翁居住的地方。

【俄羅斯帝國】

成員：亞美尼亞、白俄羅斯、摩爾多瓦、俄羅斯聯邦以及烏克蘭

特點：俄羅斯擁有儲量豐富的自然資源，不容忽視的科技實力，以及強大的軍事力量。俄羅斯正試圖在烏克蘭、格魯吉亞和中亞地區擴大其影響力。像過去的沙皇俄國一樣，新的俄羅斯帝國的凝聚力來自於其斯拉夫民族的身分，占其 1.4 億人口 4/5 的民族。從居民收入來看俄羅斯是個中等國家，居民收入大約為義大利的一半，也面臨人口迅速老齡化的問題。

【中央國家】

中國　也許中國並不會像國際貨幣基金組織近來預測的那樣在 10 年左右的時間內其國內生產總值就會超越美國，但它無疑是當今世界的新興超級國家。這個國家的民族認同感和歷史優越感依然很顯著。漢族占其人口的 90% 以上，是世界上最大的單種族文化民族。這個國家的文化慣性很強，許多外國公司正在學會適應它，要打入這個巨大的市場變得更加困難。中國對資源不斷增長的需求可以從其在非洲、玻利瓦爾省共和國、中東等地的經濟擴張中看出。然而，這個國家也面臨眾多問題：集權政體、貧富分化、環境惡化。人口也正在迅速老齡化，這個問題在以後 30 年內

將越來越突出。

　　日本　以其財富和工業實力而論，日本仍然是世界強國。但中國已取代其成為世界第二大經濟體。人口老齡化相當突出，部分原因是其抵制移民的政策，到 2050 年左右其超過 35% 的國民的年齡將超過六十歲。與此同時，其技術優勢日益遭到韓國、中國、印度和美國的衝擊。

　　韓國　韓國已經成為一個真正的科技強國。40 年前其人均收入與加納不相上下，現在卻是加納的 15 倍，韓國的平均家庭收入已接近日本。其經濟在全球經濟衰退中表現出了良好的復甦態勢，但它必須小心避免被吸入中國這台影響範圍不斷擴大的亞洲經濟引擎。

【東盟橡膠地帶】

成員：柬埔寨、印尼、寮國、馬來西亞、菲律賓、泰國以及越南

特點：這些國家有豐富的礦產資源、淡水資源、橡膠原料，還有品種繁多的食品，但不同程度地困擾於政局不穩。這些國家都正在努力實現工業化和經濟多元化。除了馬來西亞，其他國家的居民收入都不高，但這些國家有可能會成為繼中國之後下一個經濟高速增長的熱點地區。

【幸運國家】

成員：澳大利亞和紐西蘭

特點：居民收入與北美差不多，儘管這些國家的經濟較為單一。作為移民國家和共同的盎格魯‧撒克遜文化繼承者，它們在文化上親近北美和英國。但地理位置和以貿易主導的商品經濟意味著中國和印度也許會成為它們未來的主要交易夥伴。

【泛阿拉伯】

成員：埃及、約旦、科威特、巴勒斯坦領土、沙烏地阿拉伯、阿拉伯聯合

酋長國以及葉門

特點： 這個地區的石油資源奠定了其在政治和金融方面的地位。但是在像沙特和阿聯酋這樣的波斯灣石油大亨國家和與他們相比相當貧困的其餘國家之間有一個巨大的鴻溝。阿布達比的人均收入接近 4 萬美元，而葉門的人均收入卻只有前者的 5%。一個基於宗教和種族的強韌的文化紐帶把該地區結為一體，但與世界其他地區的關係卻不太融洽。

【撒哈拉沙漠以南非洲】

成員： 安哥拉、喀麥隆、中非共和國、剛果共和國、衣索比亞、加納、肯雅、賴比瑞亞、馬拉威、馬里、莫三比克、奈及利亞、塞內加爾、獅子山共和國、蘇丹、坦桑尼亞、東加、烏干達以及尚比亞

特點： 過去這些國家大都是英國或法國的殖民地，通常這些國家按以穆斯林為主還是以基督徒為主、說法語為主還是說英語為主來分別，缺乏文化的凝聚力。豐富的自然資源條件與 70% 甚至 80% 的高貧困率並存的現狀必將招來中國、印度和北美等資金充足的國家開發利用該地區的資源。

【大伊朗】

成員： 巴林、加沙地帶、伊朗、伊拉克、黎巴嫩以及敘利亞

特點： 以其石油蘊含量、相對較高的教育水準以及與土耳其相當的經濟規模，伊朗算得上是一股正在上升的勢力。但其影響力受其極端意識形態的遏制，其意識形態不僅與西方文化衝突，而且與廣大的阿拉伯文化也並不和睦。管理不善的經濟使該地區變成一個消費品、高科技裝備、糧食甚至成品油都完全要靠進口的地方。

【南非帝國】

成員：波札那、萊索托、奈米比亞、南非、斯威士蘭以及辛巴威

特點：南非的經濟是非洲目前規模最大和最多元化的。它具有良好的基礎
設施、礦產資源、肥沃的土地和雄厚的工業基礎。一萬美元的人均
收入已使其成為非洲相對富裕的國家。它與以基督教文化為主的大
多數鄰國萊索托、波札那和奈米比亞等也有較強的文化聯繫。

3 亞洲崛起進行時

2008 年，政治分析家特奧・佐默在德國《時代》週報撰文預測：二
十一世紀是一個動盪、變革和不確定的世紀。未來 50 年世界將發生急劇
變化，其中三大因素將起決定性作用：人口、全球化和戰爭問題。面對影
響力的減弱，如果西方不能很好地解決不平等問題，它有可能走向滅亡。

與過去的 50 年一樣，世界、世界秩序和世界的發展方向在今後半個
世紀裡也將發生急劇的變化。

在「人口發展元素」中，老牌工業國家中的人口變化比發展中國家
快。如今生活在發展中國家的人口占世界人口的 80％。二十年後發展中
國家的人口將占 90％。2025 年世界人口將達到 80 億，發展中國家的人
口 72 億，其中亞洲和非洲的人口分別為 47 億和 13 億。這意味著：西方
的人口減少。如果換一種表達方式，那就是白人在世界人口中所占的比例
下降。1900 年，歐洲人 —— 從廣義的地理概念上說 —— 占世界總人口的
20％，占令歐洲人感到自豪的 1/5。目前歐洲人在世界人口中所占的比例
降到了 11％。並且這個比例將繼續下降：到二十一世紀中，地理概念上的
歐洲的人口在世界人口中所占的比例將降至近 7％，到二十一世紀末，這
個比例將降到 4％。如果只考慮歐盟國家的歐洲人，目前是 4.91 億人口，

那麼這個比例將更低。2100年，歐洲和北美的人口分別為5億，世界其他地區的人口將達到80億。

從人口數量來看，歐洲顯然被擠到邊上——這在歐洲人在文明和文化方面完全獲勝的歷史時刻是不合邏輯的。

在「全球化」中，未來50年裡，世界經濟將在全球化的前提下繼續不斷增長——即使各地區增長的速度快慢不一。從這一發展中獲益最多的將是四個新興工業國家，即所謂的金磚四國：巴西、俄羅斯、印度和中國，接下來在亞洲是馬來西亞、泰國、越南、印尼和韓國，在拉美是墨西哥、智利、阿根廷。與此相反，非洲仍然步履維艱，只有南非由於其良好的基礎設施建設和企業主牢固的經營思想有希望比非洲其他國家取得更好的成績，在非洲其他國家，人口爆炸性增長——到本世紀中非洲的人口將達到20億——可能破壞所有的經濟進步。

在「戰爭與和平」這一元素中，在二十一世紀，戰爭這個根本性問題仍然存在。歐洲將成為例外。未來一定會爆發戰爭、內戰，也會發生顛覆活動、革命、國家崩潰、混亂狀況。在二十世紀爆發毀滅性的戰爭之後，歐洲吸取了歷史教訓，背棄了歷時上千年的內戰。在前蘇聯崩潰後，歐洲不再面臨任何一個追求擴張和統治地位的國家的威脅。跨越邊界的恐怖主義取代了前蘇聯的威脅，但只是局部的。在一段時間內，通過分散的暗殺和襲擊活動，其規模完全有可能擴大，致命程度也可能提高。

爭奪原料、能源、食物和不能低估的水資源的潛在衝突目前還幾乎不能預料。直到今天，亞洲地區還缺乏可以在其框架內有效消除緊張關係的多邊機構。

第 四 章
如何度過一場世界戰爭

【本章專家】

尼古拉斯·波義耳　英國劍橋大學教授

喬治·弗里德曼　美國智庫 STARTFOR 負責人

詹姆斯·克拉斯卡　美國原參謀長聯席會議戰略規劃及政策部主任顧問

約翰·加爾通　挪威政治學家、社會科學家

喬·巴夫　美國國家安全專業作家、風險分析師

尼古拉·索科夫　美國蒙特雷國際關係研究所研究員

保羅·甘迺迪　美國耶魯大學國際安全研究所所長

約翰·普倫德　英國學者

2014 年發生的重大事件將決定整個世界的走向：和平繁榮抑或戰亂貧窮。世界金融動盪將會是「2014 危機」的導火線，導致民族主義勢力升溫，美國領導人對此的反應和採取的行動會對未來產生重大影響……

階梯預言,「2014 危機」導火線

2010 年,英國劍橋大學教授尼古拉斯·波義耳在《2014,如何度過一場新的世界危機》一書中預測,2014 年將會有大事件發生,二十一世紀將會就此發生轉變。

尼古拉斯·波義耳指出,2014 年發生的重大事件將決定整個世界的走向:和平繁榮抑或戰亂貧窮。世界金融動盪將會是「2014 危機」的導火線,導致民族主義勢力的升溫,美國領導人對此的反應和採取的行動會對未來產生重大影響。他提出,只有結束單一民族國家的時代,引進某種有效的全球性管理機制,依靠國際合作才能取得穩定的新局面。

尼古拉斯·波義耳根據研究發現,全球史的一個世紀的特徵在第二個 10 年將變得非常明顯,這一時限的部分原因與人們劃分人類生命和人類歷史的理解方式有關。如果一個世紀有性格特徵,那麼它會在接近 20 歲的時候逐漸顯現出來,這同樣適用於人類。另一個因素是世代的順序。到一個世紀的 20 年左右,曾經歷上個世紀最後階段的一代人已經日薄西山,風光不再。未來開始由他們的孩子定義,這些孩子將只生活在新世紀中或者擁有新世紀的記憶,而那些上個世紀遺失的記憶卻至關重要。尼古拉斯·波義耳認為一個世紀的特徵會在該世紀的第二個 10 年內顯露出來。

因此,如果不是 2014 年,也有可能推後。具體的年份或許不同,危機的嚴重程度應該相似。

2008 年 10 月,美國《基督教真理報》撰文稱,全世界範圍內從古到今,至少有 98 位預言家預言過第三次世界大戰。預言第三次世界大戰將在 2025 年到 2040 年之間爆發的預言家多達 56 位。《基督教真理報》根據 56 位預言家的預言,分析得出 2032 年爆發第三次世界大戰的可能性最大……

非常巧合的是,從 1871 年德國統一到 1914 年第一次世界大戰爆發,

整整 43 年。從 1991 年的海灣戰爭到 2032 年，整整 41 年，只相差 2 年。

　　每一次世界大戰的開端有點相似，都是因為一件國際糾紛引起。第一次世界大戰爆發於 1914 年 6 月 28 日的塞拉耶佛，加夫里洛．普林齊普將手槍對準奧匈帝國王儲斐迪南大公和他的妻子，幾聲槍響之後，他迅速朝著一條小溪逃去，但沒跑出多遠，就被員警逮到。員警雖然很快制伏了這名年輕的塞爾維亞民族主義者，但刺殺事件在民眾中激起的強烈民族情緒卻難以控制。兩個月之後，歐洲陷入一次世界大戰。這場戰爭打垮了四個帝國，20 多個國家難逃戰火。

　　第二次世界大戰已經過去了 60 多年，世界總體處於和平時期。不過，美國著名的戰略智庫 STARTFOR 負責人喬治．弗里德曼認為這樣的情況並不會保持太久。2009 年，他在《未來 100 年大預言》一書中預言 2050 年的第三次世界大戰。

　　由於美國一直不希望出現一個可以與其抗衡的國家，很長一段時間以來，美國支持歐盟東擴以遏制俄羅斯，支持土耳其以穩定中東，支持日本以制衡中國，「但是，遲早會有一天衝突會爆發。」

　　2007 年，美國《洛杉磯時報》發表了題為《第三次世界大戰前夜》的文章，宣稱「中東、伊拉克、阿富汗、伊朗、韓國及南亞次大陸，動盪和難以駕馭，使得全球許多地方硝煙彌漫，這樣的局勢不比第一次世界大戰前好多少。因此可以說，世界正處於第三次大戰的前夜。」

2 蘭德報告，第三次世界大戰曝光

　　蘭德公司是美國最重要的以軍事為主的專業測評戰略研究機構，總部設在美國加利福尼亞的聖莫尼卡。2007 年，蘭德公司發布了一份《第三次世界大戰研究報告》的預測，報告指出：過去在冷戰時期，兩個互相競

爭的超級大國因擔心地區衝突升級，會管住自己羽翼下的好戰國家，所以那時只有冷戰而很難發生全球『熱戰』。如今，沒有哪個世界大國再有這樣的能力。因此，伊朗局勢、核武失控等誘因，都可能在不久後爆發第三次世界大戰。

2010，美國原參謀長聯席會議戰略規劃及政策部主任顧問詹姆斯·克拉斯卡在《在 2015 年海戰中美國如何敗給中國》的報告中預測，2015年，一場戰爭將在中國與美國間爆發，詹姆斯克拉斯卡舉出例子，在一場海戰中，正在東中國海上巡邏的美國航空母艦「喬治華盛頓」號被中國發射的中程誘導導彈擊中。寬 92 公尺、長 360 公尺、高 81 公尺、重 9.7 萬噸的巨型航母在短短 20 分鐘之後便沉沒海底，這艘甲板上搭載著 60 多架艦載機。

克拉斯卡指出：「中國海軍開發小型航母和低噪音柴油潛艇以及中程彈道導彈，造成了巨大威脅。」

「大國興衰伴隨有巨大危險」，2010 年 9 月，英國學者約翰·普倫德在英國《金融時報》的撰文指出，全球力量轉移往往伴隨嚴重的金融混亂、貨幣動盪與貿易摩擦。這是因為新興大國往往是有貿易保護主義傾向的債權國，不願承擔與其經濟實力相稱的國際責任。而美國國家安全專業作家及著名風險分析師喬·巴夫撰文預測，輕視或曲解相關資料（當前）與結論（永遠）的時限，可能會產生一個誘人卻可能存有風險的分析結果。

巴夫稱，據五角大樓向國會提交的 2009 年中國軍力報告，正如這份報告指出的那樣，基於「誤解或誤判」爆發意外戰爭的危險是真實的、重大的，而且可能性越來越高。

2010 年，美國耶魯大學國際安全研究所所長、《大國的興衰》一書作者保羅·甘迺迪撰文指出，「在國際關係史上，一場跨越國界的大動盪常常會動搖世界的根基，導致許多舊體系土崩瓦解，就像人們在 1919、1945 和 1989 年所看到的那樣。在隨後的混亂和喧囂中，人們難以看透迷

霧，認清已被改變的戰略版圖」。對於 2020 年的世界政治格局的爭論，最大的一個未知數就是 10 年後美國將是一個什麼樣子。

而挪威政治學家和社會科學家約翰·加爾通在德國《新德意志報》撰文預測，美國將在 2020 年將崩潰，如果美國承認世界經濟平等，願意在政治上以一個普通國家的身分出現，並且放棄它在目前派有駐軍的 140 個國家的軍事存在，也許能倖免於沉重的毀滅。約翰·加爾通指出，亨廷頓所著的《文明的衝突》一書中表達的觀點是個騙局。書中幾乎沒有任何關於文明的內容，這本書實際上只是對世界幾個最重要地區的政治、經濟和軍事力量的政治學分析。美國在走下坡路，對美國言聽計從的國家變得比從前少了，競爭變得更加激烈。觀察了這個帝國對全世界的影響，它的日子屈指可數，2020 年這個帝國就將崩潰。他列出美國面臨的 15 對矛盾，其中第 4 項是國家恐怖主義和恐怖主義之間的矛盾。出於帝國的原因殺死這麼多人而不遭到還擊是不可能的。

尼古拉·索科夫是美國加州蒙特雷國際關係研究所資深助理研究員。2008 年初，他在香港《亞洲時報》刊發長篇論文語出驚人地說，世界面臨爆發「第三次世界大戰」的危險。

索科夫認為，全世界都應該認真考慮面臨「第三次世界大戰」的危險，因為觸發大戰的所有重要因素都已經存在。國際社會一度認為，考慮到越來越多的國家擁有核武器，而沒有一個國家想毀滅地球，所以這個世界不會發生大戰。然而，回顧一下以前世界大戰發生的經過，就不難想像第三次世界大戰爆發的可能方式——如第一次世界大戰是因為奧地利王儲在塞拉耶佛遇刺觸發的。然而，當奧地利決定用軍事手段回應暗殺時，俄羅斯被迫捲入了，因為它無力承受第二次放棄塞爾維亞。

3 地球上的 5 分鐘

　　人類離「末日」有多遠？科學家給出的答案令人竦然心驚：5 分鐘。

　　當前，擺放在美國芝加哥大學內的「世界末日時鐘」定格在 23 時 55 分，午夜零時則象徵著世界核戰爭爆發的毀滅時刻。

　　2010 年，美國國家情報委員會在每隔四年推出的未來 20 年展望報告中指出，到 2020 年，全球核擴散到了氾濫成災的地步，很多國家和地區擁有原子彈，恐怖組織或掌握了核技術，或通過走私和黑市購買到核彈頭。核擴散導致維持國際秩序的大國的「核威懾」失效，小國「核訛詐」四起，「失敗政權」有可能把對立國家或民族樹立為「不共戴天」的敵人，不負責任地挑起核戰爭，由此轉嫁國內政治經濟危機。同時，核彈落入非國家主體的極端組織手中，其危險性不言而喻。

　　有專家認為，目前從南亞的印度和巴基斯坦到西亞的伊朗、敘利亞和中東的以色列、埃及，構成了一個「核戰爭」邊緣的不穩定弧。同時，傳統核大國美、俄、法、英等，基本上都具備了戰略轟炸機、陸基洲際導彈和戰略核潛艇在內的「三位一體」核打擊體系及「第二次核打擊」能力，並一直在試圖擴充和更新核武庫。

　　美國空軍在華盛頓特區的博林基地已經正式啟動了全球打擊指揮中心（GSC），美國空軍部長邁克爾·唐利上將指出 GSC 將確保美國的核心戰略利益。美國此舉是為擺脫傳統核大國之間「相互確保摧毀」的核僵局，確保美國有能力一次性摧毀對手所有遠程核力量，預計美軍方將在 2013 年至 2015 年間完成相關武器的部署。

　　印度前國家安全顧問委員會成員巴拉特·卡納德近期出版的《印度核政策》一書中稱，由於利益衝突和對自然資源的爭奪，不排除中印之間會出現「核對峙」。書中披露，印度早已在中印邊境山區開鑿了兩處隧道，用以部署該國「烈火」中程彈道導彈，而且「印度還在建築更多此類工

事」。他說，這些隧道可幫助印度實施二次核打擊。

2020 年將會是地球人進入太空戰時代的關鍵性一年。空間軍事家們都承認，飄浮於近地軌道上的永久性空間站正是打造中國新一代反導體系的重要組成部分，現代戰爭深度依賴空間技術的支援。衛星捕獲技術、衛星致盲技術、摧毀敵方空間設施的雷射武器以及微波空間技術都將以空間站為依託發揮作用。

俄羅斯空軍參謀長伯里斯・切爾佐夫上將指出，俄羅斯新的軍事學說將十分關注空天防禦問題。未來行動將是制空天權的軍事行動。在這種情況下，沒有能力抗擊空天襲擊的國家可能將被迫放棄進一步的鬥爭並承認失敗。

十幾年之前，美軍就建立了太空司令部。現在各國紛紛組建自己的天軍，成立自己的太空司令部。據披露，美軍正在研製空天飛機，將具備自動控制進出太空軌道的能力，能攜帶彈頭重達 500 公斤的精確打擊武器，有能力在兩小時內摧毀世界上任何指揮中心或導彈基地。空天穿梭機就是更具有攻擊性的活動空間站。這類空天飛機預計將於 2020 年前布置完畢。同時，俄羅斯已經啟動了空天一體化大型防空專案，把防線推到了太空。印度等國也將在 2020 年之前完成空間站的建設，基本形成實施太空戰的能力。

對於戰爭形式，英國《簡氏防務週刊》認為，「未來戰爭將是綜合性高技術戰爭，單靠某一種技術、某一種武器裝備、某一種領域的優勢，將很難左右武裝衝突的結局。網路戰和電子戰固然將在未來戰爭中占據重要地位，但只有兩者的結合即資訊化戰爭，才是未來的主要戰爭形式」。

美國一些軍事專家也認為，未來戰爭將主要是太空戰。機器人、細菌和昆蟲以及發射黏稠物質使敵人動彈不得的非致命武器將是未來戰場的主要武器。非致命性武器，亦稱「軟殺傷性武器」或「失能武器」，它有效地使人員喪失抵抗能力或使武器裝備失靈，而不造成大規模人員傷亡和設施破壞，並最低限度地減少附帶損傷。

　　戰爭的殘暴性和戰爭的不可避免性衝擊著人們對戰爭的道德感知，一直以來，人們試圖限制戰爭，並發展「有限戰爭」理論，在目標、手段、範圍、時間等方面，有意識地注入了道德的元素。

　　2009 年，世界未來學協會在《未來學家最新情報》發表了一篇綜述。對以後的世界提出了種種看法和預測。

　　未來的戰爭可能會以非傳統的戰爭形態出現，個人或許不久就能獲得毀滅世界的力量。奈米技術可以使人數空前之少的恐怖分子使用「灰雲」一類環繞地球的奈米武器來阻擋陽光，摧毀城市。反恐戰爭可能帶來更可怕的襲擊。重大目標（例如：領事館和核設施）周圍的嚴密保安可能使恐怖分子把注意力轉向防護不那麼嚴密的目標。未來的劫機事件可能會減少，但更多生活在防護範圍以外的人可能被扣為人質或遭到殺害。

　　強化安全措施可能對環境造成威脅。如果富國把越來越多的資源用於自我保護，其他關鍵問題（例如：社會公平和健康的環境）就可能受到影響。如果出現這種情況，環境將普遍惡化，暴力、饑餓和疾病在窮國的肆虐將使社會矛盾日益加劇。

第 五 章

未來食物，半個地球的猜想

【本章專家】

肯尼士・斯特澤匹克　美國科羅拉多大學教授

約翰・貝丁頓　英國政府首席科學家

約納森・祖哈　美國馬里蘭州立大學生物科學家

至 2020 年，轉基因作物的種植面積可能會超過天然作物。在未來很長一段時期，人類與害蟲進行的戰鬥將更加激烈。

到二十一世紀末，地球上將只有轉基因作物。

1 「孟山都」種子奇蹟

2004 年末，美國世界未來學協會在《未來學家》雜誌發表了一篇綜述。預測至 2020 年，轉基因作物的種植面積可能會超過天然作物。在未來很長一段時期，人類與害蟲進行的戰鬥將更加激烈。一些跡象表明，昆蟲開始對殺蟲劑產生抗藥性，這種情況讓科學家和農場主感到擔心。許多害蟲（例如：棉鈴蟲）正在變異，甚至一些它們從未接觸過的「化學武器」也起不了任何作用。到二十一世紀末，地球上將只有轉基因作物。

農產品的遺傳改性會降低醫療費用。把食物轉化為藥物和補品也能夠降低消費者的醫藥費。當前，醫療保健是全球消費者最大的支出，占總支出的 17％；而食品、香菸和酒只占消費者支出的 15％。

在人口日益增多的非洲，會越來越多地採納農業生物技術以養活大量饑餓的人口。抵抗病害能力強的轉基因作物將使這片大陸的糧食產量增加一倍。到 2020 年，海產養殖的規模將超過商業化漁場。目前，美國有 20％的魚來自養殖場。

全世界最大的轉基因種子生產商美國孟山都公司成立於 1901 年，以製造硫酸這樣的工業化學藥品開始。二十世紀九〇年代開始，孟山都花費了大約 80 億美元買下種子公司，以填補它作為世界領先除草劑生產商的角色，並成為洛克菲勒集團戰略合作的夥伴之一。

1995 年，孟山都公司研發出一種新的人工生物：抗農達大豆。這種大豆跟傳統大豆的不同在於，它通過生物技術，從農桿菌中複製了一個基因，用基因槍將其嵌入到大豆基因中。通過如此的「基因編碼」，新的轉基因植物能避免一種叫農達的孟山都專有除草劑的傷害。即是說：當噴灑「農達」的時候，既殺死了雜草又能將大豆保留下來。

當前，世界公認的擁有強大實力的轉基因糧食巨頭有三家屬於美國的公司。這三家農業巨頭公司——孟山都、杜邦、陶氏化學控制了絕大多數

轉基因種子的主要專利，包括玉米、大豆、水稻、小麥，甚至蔬菜、水果和棉花等，這些專利向全世界人民提供每日營養所需的基本食物。美國農業部資料顯示，在 2009 年美國轉基因玉米占到總面積的 85%，轉基因大豆播種面積占到總面積的 91%，轉基因棉花將占到總面積的 88%。從全球來看，轉基因農作物已在全球蔓延擴散，逐漸開始控制各國的食物鏈。在孟山都大豆種子銷售火爆的背後是美國大豆強勁的出口。在 2009 年 3 月美國發布的油料作物展望報告中，美國農業部預計 2008 年度美國大豆的產量為 8053 萬噸，遠超上一年度的 7286 萬噸。而中國是美國大豆出口的第一大市場，據中華油脂網的資料顯示，2008 年，中國從美國進口大豆 1543 萬噸，美國大豆占中國進口大豆總量的 41％。在中國，沃爾瑪、家樂福等大型超市貨架上的大豆油幾乎已被轉基因豆油占領。

美國科學家曾預言，在解決目前的能源危機過程中，轉基因技術將扮演重要角色，因為轉基因農作物是提取乙醇等替代燃料的重要原料。美國杜邦公司種子專家比爾‧涅波爾指出，由於石油價格居高不下，美國等國家對乙醇的需求量激增，這就要求農作物產量以前所未有的速度增長。涅波爾認為，要實現增產目標，除了擴大種植面積以外，轉基因技術將成為唯一的選擇。為了提高轉基因技術水準，杜邦公司的種子部門已經把 9％至 11％的收益用於研發新產品。

未來世界怎樣，都會是人工合成的世界。通過技術手段，基因工程可以繞過有性繁殖和物種的壁壘。比如說把動物的基因和植物的基因嫁接在一起，一種生物的基因可以被提取出來並與另一種生物的基因相結合，而這兩種生物可以是完全不同的物種。事實上，經過基因改造的植物很難被稱為是哪種生物。

除去物種重組的適應性要求外，新基因組合可以以更快的速度產生。致命的籠子被著實打開了。在無法預知組合的過程中，是否對宿主基因造成了損害和破壞，後果不得而知。最難以接受的事情是轉基因工程對於整個人類物種的影響也存在另一種可能性，它將使人類面臨著絕種的威脅。

2001 年，在聖地牙哥，有一家小型私人生物公司胞質公司發布了他們的生物成果。他們創造了一種新的轉基因玉米的終極版：避孕玉米。為了製造出這種玉米，他們從患有罕見免疫型不孕症的婦女身上收集了抗體，利用基因工程技術將這些基因植入可生產玉米作物的普通玉米種子內。此種玉米具有抗精子的功能。類似難以想像的基因產品也在研製中：一種經過基因修飾的類鴉片製劑，只需要很少的劑量就可以讓人嗜睡、焦慮、順從或暫時失明。這些基因生物的使用已經超出了人們所能理解的食物的範疇。

迄今為止，作為基因工程在糧食生產上登峰造極的傑作，就是培養出了「絕育的」種子。新的轉基因種子只能收穫一季。一季收穫後，種子將會「自殺」而無法用於播種。這種可以「自殺的」種子，有另外一個名字：終結者。

1983 年，世界上第一例轉基因植物——一種含有抗生素藥類抗體的菸草在美國成功培植。當時有人驚嘆：「人類開始有了一雙創造新生物的『上帝之手』。」

從 1996 年到 2004 年，僅僅用了短短 8 年的時間，全世界轉基因作物的種植面積增加了約 40 倍，達到 1.67 億英畝，大約占據世界農業耕地總面積的 25% 以上。

2009 年末，在批准了轉基因棉花、番茄、甜椒等作物種植後，備受爭議的轉基因水稻、玉米「悄悄」獲得了中國農業部轉基因生物安全管理辦公室的安全批准。由於面對巨大的人口壓力和糧食增長的壓力，使用轉基因技術就是在這種形勢的需求下應運而生的。中國計畫在不久的將來讓十多億人每餐吃上轉基因大米，由此，它將成為世界上第一個以轉基因食品為主食的國家。自從二十世紀九〇年代末起，中國各類雜交水稻產量開始停滯不前，而人口卻在快速增長，中國面臨著巨大的糧食危機。專家們一致認為，沒有任何一種雜交稻可以像轉基因水稻那樣有效地抵抗病蟲，避免了過量噴灑農藥，並能提高產量使農民增加收入。雜交稻是一條死胡

同，必須另闢蹊徑。對於中國科學界來說，這條蹊徑就是轉基因水稻。然而一些科學家們擔憂，隨著轉基因水稻的出現，這些野生水稻會全部滅絕。這對生物多樣性來說，是一個巨大的危機。

2 瘋狂的遺傳密碼

　　2010 年 8 月，來自世界各地的世界頂尖科學家在英國皇家學會進行研討並發表文章預測，內容涉及未來食物供應、農業研究等方面。

　　科學家們指出，全球沒有更多土地用於種植糧食作物，而人類面臨一個不可克服的挑戰是，今後 40 年全球食物供應需求增長 70%。美國科羅拉多大學教授肯尼士‧斯特澤匹克預測，至 2050 年，新增人口將使全球水需求翻倍，這意味著，全球糧食作物用水減少 18%。他說，需求增長引起的綜合影響將在一些熱點地區突顯，比如北非、印度、中國、歐洲部分地區和美國西部。

　　英國政府首席科學家約翰‧貝丁頓領銜做出的一份學術評估指出，即使使用轉基因技術和奈米技術等新技術手段，由於氣候變化、水源短缺和食物消耗增長等綜合因素影響，仍有數以億計的人口可能面臨饑餓。根據科學家們的研究，當今全球就有 1/7 的人口在每日飲食中無法得到足夠的蛋白質和能量。

　　2008 年 8 月，英國王子查理斯在接受英國每日電訊報採訪中預言，「對自然和全人類進行如此巨大的實驗是嚴重錯誤的，大規模開發轉基因作物將造成世界上最嚴重的環境災難」。他提到，食物供應過分依賴「巨型企業」將導致「絕對的災難」。查理斯王子指出，「人們應該討論的是糧食安全性而非糧食產量，這才是最重要的事情，也是人們還不理解的事情。如果他們認為會有各種各樣的，所謂高明的基因工程可以解決糧食問

題，我還是堅決不贊成。」此前，查理斯王子曾大力宣導低碳生活，被美國《時代》週刊評為全球環保英雄。

2004 年，時值首個轉基因作物番茄獲准種植上市十周年之際，美國對轉基因提出第一次反省。美國國家科學院發布報告指出，部分轉基因作物的種植和食用對人類健康、動物健康和生態環保已經造成危害或具有嚴重潛在的安全威脅，而目前，人類還沒有足夠科技知識能力來預見或防止這些威脅或危害。

世界各國反轉基因的浪潮進一步影響美國，2008 年，美國科學家證實了長時間餵食轉基因玉米的小白鼠免疫系統會受到損害，該研究成果發表在同年《農業與食品化學》雜誌上。同年 4 月，美國政府主管食品藥品的部門 FDA 宣布撤銷它在數年前頒布的 CRY9C 轉基因玉米種植的工業指南。

2009 年 6 月，美國環境醫學科學研究院推出的報告引起了轟動。報告指出：一些動物實驗表明，食用某些轉基因食品有損害健康的風險，包括不育、免疫問題、加速老化、胰島素的調節和主要臟腑及胃腸系統的改變。

在中國人食用的食物中，哪些含有轉基因的成分，華南農業大學生物化學與分子生物學專業學生最近做了一個實驗，他們對廣州 13 家知名超市，包括萬家、百佳、好又多、吉之島、世紀聯華、家樂福等，抽樣購買了 33 份番木瓜樣品。通過測試發現，其中 23 份含有轉基因成分，所占比例高達近七成。據調查，中國的轉基因食品基本上都是進口的，數量排前三位的是：大豆、玉米和油菜。2009 年年底，中國批准發放了轉基因棉花、番茄、矮牽牛、辣椒、番木瓜、水稻、玉米等植物的安全證書。

到目前階段，人們對轉基因安全性的一個比較客觀的評價是：這是一個無法證實也無法證偽的命題。中國科學院院士科學家陳曉亞在中科院第十五次院士大會上提到，目前還沒有任何確鑿的證據表明現已批准的轉基因食品對人畜是不安全的。然而，任何一種轉基因生物品種都要嚴格監

管，害蟲對轉基因作物的抗性、轉基因植物可能造成的基因漂移進而引起生態安全等問題尚未得到嚴格的證實或解決。

3 未來吃什麼

　　2009 年，美國馬里蘭州立大學生物科學家約納森・祖哈教授在一次採訪中預測，今後商業性海洋捕魚業仍將不斷減少，養殖轉基因魚是提供充足食用魚的唯一途徑。他相信，生物技術將給人類帶來生長更快、營養更豐富且一年四季都能生長的食用魚。2010 年，美國麻塞諸塞州的水產公司市場化生產轉基因魚卵的七個相關部門中，已有五個通過了檢測。這家公司研製的轉基因鮭魚的平均重量達到了 1340 克，而普通大西洋鮭魚的平均重量僅為 663 克，並且在整個生長過程中它們消耗的食物會更少。除了鮭魚外，美國公司還培育出了轉基因三文魚和馬哈魚等，預計轉因基因魚類很快會成為第一批走上餐桌的轉基因動物。

　　據聯合國食品和農業組織的報告介紹，由於過量捕撈，如今海洋中 60％至 70％的魚類受到威脅。該組織估計在 2015 年至 2025 年間，全球將有 50％的食用魚來自人工養殖。

　　而在中國，中科院水生所朱作言院士領導的研究組在 1983 年首先開創轉基因魚研究。培育快速生長轉基因三倍體魚，它是由黃河鯉和草魚生長激素基因組成的轉「全魚」基因魚，它 150 天可長至 1200 克，最大可達 2000 克；兩年可達 5000 克。它的生長速度比普通鯉魚快 140% 以上。

　　如果人類研究的轉基因動物逃了出來，開始在野外繁衍，會是怎樣一番情景？正如紐芬蘭紀念大學的生物學家馬克・亞伯拉罕所指出的那樣，人類改變的不僅僅是魚類，還有牠們可能逃入的環境。在天敵很少的地方，這些動物很可能擠走原來的物種。

4 食品公司真相

　　食品工業一直以來有一層令人放心的外衣，但是當美國導演羅伯特・肯納拍攝的紀錄片《食品公司》（Food Inc.）將鏡頭對準日常食品，為人們呈現出一幕幕令人震驚的恐怖畫面時，種種食品工業的面紗的一角才被揭開。

　　全片從超級市場的貨架開始。繼而為人們梳理從農業經濟社會到單一種植經濟的發展，今天美國大約 30% 的農田都被用來種轉基因玉米。玉米雖然容易耕種，但是因為對人類的胃而言過硬而不能作為主食。接著人們接觸到肉類製品。大多數的食用肉，在從工業化農場到集中化屠宰場再到肉類加工車間的過程中歷經磨難：沒有任何「尊重」可言的圈養、大量轉基因玉米飼料的填塞、還有抗生素的注入。所以，說這是一部恐怖片，真是一點都不為過。

　　在這部影片中，人們看到工業化的養雞場給每一隻小雞做一種特殊的手術，這種手術可以令雞快速長大。因為人們喜食雞胸肉，於是培植出胸部巨大的雞種，大到雞自己只能勉強支撐。於是上萬隻，甚至幾十萬隻這樣的雞擠在一個封閉的養雞場，一起呼吸，一起進食，一起排泄。有的雞因為擁擠而無法吃到食物，開始啄自己的同伴。這些還僅僅是一位有良知的養雞場主卡羅爾・莫里森讓人們看到的畫面。有很多的養雞場則不僅封閉而且不透光，裡面究竟如何，人們怕是很難知道。可悲的是，莫里森勇於展示真相的舉動讓她失去了與馬里蘭州普渡公司的合同，她已經預料到了最壞的結果，並準備賣掉養雞場。

　　有分析指出，這種擁擠的養雞場環境很可能導致禽流感病毒的產生。因為在這樣的空間裡，一些相對無害的病毒在雞群之間傳播，進而產生變異，最後發展成令人談雞色變的禽流感。

　　在一家養牛場，研究人員在一頭活牛身體，開一個大洞，直通胃部，

工人不斷向裡面填混有轉基因玉米、抗生素和其他物質的所謂的「飼料」，牛胃則不斷湧出可怕的液體。這種飼料餵出的牛，胃裡會生出新菌株的大腸桿菌，結果牛肉都要過幾次氯水去消毒。但是，一旦處理不善，後果不堪設想。據說，這種新菌株的大腸桿菌使美國每年至少有 7 萬 3 千人因此得病。

接著，鏡頭又投向了史密斯菲爾德公司控制的某家養豬場，狹小的空間裡圈養著上萬隻豬。過擠的生存空間中，豬們互相撕咬，甚至扯掉對方的尾巴，所以有的養豬場主乾脆就直接切去尾巴。等到養到足夠大，這些豬就被拉到屠宰場，於是整排整排的豬在慘叫中瞬間被悶死。

最後，再來看看人們吃的糧食和蔬菜。美國孟山都公司，該公司原本從事化工產業，主要產品是 DDT（一種殺蟲劑）和橙劑（一種除莠、落葉劑）。而現在，全美 90% 的大豆都含有孟山都專利的基因。

這是一起由孟山都專利種子引起的訴訟官司。被告是莫伊・帕爾，美國印第安那州人，一位有 25 年工齡的種子清選員。孟山都告帕爾的理由是他在清選種子的過程中由於處理不當，致使農民違反了專利規定。隨後，帕爾被業界開除。在接受採訪中，帕爾指出：「我必須在每天早上 3、4 點鐘就起床，之後孟山都公司的偵查員就開始一路緊緊地跟著我……」

這就是美國的食品工業，一個為了追逐利潤而置人的健康和生命安全於不顧的產業。片中，很多農民面對鏡頭或者迴避，或者保持沉默，因為他們一旦說出真相，很可能面臨這些財團的報復或被告上法庭。

令人吃驚的是，所有這些都發生在政府監管機構美國農業部（USDA）和食品及藥物管理局（FDA）的監管下，原因是什麼？拍攝過程中，導演一度把鏡頭投向了一個西班牙裔的移民家庭。這是一個四口之家，日子過得非常拮据，因為吃了過多的漢堡之類的速食，個個身材偏胖，父親還患有糖尿病。站在超級市場的貨架前，這家的主婦面對兩難的抉擇：當一個速食漢堡比一棵花椰菜還便宜的時候，怎樣可以用最少的錢來填飽四個肚

子呢？更令人沮喪的是，選擇便宜的速食之後，他們可能除了賠上健康之外，還要搭上一筆醫藥費。

《食品公司》用一個個真實的鏡頭，披露了食品業的問題。

上世紀七〇年代，全美五大牛肉加工廠控制著全國牛肉市場份額的25％；今天，只有四大加工廠，但份額是80％。

上世紀七〇年代，有數千家大大小小的屠宰場提供牛肉；今天，只有13家。

1996年孟山都推出轉基因大豆，當時它僅僅控制大豆市場的2％；現在美國90％以上的大豆含有孟山都專利的基因。

史密斯菲爾德豬肉加工廠每天要殺掉3萬2千頭豬，是全球最大的屠宰場。一個美國人平均一年要吃200磅以上的肉類食物。

現代的超級市場平均有4萬7千種食品，而這些食品中的絕大多數都是來自少數幾家食品公司，確切地說是3到4家。

全美70％的加工食品含有轉基因成分。

作為動物飼料的主要成分，轉基因玉米被用作食物添加劑，這樣的產品一般包括纖維素、木糖醇、麥芽糊精等等。另外，玉米製成的產品包括：番茄醬、乳酪、甜食、花生醬、黃油、沙拉醬、可樂、果凍、糖漿、飲料、紙尿片、消炎藥、肉和速食等。

有機食品是食品業發展最快的部分，每年增長20％。

工業化養殖場為了降低成本同時加快豬、牛等的生長速度，不僅給它們做手術，修改基因，甚至調整飼養材料。但是，它們吃的東西實際上直接影響著人們每天所吃的肉類製品和乳製品。當科技被用來謀利，當人們賴以生存的食物捲入工業化的漩渦，人類脆弱的身體將如何承受？

在工業化的養殖場內，即使沒有疾病和感染發生，飼料和牲畜飲用水中都會加入少量的抗生素，這樣可以加速牲畜的生長，降低在這種過分擁擠、過分骯髒的環境中暴發疾病的可能。據相關資料顯示，全美大約有70％的抗生素被加到飼料中，重量達2500萬磅，比治療人類疾病的抗生

素總量的 8 倍還多。

問題是，長期處在低含量抗生素環境中的細菌變得越來越有抵抗力，慢慢地它們會產生變異的菌株，這種菌株具有對抗生素的抗體。例如：美國幾乎所有的葡萄球菌感染病例都對青黴素有抗體，而且許多已經對新藥也具有了抗體。如今，抗生素抗體已經日益成為公共健康的重要課題。

另外，飼料中不僅有玉米、抗生素，動物的屍體和其他動物的「下水」有時也會摻進飼料中，因此科學家們認為當年狂牛症的傳播是由於牛的飼料中含有其他受感染動物的神經系統組織。而人類如果吃了受感染的食物，將可能染上變異型庫賈氏症（狂牛症），導致癡呆，最後死亡。

按照自然規律，牛等反芻動物應該是吃草的，但為了降低成本，在工業化的養牛場中，牛只能吃玉米和大豆。尤其在屠宰前的幾個月，因為這些富含澱粉的飼料加快牛的生長速度，而且讓牛肉變得很嫩。但是科學家指出，這樣的養殖對人類的健康具有很大的威脅。

康乃爾大學的一位學者曾經做過這樣的研究：兩頭牛，一頭屠宰前 5 天餵食草料，一頭餵食玉米或大豆。結果吃玉米或者大豆的牛的糞便中大腸桿菌的含量遠遠高於吃草的牛。一般來說。大腸桿菌生存在牛的腸道中，所以牛肉在進入市場前，需要用大量氯水沖洗消毒，一旦處理不當，肉類很容易被感染。另外，如果給莊稼施的糞肥或者灌溉的水沒有做過適當處理，那麼感染的就不僅是牛肉了，蔬菜恐怕也難以倖免。

不僅抗生素可以加速牲畜的生長，激素也可以。雖然給豬和禽類注射激素是被明令禁止的，但美國農業部和食品藥物管理局批准養殖場給食用牛和奶牛注射激素，以此來加速它們的生長和牛奶的產量。

據估計美國大約有 2/3 的食用牛被注射了 6 種生長激素，其中 3 種是自然存在的，而另外 3 種則是人工合成的。歐盟執行委員會曾經指定一個委員會專門研究這些激素對人類健康的影響。該委員會 1999 年的報告稱，肉類中的激素殘留有可能會影響人類激素的平衡狀態，隨之帶來的就是生育問題、乳腺癌、結腸癌等困擾。因此，歐盟已經禁止輸入注射過激

素的牛肉，這也就意味著對所有美國牛肉說「NO」。

《食品公司》為人們揭開了食品工業的面紗，提醒人們由食品財團控制的食品體制的危險性，曾經簡單的種植和養殖的過程經過工業化後變得異常複雜。

人們也由此瞭解了一些食品公司的特徵：

工業化食品是大工作間集中生產、加工出來的食品。

工業化食品大多經過了轉基因的處理，這不僅會影響到人的健康，更會影響整個自然界。生物的多樣性將會由於基因技術而不再存在，簡單來說就是，自然界將會只存在一種番茄，而它們彼此都一模一樣。

食品工業中，牲畜都被集中在狹小的空間中圈養，它們無法像正常動物那樣自由地生活在大自然中。

工業化食品成分的英文名稱大多末尾有「cide」（拉丁文中，cide 意思是死亡）。

工業化食品大多是即食食品。

工業化食品一般都經過長距離運輸，從遙遠的加工中心到超級市場。

工業化食品經常含有一些無法讀出名稱的成分。

工業化食品的包裝大多很精美。

工業化食品或多或少都與玉米有關，左旋糖（即果糖或葡萄糖）含量很高。

食品工廠大多有著很高的責任保險。

食品工業巨頭的領地中有很多的「非請莫入」的標誌。

雖然改變目前的情形似乎並不令人樂觀，但是如果想讓事情發生變化，最終還是取決於是否願意首先改變自己，至少人們可以借助每日三餐投出自己的一票，在超級市場的貨架前作出自己的選擇。

第 六 章

「致命病毒」世界播報

【本章專家】

斯科特・羅傑斯　美國俄亥俄州博林格林州立大學
當姆　美國芝加哥大學教授
拉金德拉・帕恰里　聯合國政府間氣候變化專門委員會主席

至 2020 年，隨著大規模的移民與跨國人口流動，對於流行性疾病，幾乎任何國家都無法獨善其身。如果撒哈拉以南非洲地區、中亞、中東和拉美等地的赤貧等問題繼續下去而得不到解決，這些地區將會成為瘟疫的滋生地⋯⋯

「病毒」控制人類進化？

2007 年，由美國國家情報委員會編寫的報告《大趨勢——2020 年的世界》預測，至 2020 年，隨著大規模的移民與跨國人口流動，對於流行性疾病，幾乎任何國家都無法獨善其身。如果撒哈拉以南非洲地區、中亞、中東和拉美等地的赤貧等問題繼續下去而得不到解決，這些地區將會成為瘟疫的滋生地。

一個世紀前，科學家們相信，傳播疾病的微生物是細菌。但直到 1939 年，人們才終於看見了體積一般只有細菌百分之一大小的病毒。

病毒是生命最邊緣的東西，無色、無味，非肉眼所能辨識，但它們確實存在空中、水中以及每一種地球生物裡。它們是地球上最小、最簡單的生命體，知道如何進入人體，綁架人的細胞以及破壞免疫系統，並利用細胞機制進行複製，以維持其生存。病毒可能是在幾十億年前出現的，是一串 DNA 變體——或者，病毒甚至可能來自太空。

一些病毒通過侵入新的宿主而得以變異並大量繁殖。流感病毒便與禽類和豬身上的病毒有關。而愛滋病被認為是狩獵引起的，因為 HIV 病毒被認為是生活在非洲中西部的黑猩猩所攜帶的 SIV—CPZ 病毒的一種變體。非典病毒與果子狸身上的冠狀病毒有關。專家預言，一些原本在小範圍的病毒，一旦通過新的宿主大面積傳播，就像從打開的「潘朵拉魔盒」中飛出來。那就是人類末日了。

隨著抗生素的氾濫，病毒的抗藥性也越來越強，早在二十世紀六〇年代，美國一名資深外科醫生就宣稱人類已經戰勝「超級病毒」，即使在幾年前，科學家們在研製出萬古黴素時，也宣告「超級病毒」將被擊退。然而現在不斷出現的「超級病毒」已經擊敗了自己的對手——萬古黴素！這種病毒抗藥性極強，幾乎能抵禦所有抗生素，「超級病毒」已經感染英國、美國、瑞典、荷蘭、澳大利亞及南亞國家等地的居民。歐洲專家預

計，至少 10 年內沒有抗生素可以有效對付這種細菌，因此呼籲全球密切監控阻止超級病毒傳播。

MRSA 是一種耐藥性細菌，耐甲氧西林金黃葡萄球菌的縮寫。1961年，MRSA 在英國被首次發現，它的致病機理與普通金黃葡萄球菌沒什麼兩樣，但危險的是，它對多數抗生素不起反應，感染體弱的人後會造成致命炎症。

在極端情況下，醫院裡到處都是抗生素。面對形形色色的病情，醫生最簡便而風險低的方法便是開抗生素，尤其危險的是留在看護室的兒童們，他們免疫系統尚未恢復，正處在衰弱時期，無助地躺在強大的抗生素繭殼中。抗生素進入體內，協助白血球來抵禦病菌的侵入。青黴素會干擾細菌成長過程，使細胞壁變得虛弱，無法阻擋水分，使細胞吸水膨脹，爆裂而死；其他一些抗生素干擾細菌細胞內部或表面酶的功能；有的抗生素以非常不同的方式來工作——例如：攻擊細菌的單染色體，干擾它的DNA，這會擾亂它的再生能力，阻止它在人體中橫衝直撞。無論是人類免疫系統，還是抗生素，要完全取得戰鬥的勝利，都必須用充足的劑量（或白血球）來掃除所有感染的細菌。然而病毒們想出了一個巧妙的絕招來經受抗生素的攻擊——它們進行一種「鄰里互助」。病毒在體內有微小的形成物，它們同樣由 DNA 組成，裡面可能含有抵抗基因片段。病毒的繁殖通過基因交換進行。狡猾的病毒會藏在對某種抗生素不敏感的菌種上，通過這種胞質素的交換獲得反抗抗生素的必要武器。霍亂病菌就是通過這種手段，從大腸桿菌身上中獲得了四環素的抗藥性。在《不死的細菌》一書中，作家馬克·拉普描述了抗生素的發明被濫用所產生的後果。抗生素既可以殺死致病菌，也可以摧毀人體內的白血球，使人體自身的免疫系統遭到破壞。從而誘發各種免疫系統遭破壞後的基因型疾病。據調查顯示，僅中國，每年有 8 萬人直接或間接死於濫用抗生素，因此造成的其他免疫系統疾病更是無法估量。

過去一個病人用幾十單位的青黴素就能活命，而相同病情，現在幾百

萬單位的青黴素也沒有效果。由於耐藥菌引起的感染，抗生素無法控制，最終導致病人死亡。在上世紀六〇年代，全世界每年死於感染性疾病的人數約為 700 萬，而這一數字到了本世紀初上升到 2000 萬。死於敗血症的人數上升了 89%，大部分人死於超級病菌帶來的用藥困難。

2 「實驗衣」超級病毒

早在 2000 年，美國芝加哥大學教授當姆就曾指出，人類每 20 年進化一級，病毒卻是每 20 分鐘進化一次。隨著全球氣候的劇烈變化及人類愈來愈多開墾過往杳無人跡的荒地棲身，從而接觸到前所未見的新病毒，更危險的病毒還會陸續出現。

在醫院裡，「骯髒的實驗衣」臭名昭著。現在抗藥性金黃葡萄球菌（MRSA）是醫院內感染的主要病原菌，人們從外面帶來各種各樣的球菌，這些病菌附著在醫生和護士們的實驗衣上，跟著四處巡視，有時掉在手術器械上，有時直接掉在病人身上。在醫院內感染 MRSA 的機率是在院外感染的 170 萬倍。最令醫生們頭痛的是，由於 MRSA 對大多數的抗生素具抵抗力，患者治癒所需的時間會無限拉長，最終轉為肺炎而死。普通人只知道 MRSA 是醫院裡的大麻煩，但他們不知道，所有接觸到 MRSA 的專業人士都很害怕，因為要對付它，根本沒有藥可以用。在上世紀六〇年代，全世界每年死於感染性疾病的人數約為 700 萬，而這一數字到了本世紀初上升到數千萬。死於敗血症的人數上升了 89%，大部分人死於超級病毒帶來的用藥困難。失去抗生素這個曾經有力的武器，人們開始從過去簡陋的治病方式重新尋找對抗疾病靈感。找到一種健康和自然的療法，用人類自身免疫來抵禦超級病菌的進攻，成為許多人對疾病的新共識。

位於亞特蘭大的美國「疾病控制中心」（CDC）監視著病菌世界的一

舉一動。它是病菌世界的「影子內閣」，在各地布置了數不清的耳目。雖然 CDC 的特工們基本上不會戴酷酷的「墨鏡」，但 007 的把戲一樣不會少——探聽情報用的螢光基因測試劑、電泳儀和顯微鏡，「殺菌滅口」用的各類抗生素樣樣具備。龐大的間諜網布置在美國聯邦的各州各縣，監視著各個大學、社區、醫院和實驗室。病菌世界的新式武器一旦出爐，它的作戰計畫馬上就會被敬業的情報網絡呈送到 CDC 高層的手上。研究者已經發現一種「超級病毒」，它可以讓致病細菌變得無比強大，抵禦幾乎所有抗生素。它們的出現意味著 MRSA 家族開始走出醫院，大開殺戒。監獄、體育館等地方成為新的 MRSA 感染的新根據地，病菌迅速在英、美兩國蔓延，並有向世界性流行發展的趨勢。

病毒體積小但威力大。二十世紀五〇年代，當 DNA 和 RNA 在複製生命的基本過程中所起的作用被發現後不久，病毒引起疾病的秘密被揭示出來。一個健康細胞的細胞核中攜帶著遺傳物質——基因，病毒攻擊的目標正是這些基因。病毒將自己的 DNA 注入細胞基因中，使它們複製更多的病毒。病毒侵入細胞的方式非常複雜。但一旦這些新製造出來的病毒離開宿主，它們就需要與時間賽跑。它們必須儘快找到新的宿主，否則就會滅絕。病毒是一種寄生生物，離開宿主不能獨立生存。這使得它們大多數非常脆弱：即使是引起愛滋病的 HIV 病毒，在空氣中經過數小時後就會失去活力。大多數的病毒都可以用家用的漂白劑殺滅。

病毒在人體內遇到的最大敵人是免疫系統。淋巴球（即白血球）在人體內不斷巡視，並隨時消滅入侵物質。這些淋巴球使用的是比科學家發明的任何物質都更有效的生化物質，它們在發現了含有病毒的細胞時便會將這些細胞殺死。

免疫系統是人類防止病毒入侵的第一道關口。在遭遇病毒的大規模襲擊前，有意給人體注入小劑量的病毒（接種）或是病毒的蛋白殼體（注射疫苗）可使人體免疫系統為病毒的大規模襲擊做好準備。但病毒的遺傳結構簡單，這便意味著它們能迅速變異。引起普通感冒的病毒通過不斷改變

蛋白殼體，使人類的免疫系統每次都需要對它們進行重新確認，它們從而贏得了時間得以在人群中傳播。正是這種變色龍似的天性使得人類消滅最普通的感冒病毒的努力一直不能成功。一些病毒還進化出一種特殊能力，它們在侵入細胞時不會引起任何症狀──因此它們能悄悄地不為宿主所知地傳播。HIV 病毒便是這樣一種病毒。

3 尋找宿主，全球旅行

現代醫學研究表明，人類歷史上流傳的超級病毒攜帶者幾乎全來自動物，據美國社會史學家麥克尼爾的統計，人類與狗共有疾病 65 種，與牛共有疾病 50 種，與羊共有疾病 46 種，與豬共有疾病 42 種，與馬共有疾病 35 種，與家禽共有疾病 26 種。如麻疹來自牛瘟，肺結核來自牛，天花來自牛痘，流感來自豬和鴨，百日咳來自豬和狗，惡性瘧疾來自禽鳥……這些原本附在動物身上的病菌轉移了宿主後，經過適應和變異就發展成為典型的人類疾病。

一個將引發人傳染疾病的病毒個體，在找到第一個宿主之後，就會以幾何級數全面擴增自己的「家族」。而只要它找到一絲與人體接觸的機會，就會毫不客氣地侵入人體，然後謀求下一個感染機會。

由於病毒的「急速」複製，大自然界許多動物都在不經意間成了它們的攜帶者。當人與這些動物接觸時，病毒便開始了自己的傳播之旅。以曾被懷疑為 SARS 病毒源的果子狸為例，人們在宰殺牠時，牠會本能地進行反抗。此時，或許只要牠打一個噴嚏，就足以讓宰殺者成為病毒的第二受害者。一個兩個病毒個體對人來說或許問題不大，人體內的白血球就可以將其輕鬆解決，但如果病毒的侵入量很大，人體內免疫防線就可能無法匹敵，最終敗於對手。

2009 年，聯合國政府間氣候變化專門委員會主席帕恰里教授在一次訪談中提到：「到本世紀末，全球氣溫最低升高 1.8℃，最高升高 4.8℃。熱浪、高溫的強度和範圍、發生的頻率普遍升高，極端降雨情況在各個地區則有所不同。而它對中國——特別是大型三角洲地區的影響應特別關注。」

全球暖化的另一後果是冰川融化。以中國為例，二十一世紀初的中國冰川總量相比較上個世紀減少了 1/4，到 2050 年還要減少 1/4。氣候暖化導致海洋 3000 公尺深度的海水溫度上升，引發海水膨脹，而冰山融水則會慢慢釋放進海洋。

表面看來「冰清玉潔」的極地冰川中，釋放出的真是沒有任何雜質的純水嗎？美國俄亥俄州博林格林州立大學斯科特・羅傑斯教授是美國極地冰芯微生物考察、科研計畫的負責人，他的實驗室一直在對冰芯微生物進行研究。2007 年，他們在冰芯裡面發現了已經在冰層中存活了近 14 萬年的病毒毒株。斯科特・羅傑斯教授預測，在蟄伏期，這些微生物處於『自我儲存』的狀態，由於受全球暖化的影響，這些病毒將很快找到宿主，他們可能是人類、水生物或其他生物，遇到對其缺乏免疫能力的宿主，這些微生物便會急速擴大種群，在宿主的種群中傳染開來。

羅傑斯的講述絕非危言聳聽，因為許多萬年以來，地球上的溫度一度影響著病毒的傳播，許多曾經肆虐地球的病毒，也被一同凍結在冰層中。

 「喪屍病毒」新版

2009 年，世界衛生組織在一份報告中預測：在傳染病方面，人們正處在一場世界性危機的前夕！

1981 年，美國醫學家最早在同性戀人群中，發現愛滋病，從此人類

開始了，對付愛滋病的漫漫征程，雖然偶有所得，發明了「雞尾酒療法」等。但這些，只能減輕痛苦，延長生命，是不能根治的。

儘管科學家們嘔心瀝血，無所不用其極，但愛滋病還是迅速蔓延了。據世界衛生組織統計，截至 2006 年 5 月，25 年間全球累計有 6500 萬人感染愛滋病毒。撒哈拉沙漠以南的非洲地區，依然是愛滋病流行最嚴重的地區。該地區的人口僅占世界總人口的 2%，而愛滋病感染人數和愛滋病患者人數卻占全世界的 30% 左右。在總人口 4400 萬的南非，愛滋病感染率高達 18.8%。位於該地區的波札那，該國愛滋病病毒攜帶者，幾乎達到了其總人口的 40%。所有的人只有感染者和尚未感染者之分。也就是，有些人註定死亡，其他人候補死亡，整個國家變成慘絕人寰的人間地獄！據科學機構研究，隨著全球氣候的異常變化，已有約 30 年人類生活史的愛滋病病毒，其當前的重組變異日趨「倡狂」，隨時都可能尋找新的宿主，演變成的新的品種。

世界媒體關注的幾種致命病毒，不僅在形狀上千差萬別，在毒性上也是參差不齊。其中最引人注目的是 1976 年在中非出現、讓人聞之色變的伊波拉病毒，又被稱為「喪屍病毒」，患者的死亡率高達 60% 至 90%。被世界衛生組織列為生物安全第四級病毒，也同時被視為是生物恐怖主義的工具之一。

「伊波拉」是薩伊（即現在的剛果民主共和國）北部的一條河流的名字。1976 年，一種不知名的病毒光顧這裡，瘋狂地虐殺「伊波拉」河沿岸 55 個村莊的百姓，致使生靈塗炭，有的家庭甚至無一倖免，「伊波拉病毒」也因此而得名。該病毒是人類有史以來所知道的最可怕的病毒之一，主要通過血液、唾液、汗水和分泌物等途徑傳播，病人一旦感染這種病毒，沒有有效的治療方法，實際上幾近給自己判了死刑。在連續高燒數個小時後，一個感染伊波拉病毒的病人將會陷入昏迷或者昏厥狀態，而這一徵兆與臨床死亡極為相似，所以經常被認為這個病人已經死亡。但是，幾個小時或者幾天後，這個病人忽然甦醒，並且進入一種極具攻擊性的狀

態。這個意識模糊的病人將撕咬所有運動的物體，包括人類和動物。同時，這種疾病將使得病人分泌大量的唾液，並且引發內出血現象。用一位醫生的話來說，感染上「伊波拉」的人會在你面前「融化」掉。這次爆發的最後結果是：361 名感染者中有 318 人死亡，死亡率高達 88%！

5 連結：黑色敘事

　　當有不可控制的傳染類病毒在各個城市大規模暴發時，城市的死期也就到了。西元六世紀及西元七世紀的一場瘟疫直接導致了羅馬帝國的崩潰。

　　西元六世紀中葉，東羅馬帝國皇帝查士丁尼野心勃勃地計畫征服舊羅馬帝國的所有地區，包括它周圍的剩餘地區，還占領了西西里和西班牙很多地方。然而就在那時，西元 542 年，即查士丁尼當上皇帝 15 年的時候瘟疫爆發了。它衝出埃及，襲擊首都君士坦丁堡，並向西擴散到歐洲。59 歲的皇帝查士丁尼也染上了瘟疫，當時，宮廷對於皇帝染上瘟疫的消息自然是守口如瓶，怕的是引起整個城市乃至整個國家的恐慌。

　　伊瓦格瑞爾斯是著名的教會歷史學家，他對西元六世紀及西元七世紀中、晚期摧毀了羅馬帝國以及世界大部分地區的瘟疫的症狀作了這樣的描述：羅馬帝國屬地當中最早遭遇到瘟疫的地區是埃及，第一個發生瘟疫的城市是地中海港口培琉喜阿姆。該地一直是埃及的敵人的傳統侵入點。波斯人、敘利亞人、希臘人，甚至亞歷山大大帝本人，都是從這裡侵入埃及的。但是，這一次，「敵人」不是身披鎧甲出現，而是隱藏在四處亂竄的老鼠身上登陸的——瘟疫從南部取道紅海抵達培琉喜阿姆，經由蘇伊士運河「進軍」羅馬。

　　在摧毀了培琉喜阿姆之後，這場瘟疫迅速蔓延到了亞歷山大港，繼而

就是君士坦丁堡以及羅馬帝國全境。帝國人口的 1/3 死於瘟疫的第一次大規模爆發，而在帝國首都，有半數以上的居民死亡。

這次大災難的另一位見證人、《聖徒傳》作者兼歷史學家約翰概括了瘟疫的大致景象：「四處的房子，大也好、小也罷，漂亮也好、舒適也罷，全都在剎那間變作了居住者的墳墓。到處都是因無人埋葬而在街道上開裂、腐爛的屍體，四處都有倒斃街頭、令所有觀者都恐怖與震驚的『範例』。他們腹部腫脹，張開的嘴裡如洪流般噴出陣陣膿水，他們的眼睛通紅，手則朝上高舉著。屍體疊著屍體，在角落裡、街道上、庭院的門廊裡或者教堂裡腐爛。在海上的薄霧裡，有的船隻上沒有一個活人，變成了漂浮在浪濤之上的墳墓。」

約翰本人也曾試圖逃離瘟疫，但是，不論他逃到哪裡，瘟疫總是接踵而至，直到最後，他再也無處可逃。他描述到，田地當中滿是成熟的穀物，卻根本無人收割貯藏；路邊的補給站一片漆黑，孤寂與驚駭充斥了每一個碰巧走進其中又離去的人的心，而被人遺棄的牲畜四散在山間，根本無人看管。在君士坦丁堡，約翰相當詳細地記錄下了大災難的恐怖：在一天當中，5000 到 7000 人，甚至是多達 12000 人到 16000 人離開了這個世界。那些負責清點死亡人數的官員統計至 23 萬人後，發現死亡人數簡直難以計數，所以不再清點。從那以後，屍體就不經清點就直接拉出城去了。當局很快就找不到足夠的埋葬地了。由於既沒有擔架也沒有掘墓人，屍體只好被堆在街上，整個城市散發著屍臭。有的死者被葬在海中。大量的屍體被送到海灘上。在海灘，船隻裝滿屍體。在每一次航行當中，所有的屍體都被推進海裡，然後，船隻再返回海灘裝運其他的屍體。

站在海灘上，可以看到擔架與擔架之間可謂摩肩接踵，先裝運兩三具屍體，運到海灘上，然後又回來裝運其他屍體。其他人則使用木板和棍子運送屍體並把它們一具疊一具地堆起來。有些屍體由於已經腐爛，同席子黏在了一起，所以人們用棍子將屍體運到海灘，再把這些流著膿水的屍體扔在海灘上。成千上萬具屍體堆滿了整個海灘，由於缺少足夠的空間，所

以，男人和女人、年輕人和孩子都被擠在了一起，就像腐爛的葡萄一般被許多隻腳踐踏，而膿水則流入海中。大海中飄滿了屍體。

能讓半數居民死亡的瘟疫，其後果絕不僅僅是人口的消滅，因瘟疫引起的饑荒和內亂，使古羅馬帝國徹底崩潰。羅馬對歐洲文明影響的最終喪失，預示了一個以「黑暗時代」聞名的政治混亂與文化衰落時期的開始。大不列顛因為凱爾特人無力抵抗來自德國薩克遜人的入侵而改變了命運。

在一片荒涼的沙地上，一群人背著包裹，艱難地行走著，而被他們拋在身後的，是破敗的正在焚燒的城市。他們從一座被毀的城市抵達另一座被毀的城市，只為了尋找食物和水，以維持最低的生存保障，同時還要避開能帶來麻煩的過路人。這是發生在十三、四世紀的「黑死病」的真實寫照……

1347 年 10 月。當時，一艘載有「黑死病」細菌的老鼠的船隻從克里米亞半島來到了西西里島，於是，該島迅速地被瘟疫所籠罩。1348 年初，「黑死病」蔓延到了威尼斯和熱那亞，隨即擴至整個義大利。富裕的大城市佛羅倫斯受災最為嚴重，城裡的 9 萬 5 千人迅速死掉了 5 萬 5 千人。與義大利毗鄰的法國希望將瘟疫拒之門外，但為時已晚，「黑死病」已經在港口馬賽登陸，並由此進入了西班牙，迅速地開始蔓延。1349 年，英格蘭南部和愛爾蘭相繼受到「黑死病」的威脅，隨之瘟疫又擴展到了德國北部和北歐的瑞典。1532 年，俄羅斯也未能倖免。

當瘟疫爆發時，不管是高官侯爵的富人還是平民百姓的窮人，也無論是男人還是女人，在疾病面前似乎一律平等。有些人前一天晚上睡覺時還好好的，但夜裡就突然發病，經過痛苦的掙扎後，天明時便停止了呼吸。許多醫生被感染，甚至比自己的病人死的都要快。街道上，屍體堆積如山，猶如垃圾。在海上，許多船隻因為水手接二連三的死亡，而成為無人駕駛的「鬼船」。當英國倫敦發生瘟疫時，英國王室和許多富人都逃離了該城，有 1 萬多房屋被棄置，有的用松木板把門窗釘死，有病人的住房都用紅粉筆打上十字標記。人們也沒有辦法打官司了，因為所有法律界人士

全部去了鄉村。此外，瘟疫造成的影響，遠遠超過因死亡人數過多而帶來的蕭條景象，它對人們心理上的打擊是更為嚴重的。許多存活下來的人因為忍受不了失去親人的痛苦而發瘋，也有不少人因此自殺。而政府為了掩埋堆積如山的屍體，不得不釋放監獄中的犯人。

醫生們企圖治癒或者緩和這種令人恐懼的症狀，他們用盡各種藥物，也嘗試各種治療手段，從通便劑、催吐劑、放血療法、煙燻房間、燒灼淋巴腫塊或者把乾蛤蟆放在上面，甚至用尿洗澡，但是死亡還是不斷降臨到人間。一些深受宗教束縛的人們以為是人類的墮落引來的神明的懲罰，他們穿過歐洲的大小城鎮遊行，用鑲有鐵尖的鞭子彼此鞭打。

在德國的梅因茲，有 1.2 萬猶太人被當作瘟疫的傳播者被活活燒死，斯特拉堡則有 1.6 萬猶太人被殺。只有少數頭腦清醒的人意識到可能是動物傳播疾病，於是他們把仇恨的目光集中到貓狗等家畜身上，他們殺死所有的家畜，大街上滿是貓狗腐敗的死屍，腐臭的氣味讓人窒息。在英格蘭瘟疫肆虐時，蘇格蘭人也跑來趁火打劫。當他們聽說英格蘭人中間正在流行著瘟疫時，以為他們的詛咒終於應驗了，因為他們一直在詛咒：「讓英格蘭人遭瘟疫吧！」現在一定是上帝在懲罰英格蘭人了。於是，蘇格蘭人在塞爾克森林聚集起來，準備協助上帝徹底的消滅英格蘭人。但這個時候，死神也攫住了他們，在幾天的時間裡就死了 5000 個蘇格蘭人。剩下的人準備返回自己的家園，卻遭到英格蘭人的反擊，死傷又過大半。

在整個十四世紀，歐洲大部分人口密度較高的城市，死亡率都在 50%以上。據估計死亡人數占當時歐洲人口的 1/3。不過，這次流行並沒有到此為止。直到十五世紀末，歐洲每 10 年就遭到一次「黑死病」的襲擊。至於究竟有多少人死於「黑死病」，對於今天的人們仍是一個不確定的數字。當代挪威奧斯陸大學的一位歷史學家說，1347 年歐洲有 8000 萬人，6 年後變成了 3000 萬。此後 300 年間，「黑死病」還曾多次暴發，可能總共死亡了多達 2 億人。「黑死病」直到 1670 年以後，才突然神秘地消失。

1918 年 3 月 11 日午餐前，美國堪薩斯州的芬斯頓軍營的一位士兵感

到發燒、嗓子疼和頭疼，就去部隊的醫院看病，醫生認為他患了普通的感冒。然而，接下來的情況出人意料：到了中午，100多名士兵都出現了相似的症狀。幾天之後，這個軍營裡已經有了500名以上的「感冒」病人。在隨後的幾個月裡，美國全國各地都出現了這種「感冒」的蹤影。隨後，流感傳到了西班牙，接著在不到一年時間裡席捲全球，這次流感也就得名「西班牙流感」。據記載，印度孟買死亡700萬，屍體堆積如山；加拿大一些因紐特人村遭受滅頂之災，有一村80人死於流感73人；美國死亡人數50萬，費城一天就有700人死於流感，西班牙800萬人患病，包括國王阿方索三世在內，馬德里1/3市民受感染；英國喬治五世也未倖免，英格蘭和威爾士死亡達20萬，皇家艦隊三周無法入海，影響作戰……戰爭中軍隊大規模的調動為流感的傳播火上澆油。有人懷疑這場疾病是德國人的細菌戰，或者是芥子氣引起的。

　　數月後，「西班牙流感」突然在地球上銷聲匿跡了。不過，它給人類帶來的損失卻是難以估量的。科學家估計，全球大約有10億人染病，約5000萬人在流感災難中喪生。高於第一次世界大戰死亡人數的數倍。據估計，在這場流感之後，美國人的平均壽命下降了10年。關於西班牙流感從何而來？為何發病率和病死率為此高？至今科學家還沒有找到答案。

第 七 章
醫學地圖，萬能還原

【本章專家】

法蘭西斯・柯林斯　基因研究專家、美國科學院院士

雷・庫日韋爾　美國發明家、未來學家

比爾・蓋茲　美國微軟公司創始人

弗倫奇・安德森　美國基因研究專家

戴爾・福斯特　美國奧奇德生物電腦公司專家

朱達・福克曼　美國哈佛醫學院教授

丹・戈爾丁　前美國國家航空航天局局長、科學家

艾倫・赫伯爾・卡茲　美國費城維斯塔爾學院教授

理查・米勒　美國密西根大學教授

喬治・拉思曼　美國 Icos 公司專家

詹姆士・沃森　美國科學家

巴德年　中國工程院院士、免疫學專家

到 2020 年時，依個人基因組成量身訂做的藥物將會出現，屆時糖尿病、高血壓、心臟病、精神分裂症都會有個人專屬特效藥。這一波醫療革命的最大受益人將是癌症患者……

人類可以通過基因使人體組織再生，大面積燒傷後，只要提取一小塊好皮膚進行複製再生，皮膚可以恢復得與以前一樣。

1 未來疾病預測

2010 年，世界衛生組織在《全球疾病負擔》報告預測，在 2020 年，心血管疾病將繼續扮演人類第一大殺手的角色，而愛滋病將在 2012 年達到頂峰，隨後愛滋病患病人數將逐步下降。未來 10 年全球將有 8400 萬人死於癌症。在今後 20 年，急性病將向慢性病轉變。即由於醫學的進步，人們很少再暴病而亡。儘管人們可以過上相對正常的生活，但仍不得不由於慢性疾病經常去看醫生和接受治療。簡單來說，生命雖然延長了，但同時也變得更加複雜和昂貴了。

世界衛生組織指出，糖尿病也已經達到世界流行病的規模，成為導致發達國家人口死亡的第四大疾病，歐洲是糖尿病的重災區之一。II 型糖尿病患者中有 2250 萬患者生活在歐洲。美國現有約 2400 萬糖尿病患者，患者人數劇增，占總人口的 8％以上。同時，另有 5700 萬美國人處於罹患糖尿病的邊緣。美國 60 歲及以上人群的 1/4 患有糖尿病。預計至 2030 年，糖尿病發病率將成倍增長，在最近 15 年內，中國糖尿病患者將增加近 5 倍。中國目前糖尿病人數已超過 4000 萬，2030 年將達到 5430 萬。到 2025 年，中國糖尿病患者的人數會超過印度，躍居第二。

未來 30 年裡，全球人類死因將十分相似。除了在貧窮國家中肆虐的愛滋病外，絕大多數人將在步入老年後，死於心血管系統疾病、心肌梗塞以及癌症。隨著人口老齡化趨勢的加強，人類因傳染性疾病死亡的可能性將有所下降。然而，癌症和心臟病將取而代之成為威脅人類健康的主要原因。這種情況在發達國家將尤為明顯。

世界衛生組織指出，全球每年有 1700 人死於可以預防的慢性疾病。包括心血管疾病、中風、慢性呼吸道疾病、糖尿病和肥胖症等。

世衛組織負責西太平洋事務的官員尾身茂指出，除非各國大力制止慢性疾病的流行，否則 2015 年將有 3600 萬人死於這些疾病，他們當中近半

數活不到 70 歲。

相關統計表明，就疾病所造成的負擔而言，憂鬱症已經成為目前世界第四大疾病，預計到 2020 年可能上升為僅次於心臟病的第二大負擔疾患。專家指出，憂鬱症是每個人一生中都有可能遭遇的心理疾病。

世界衛生組織預測，2020 年以前全球兒童精神障礙會增長 50％成為最主要的五個致病、致死和致殘原因。到 2020 年，慢性阻塞性肺病將是全球第三種最常見的死因。全世界的吸菸人數將由目前的 12 億上升到 16 億，因吸菸致死的人數將會由目前的每年 400 萬人上升到 1000 萬人。

2 新人類宿命，尋找進化密碼

美國國家人類基因組研究中心專家、美國醫學院院長、美國科學院院士法蘭西斯・柯林斯在 2006 年的一次專訪中曾預測，到 2020 年時，依個人基因組成量身訂做的藥物將會出現，屆時糖尿病、高血壓、心臟病、精神分裂症都會有個人專屬特效藥。這一波醫療革命的最大受益人將是癌症患者，因為科學家已經對致癌基因並如指掌。

生物科技的發展日新月異，人類的 DNA 定序幾乎已經完成，決定命運的基因一個個被解開。很快的，人可以藉由操控基因表現的藥物，漸漸地改變自己的基因表現，改變自己的個性和命運。而奈米技術也將生化實驗室縮小成一片試紙，即將到來的醫學大爆炸將會轉變地球上所有人的生存方式……

什麼是基因療法呢，簡單地說，基因療法就是用好的基因替換掉不好的基因，利用幹細胞移植技術，人類就有了一種前所未有的控制基因代碼的能力。基因是「生命的設計圖」，所以當基因因為突變、缺失、轉移或是不正常的擴增而「出錯」時，細胞製造出來的蛋白質數量或是形態就會

出現問題，人體也就生病了。所以要治療這種疾病最根本的方法，就是找出基因發生「錯誤」的地方和原因，把它矯正回來，疾病自然就會痊癒了。

3 幹細胞移植，萬能還原

2009 年，美國科學家雷·庫日韋爾預言，理論上說按照人類不斷加快的認知速度，20 年後便可實現利用基因技術和奈米技術更換人們身上大部分的重要器官。他進一步指出，雖然他的理論看起來似乎有些遙不可及，但現在人造胰腺和神經植入都將成為現實。庫日韋爾把他的理論稱為「加速返回定律」。他在英國《太陽報》撰文道：「現在其他很多科學家和我都相信，大概過 20 年後，我們就能擁有新的技術手段去改編人類古老的身體軟體，這樣我們就能暫停並逆轉衰老。」

美國醫學界科研人員預言：用自身幹細胞移植治病將是大勢所趨。他們預測，到 2018 年幹細胞將被用來治療各種疾病。

未來 10 年，世界將看到人類用幹細胞來治療各種頑疾，如用幹細胞涉足治療視網膜黃斑，使其停止變性；用幹細胞植入糖尿病患者體內進行治療，這將是世界上數億糖尿病患者的福音。2008 年，由加里·斯坦恩伯格團隊在斯坦福大學首次利用胚胎幹細胞創造出成熟的腦細胞，結果腦部受損的大鼠被注入後，病情大為改觀，而且沒有導致衍生腫瘤的狀況；當研究人員將神經元移植到中風的老鼠體內後兩個月，老鼠重新通過大腦控制了肢體，這大大鼓舞了斯坦恩伯格研究小組的信心。他們打算在未來幾年裡對此作進一步探索，以將來幫助罹患中風或其他神經系統疾病的患者恢復大腦支配功能。

複製人類胚胎的確可以獲得跟病人完全吻合的細胞、組織甚至是器官。這對於全球億萬的各類癌症、糖尿病等身患頑症的人來說，是一根救

命稻草。目前的基因療法是先從患者身上取出一些細胞（如造血幹細胞、纖維幹細胞、肝細胞、癌細胞等），然後利用對人體無害的逆轉錄病毒當載體，把正常的基因嫁接到病毒上，再用這些病毒去感染取出的人體細胞，讓它們把正常基因插進細胞的染色體中，使人體細胞就可以「獲得」正常的基因，以取代原有的異常基因；接著把這些修復好的細胞培養、繁殖到一定的數量後，送回患者體內，這些細胞就會發揮「醫生」的功能，把疾病治好了。

隨著基因治療的發展，人類可以通過基因使人體組織再生，大面積燒傷後，只要提取一小塊好皮膚進行複製再生，皮膚可以恢復得與以前一樣。等到複製技術進入實際應用階段後，可以利用基因複製人體器官，嬰兒出生時，醫院將從臍帶處取極少量的血液冰凍入庫，日後一旦他發生意外，某個器官受到嚴重創傷，基因工程師將依據其血液中的 DNA 複製出一個相應的器官給他換上。

從細菌、老鼠、兔子、牛和羊開始，人體幹細胞研究模糊了生物上的分界。為了在生物道德上劃定界限，2005 年，美國布希政府制定了《人類胚胎幹細胞研究指導原則》，曾嚴格限制幹細胞研究，也規定研究使用的胚胎來源必須合法。2009 年初，美國歐巴馬總統入主白宮後，在科學界的提議下，解除了布希政府禁止聯邦政府資助胚胎幹細胞的研究，這是美國政府的一個重大決定，歐巴馬相信幹細胞研究能為世界上成千上萬患有重大疾病的人帶來福音。

同樣在 2009 年初，英國政府考慮了來自科學家們的意見，決定修改相關法律。英國眾議院也以超過 2/3 的壓倒多數票通過一項法案，允許科學家複製人類早期胚胎，進行「治療性複製」研究。治療性複製就是利用人的體細胞複製出早期胚胎，然後從中提取幹細胞培育出遺傳特徵與提供細胞的病人完全吻合的細胞、組織或器官。這將給患白血病、帕金森氏症、癌症等患者帶來生的希望。

2007 年，美國首富比爾・蓋茲在媒體採訪中預測：二十一世紀的世

界首富很多將一定來自基因領域。在美國，目前胚胎幹細胞試驗已獲得美國食品和藥物管理局的認可，志願參與幹細胞臨床試驗的人員已達到3000人以上。而全球開發幹細胞產品的公司也在300家以上，個個唯恐被人搶占先機。在過去3年裡，美國公民以幹細胞為基礎進行治療的病人已到5萬人，運用胚胎幹細胞來治病似乎極大地鼓舞著美國人民，根據民意調查顯示，支援幹細胞研究者已達73％。

4 壽命極限，100歲後

2004年12月，美國《未來學家雜誌》刊發了世界未來學協會撰寫的一篇綜述。

到2030年，現在只是處於開拓階段的某些技術將成為現實。有些技術將為下一代技術鋪平道路。下一代技術現在還只是幻想，或者目前還無從想像。

有了人體基因組工程，就有希望延緩人類衰老。人們也許能借助遺傳工程更加長壽。遺傳工程能夠延長蟲子的壽命。在遺傳干預的作用下，老鼠的壽命可以延長50％。科學家認為，動物的壽命期限應該是生長期的五到七倍，人的生長期是20到25年，那麼，人的自然壽命應該是100到170歲。而影響人類長壽的最重要的原因就是疾病。

10年後，一個人也許從一出生，就可以根據DNA排列秩序，對照正常的DNA排列秩序來測定出自己與正常基因是否有差別，從而預測出自己在成長中會生什麼病，甚至到老年時是否會得「老年癡呆症」也可預測。人的壽命會增加至100歲，甚至更長。

照顧別人也許能延長自己的壽命。根據密西根大學開展的一項研究，與那些不幫助別人的老年人相比，照顧鄰居和親人（包括幫忙做家務或雜

事）的老年人死亡的危險降低近 60%。

細胞、器官、組織甚至整個人體都可以像書籍那樣印出來。迅速成型技術加上細胞黏合原理和智慧聚合體技術可以讓製造商做出定制的身體零件。

醫生或許很快就能讓癱瘓病人活動四肢，其方法是繞過那些控制肌肉的受損神經。研究人員已經可以通過刺激實驗鼠大腦的快樂中心讓它們做出種種動作。虛擬實境將使冥想變得更簡單。那些在想像讓人放鬆的場景時有困難的人不久就可以用上喬治亞技術研究所研製的『冥想室』，它包括監視器和生物回饋系統，能幫助冥想者放鬆。

蟲子或許將成為人們對抗疾病的盟友。昆蟲體內含有多種生物活性物質，比如，白兵蟻噴射出的化學物質中或許就包含有抗菌作用的分子，科學家正在研究將這些物質作為藥物的可能性。

南加利福尼亞大學醫學院生化和兒科學教授、基因療法實驗室主任弗倫奇·安德森博士預測，儘管最近出現了直接由於基因療法導致死亡的挫折，到 2015 年，可能出現許多常規基因療法。這些療法將從人們常指的基因療法的意義上增加或糾正基因，研究人員將開發小分子療法，這種療法將能夠控制多基因複雜疾病的許多不同基因的功能，例如：心血管病、關節炎、傷口治療、免疫缺陷和各類癌症。

精神疾病的基因療法發展將較為緩慢，但它們會如期而來。2030 年會有治療幾乎所有疾病的以基因為基礎的藥物。基因療法將被應用於預防醫學。到那時人們每個人都能通過晶片技術瞭解各自的遺傳缺陷。有可能研製成基因或以基因為基礎的藥物，改變基因控制的重要性，從而從根本上防止疾病的發生。

到 2030 年對疾病施行子宮內基因療法將成為平常事，並且有實施種系基因療法的可能性。

美國奧奇德生物電腦公司專家戴爾·福斯特預測，到 2030 年藥物遺傳學和藥物基因組學將成為推動進步的主要工具。但是藥物遺傳學的應用

將滲透到日常生活中去，包括臨床實驗、目標收集和目標證實等醫生與病人接觸的各個方面。藥物遺傳學將無條件地進入實施衛生保健的一般觀點中。

美國哈佛醫學院教授朱達‧福克曼預測。在今後 30 年裡會研製出更多的血管生成抑制劑，並用於抑制癌的生長。這些抑制劑將有很多種劑型——口服藥、膏藥、緩釋配方。

前美國國家航空航天局局長、科學家丹‧戈爾丁預測，美國的航太計畫為影響生物醫學研究的某些生物化學過程的認識做出了重要貢獻。一項航太生物技術試驗，研究了微重力對 10 萬種腎細胞基因的影響。科學家發現那些基因的變化達 1600 多種，包括在骨骼增強方面非常重要的維生素 D 受體等許多轉錄因數。我們仍然不明白為什麼會發生這些變化，但這一資訊表明，當有機體進入太空之後會發生劇烈變化。生物技術能夠解決一些阻礙宇宙探索的棘手問題——將重物送入外太空的高代價，從地球上對太空船和探險艙實施控制的難題，以及兼具能效和時效的方法的研究，以便使宇航員獲得食物，並保證他們在幾光年遠之外的健康和安全。

未來計算系統的進展只能通過混合系統來實現，該系統要能模擬生物過程，綜合基於矽和無生命材料以及基於 DNA 和蛋白質的生化材料的新概念。以 DNA 為基礎的綜合系統要比以矽為基礎的系統速度快得多，能效要好 10 億多倍。

美國 Icos 公司專家喬治‧拉思曼預測，生物技術的觀點仍令許多人心存恐懼。將來生物技術的發展能說服那些在目前激烈的論戰中聲色俱厲的懷疑論者。這種轉變已經開始。以農業生物技術公司為例，儘管它們在全世界受到形形色色批評家的攻擊，但這種彌漫的硝煙只是其他高技術產業如化學工業與核工業出現時遭到排斥的重複。30 年之後，將會出現一種生物技術的真正利益得到充分讚賞的形勢。2030 年癌症將被徹底擊敗，而人們將在防止身體隨年齡增長而惡化方面取得迅速進展。

美國費城維斯塔爾學院教授艾倫‧赫伯爾‧卡茲預測，由於技術進

步，再生藥物屆時甚至可以讓病人損壞的手指和腳趾再生，四肢和脊髓得到修復。利用這種藥物，捐獻者提供的細胞可以直接注射到接受者體內，並聚集在傷口處，那裡的組織隨後可以自動恢復，病人也不會因此產生排異反應。

美國密西根大學教授理查‧米勒預測，根據實驗室對哺乳動物的研究，後者的壽命已被提高了大約 40% 左右。照此推算，老人將普遍能活過 100 歲。此外，女性的生育期將普遍延後 10 年甚至更多，因為她們可以在年輕時，將自己的卵巢組織或者卵子冰凍保存起來。

5 在未來遇見「自己」

人類的科學技術水準總是在以難以想像的速度前進。2007 年，有「世界遺傳學之父」之稱的美國科學家詹姆士‧沃森在英國出席科學會議中預測，在今後 10 年內，對個人進行基因檢測將成為診斷疾病的常規手段之一，醫生們可以通過對個人的基因序列進行研究，從而更有效地治療精神疾病、癌症、肥胖症和糖尿病等疾病。

在 2020 年，利用生物奈米技術進行的迅速的生物鑒定將成為現實。醫療人員完全可以先給每位患者進行全方位的基因檢測和生物學特徵掃描，然後生成一套每個人獨一無二的個人生理特徵檔案。

歸功於半導體工業的突飛猛進，在一些發達國家和地區，病歷本可能會完全消失，患者只需要攜帶一張小小的快閃記憶體卡，甚至直接在體內植入一個生物晶片，便可以將自己所有的病史和生理特徵檔案儲存在其中。

繁瑣的掛號和問診流程也將大大簡化，先進的遠端自動檢測系統的裝備，將使大多數的門診過程得以通過網路實現，人們甚至可以通過便捷的家用監控設備直接同醫院進行連接，並通過自己獨一無二的生理資訊檔案

完成大部分的常規檢測，而無需親臨醫院。多數致病細菌和病毒能夠在極短的時間內被檢測出來，在擁有大量資料的診斷輔助系統的幫助下，醫生能夠在第一時間給出正確的診斷，並根據病人獨特的生理特徵檔案進行治療。

藥物的研發和使用，也將會出現長足的進步。到 2020 年，大部分藥物的研發和試驗，可能已經可以通過電腦模擬或是直接在「晶片裡」進行。在分子識別和奈米技術的幫助下，「智慧藥物」也許會真正地出現，這些藥物可以根據病人體內的環境，來判斷哪些是癌變細胞和病原體，哪些是正常的健康的人體組織，從而實現副作用的最小範圍化，乃至完全消除藥物的副作用。

在 2020 年，許多困擾人類已久的疾病，也許會獲得解決的途徑。即使如愛滋病這樣的疾病不能根治，但到 2020 年，必然會有更加有效抑制愛滋病、禽流感等病毒的疫苗或是藥物出現。在另一個方面，人們極有可能發現新的疾病種類，生存環境和生活方式的變化，也會給人類健康帶來新的挑戰。

基因技術將可能給人類健康等方面帶來的巨大的變化，這是不爭的事實，也勾起了人們對未來美好生活的無限憧憬。但正如核技術的發展在給人類帶來清潔、廉價、高效的核能的同時，也製造出時刻高懸在人類頭頂上的原子彈一樣，基因技術也是一柄「雙刃劍」，將面臨一系列來自社會倫理道德方面的巨大挑戰。

第 八 章

「喀邁拉」城市秀

【本章專家】

赫胥黎　英國作家

阿姆斯壯　英國紐卡斯爾大學教授

赫尼格　美國作家

卡努姆‧邁克科勒　蘇格蘭人類生物倫理委員會主任

約瑟芬‧昆塔瓦萊　英國生殖倫理評論家

斯蒂芬‧明爾　英國國王學院幹細胞生物實驗室科學家

人類科技發展到足以複製生命之時，便是世界陷入混亂之日。

在二十一世紀，希臘神話中獅、羊、蛇合於一體的神話怪物似乎就要出現。

不久以後，複製人很快將像試管嬰兒一樣被社會接受，沒有任何力量能阻擋富豪們去複製自己，去複製 500 名瑪麗蓮‧夢露。

1 「喀邁拉」穿越城市

在人類的史前神話記載中有不少有關獸人的情節，例如：一些動物上半身是人，下半身是馬或別的像牛、驢、綿羊乃至山羊等動物。而在二十一世紀，隨著動物和人類細胞組織的生物混合行為現在進入更令人不安的新階段，希臘神話中獅、羊、蛇合於一體的神話怪物似乎就要出現。

1932 年，英國作家赫胥黎在小說《美麗新世界》中預言，人類科技發展到足以複製生命之時，便是世界陷入混亂之日。

人類基因被移植入猩猩體內，若干年後，猩猩們便邊搖盪在樹群之間，邊講著流利的人類語言；一位科學家將他自己的基因注射進入猩猩的胚胎，結果是混基因的「兒子」既不能適應人類社會，也不適於猿類世界；一隻混基因鸚鵡不僅僅模仿人類單詞發音，還能談話並且可以輔導孩子們的家庭作業。兔子身上注入螢火蟲的基因後也發出了光。基因的轉移還使動物身上長出彩虹一般的毛，甚至讓動物身上呈現出企業的各種商標和名稱。通過基因變異人們還可以培育出「藍玫瑰」……

將人的組織幹細胞注入動物胚胎，動物出生後，血液、肝、腎、肌肉、肺等器官中將發育出若干人類細胞。這些動物因為擁有兩種不同生物的細胞或組織，所以被稱為嵌合體。在英語中，嵌合體稱作「喀邁拉」（chimera），「喀邁拉」是希臘神話中長著獅子頭、山羊身、蛇尾的怪物。

2007 年，當世界「誕生」了第一隻擁有 15% 人細胞的羊被披露，引來學術界沸沸揚揚：這只半人半獸的東西，它還是羊嗎？不少科學家憂心如焚：這個物種違背自然法則，雖然它看上去不是那麼像人，但是它的的確確具有了人類的某種特質，並極可能帶給人類新的疾病，簡簡單單就把它殺死，無疑是考驗人的情感和道德底線的。一言以蔽之：它將給人類帶來無法預料的可怕災難……

2008 年 4 月，英國紐卡斯爾大學阿姆斯壯教授宣布，已成功製造了

半人半獸的混合胚胎，從人類皮膚細胞中提取 DNA，注入了去掉細胞核的母牛卵細胞中，母牛卵子的所有遺傳物質基本上都被去除。據英國廣播公司報導，這個寫下生物史新篇的人獸混合胚胎，含有 32 個細胞，在顯微鏡下，這個混合胚胎由 99.9％人類屬性和 0.1％母牛屬性組成。人獸混合胚胎的研究，引起了宗教界普遍反對，天主教會批評為野獸行徑，很多人因此擔心，認為總有一天，某個半人半獸的怪物會被人類培養出來，蘇格蘭人類生物倫理委員會主任卡努姆‧邁克科勒預言，按目前趨勢發展下去，人類在不久後就能合成全新的物種半人半猿的怪物。

科學研究表明，在人類的身體中，含有大量來自母親、祖父母甚至是同胞的大量細胞。在懷孕期間，母親的血液與胎兒的血液是分開循環的。但是，一些母體細胞還是可以透過胎盤進入胎兒體內，而母親也可以獲得一些胎兒的細胞。50％的婦女在孩子出世後幾十年內，血液中仍然攜帶孩子的細胞或 DNA，這種情況叫微嵌合體。如果一位母親生育了一個以上的孩子，那麼，長子的細胞可能就會進入次子的體內，而攣生兄弟姐妹也可以在子宮中互換細胞。科學家相信，如果相關國家食品和藥物管理局將來同意將「人獸混種」動物身上的器官移植給人類患者，那麼參與臨床實驗的患者同樣也要簽一份相似的「放棄生育」的協議。所有接受動物器官移植的患者，必須在潛在的治癒機會和放棄「生育權」之間做出一個兩難的選擇，這一協議可以確保動物身上可能存在的「隱性基因」不會通過接受移植手術的人類患者繁衍下去。

$\mathcal{2}$ 「DNA」搜尋引擎

美國是幹細胞研究最發達的國家之一，過去兩年來，生物學界已完成將豬血管移植到人類心臟上進行修補，也將人類 DNA 注入實驗兔子胚胎

中，或者以人類幹細胞讓癱瘓的老鼠恢復行走能力；令部分科學家格外憂心的噩夢是，一旦人與動物組織細胞混合涉及人類腦細胞，一隻羊的腦袋裡有人的思想會是什麼情況？ 如果這隻羊進了人類的餐桌，會是怎樣的結果？

斯坦福大學一個非正式道德委員會曾通過一項研究提案，批准利用人類腦細胞培育出老鼠大腦，研究主持人幹細胞科學家衛斯曼指出，這項實驗為深入瞭解人類大腦發展過程提供絕佳的機會，也能瞭解如帕金森氏症這類腦部病變疾病的發生過程。委員會主席法學教授葛里萊認為，該會認為實驗對老鼠大腦大小設限，能夠防止「人性化」情況的發生，因此同意在密切監督下進行實驗，並且一旦實驗老鼠出現類似人類的行為，就予以撲殺。

內華達雷諾大學幹細胞科學家贊賈尼率領的實驗，更進一步混合人與動物細胞。他製造出的綿羊含有人類肝臟細胞，所占比例少則 10%，多達 40%，他希望這種人獸混種綿羊，有一天能成為活體工廠，提供人類組織器官，同時也更有效地進行實驗藥物。

2008 年 1 月，英國倫敦大學國王學院及紐卡斯爾大學科學家們申請的人獸混合胚胎研究獲得該國人工授精與胚胎學管理局（HFEA）批准，這是英國首次通過嚴格的立法程式來批准的研究。而英國生殖倫理評論家約瑟芬·昆塔瓦萊表示，「一直以來，人與動物雜交是不被允許的。我們始終以某種理由維持這個禁令。而這件事情很可惡，正在削弱最基本的倫理道德。」

2010 年初，墨爾本的科學家把人的 DNA 輸入豬肺並利用一個通風設備和水泵成功地讓它「呼吸」。專家們估計，這項成果可以在 5 年內實現讓首個動物器官移植給人體。該實驗獲得突破的一個技術關鍵是，科學家成功地去掉了一個導致豬器官和人血不相容的豬 DNA 片段。現在人類 DNA 也被加到豬器官裡，這樣就大大減少了血液結塊及器官相排斥問題。然而，這種研究也引發巨大的爭議。醫學倫理專家尼古拉斯·菲利皮

尼教授指出：「這其實就是一個『豬人』，一個混合體，你要怎麼說都可以。問題是現在的社會有沒有準備好去接受一個部分是人、部分是豬的生物。」

人獸混血在歐美引起了巨大的爭議，科學家有權製造超級生命嗎？從基因治療方面考慮，如果創造「人獸混血」是為了某個特殊使命。那麼，這些低等生命可以任由人類役使或殘殺嗎？它們是否也有生存的權利？「它們」和人類的區分是怎樣界定的？人類可以對它們隨意地踐踏、掠奪、損「人」利己嗎？

事實上，美國早在 1998 年就已經有了類似的試驗。當時，美國一家受私人資助的研究所將人的面頰細胞與牛的卵母細胞結合，複製出胚胎細胞。時任美國總統的柯林頓隨即致函美國國家生命倫理委員會，對該實驗「深表憂慮」。

對複製技術的發展，贊成者有之，而反對者更多。例如：人獸複製將面臨感染各種恐怖的動物體內挾帶的病毒，同時生殖性複製將改變人類的人倫關係，人類正在充當「上帝」的角色，創造新型的人類和異種生物。全球約 50 個國家禁止生殖性複製，意味著這仍然在大多數國家是合法的。聯合國曾經試圖執行國際性的禁令，因為一些國家要求對各種類型的複製實施總禁令，但遭到了另外一些國家的反對。

科學家指出，通過培育人獸混合胚胎，可以得到大量的幹細胞。而幹細胞可以分化成人體的各種組織和器官，在器官移植和探尋像帕金森氏症、糖尿病、白血病、癌症等疾病的病因，解決諸如此次的問題，全球人類的壽命可提高至 100 歲以上。

英國國王學院幹細胞生物實驗室的主任斯蒂芬‧明爾教授提到：「除了政府支持的科研專案外，還有一小部分私人公司也在從事此類科研活動，在原則上他們是不受直接束縛的，那麼這些小公司就確實有可能製造出『半獸人』。」事實上，世界上只有英國等極少數國家有像 HFEA 那樣的專門管理機構，大多數國家進行的人獸胚胎研究並沒有受到嚴密監管，

而更多的是靠科學家的自律。而科學家擔心，這種自律一旦失控，人獸混合胚胎技術會被某些別有用心的人利用，最終會給人類帶來不可預知的災難。

3 不斷重複的「複製」盛宴

在經歷微生物複製、生物複製與動物複製三階段後，人類逐漸接受了複製羊、複製牛、複製狗甚至複製猴。複製技術的飛速發展，使得「複製人」不再有難度。對於複製人，很多國家都明令禁止，因為複製技術一旦濫用於人類，將不可避免地失去控制，帶來空前的生態混亂，引發一系列嚴重的倫理衝突。無論某些人的願望如何美好與強烈，「複製人」似乎永遠不會被倫理接受。法國農業經濟研究學院的研究室主任雷納就曾公開指出，複製人實際上可能已經在美國誕生了，但是目前科學家還不敢立即公開這一消息，主要是要觀察複製人的成長狀況並與正常人相比較，另外懾於社會和公眾對複製人擔心的巨大壓力，因而不敢公布。

美國科學作家赫尼格預言，不久以後，人們對待複製人的態度將發生轉變，複製人很快將像試管嬰兒一樣被社會接受。

從技術上說，沒有任何力量能阻擋富豪們去複製自己，去複製 500 名瑪麗蓮‧夢露。目前科學界有許多「複製狂人」在做此類工作。如果認為自己十分優秀，可以再「複製」一個完整的自己。只是複製人與「原創人」在各方面都存在巨大爭議，複製人能否代替「原創人」實施行為等問題上都有待解決。

令人類驚恐的是，關於生命的起源、生命的神聖性、生命的尊嚴等等問題，都將被人造生命這一問題所顛覆。

在掌握了合成染色體技術的複製人的世界，正如科學家所說，人類已

經從閱讀基因密碼轉向有能力編寫它。如此，人類很快會面對一個新的問題：優化人種。人們會為將來的嬰兒編制智商、性格和相貌。一個人的孩子很可能不算是他的，因為他孩子的身上並沒有什麼基因是從他那裡遺傳的，很可能是從某個偉大人物的身上借取。如果能購買「良種胚胎」進行複製，那麼父母的身分問題就變成了法律問題，而不是生物學問題了，「親子鑑定」技術也將失去存在的意義。

未來學家阿爾文・托夫勒在《未來的衝擊》一書中指出，人們可以想像這樣荒唐怪誕的事情：一對夫婦買了一個胚胎，把它放在試管裡培育，然後以第一個胎兒的名義又買一個，似乎是在籌畫信託基金。在這種情況下，這對夫婦在第一個孩子未成年時就成了法律上的祖父母。人們需要一套全新的詞彙來描述親屬關係了。當然還可以更加荒唐地以「後到」胚胎的名義買「先來」胚胎，這樣，一個小孩子可能是一個大孩子法律上的父親或母親。

第 九 章

「DNA 生成」，基因世界輪盤

【本章專家】

史蒂芬・威廉・霍金　英國著名物理學家

克雷格・文特爾　美國基因工程科學家

斯圖亞特・皮姆　美國杜克大學生物學家

吉米・華生　英國劍橋大學生物學家

法蘭西斯・寇里克　英國劍橋大學生物學家

亞瑟・卡普蘭　美國賓州大學生物倫理學家

大衛・迪默　美國加利福尼亞大學分子生物學教授

保羅・薩福　美國斯坦福大學教授

朱利安・薩烏萊斯庫　英國牛津大學倫理學教授

不管人類喜歡與否，未來必定會有人在某處設計出改良品種的人類。
人類會在此後的一個百年內，利用基因科技改良現有人種……
未來的富人將借助先進的技術重塑身體，繼而與普通老百姓分開，進
化為一個新的種族。

「代際合同」猜想

二十一世紀之初，享譽世界的英國物理學大師史蒂芬·威廉·霍金在印度孟買對三千餘名聽眾發表演說時預言，不管人類喜歡與否，未來必定會有人在某處設計出改良品種的人類。人類會在此後的一個百年內，利用基因科技改良現有人種。霍金作為具備宏闊視野的科技大師，曾經提到人類應通過基因技術修改和完善自身的 DNA，從而確保對飛速發展的電腦的智力優勢，以遏止可能出現的智慧型機器「統治世界」的局面出現。他表示，鑒於電腦的發展速度是如此迅速，「其性能每月就會進步一倍」，而相反，人類的智慧發展卻越來越緩慢，所以人類必須改變自身 DNA 的結構，否則就有被電腦超越的危險。「電腦智能將最終發展到取代人類成為世界統治者的危險性是現實存在的。」

雖然黑猩猩和人類的進化史大約有 99.5% 是共同的，但人類的大多數思想家把黑猩猩視為畸形異狀、與人類毫不相干的怪物，而把人類自己看成是上升為萬物之主的階梯。對一個進化論者來說，情況絕非如此。認為某一物種比另一物種高尚是毫無客觀依據的。不論是黑猩猩和人類，還是蜥蜴和真菌，他們都是經過長達約 30 億年之久的所謂自然選擇這一過程進化而來。

關於生命的起源、生命的神聖性、生命的尊嚴等等問題，不同背景的人觀點各不相同，而人造生命將顛覆所有這一切。1953 年，英國劍橋大學兩位年輕生物學家吉米·華生和法蘭西斯·寇里克發現蘊藏在生物體內的去氧核糖核酸（DNA）具有複製資訊的能力，從而揭開了生命的秘密。為此，他們獲得了諾貝爾獎。

基因作為 DNA 分子上的片段，控制著蛋白質的合成，它起到一種遺傳學「身分證」的作用。遺傳工程（亦稱基因工程）學就是根據生物的遺傳特性，用類似工程設計的方法，人為地用一種生物細胞中的某些基因去

替換另一種生物的基因，實現基因的轉移或重新組合，從而改變生物的性狀和功能，定向地培育出新的生物品種。

對於人類生命的定義，科學家各有不同的解釋，但他們一致認為，生命至少應該具備三個特徵：承載容器、新陳代謝和複製繁殖能力。一個容器，像細胞的細胞膜；新陳代謝把基本的營養物質轉化成細胞成分；基因能夠傳給後代或隨環境變化的複製細胞的化學指令。

西方社會學家用「代際合同」這個概念來描述一個社會中幾代人之間關於權利與義務的習慣性規則。代際合同在不同的歷史語境和地理環境中表現出不同的內容：古羅馬的「父權傳統」給予作為家主的父親對子女的人身和財產完全的控制權；當前西方社會則習慣於在子女達到法定年齡後即實現其對父母的完全人格與財產獨立；而在中國，則仍然在社會風俗中保留著父母對成年子女一定的控制權。代際合同沒有法律效力，但是它卻在現實生活中最有效地形成了不同世代的個人之間的權利義務關係。

「訂制生命」對當下的「代際合同」提出了一個嚴肅的問題：我們有沒有權利使用自然選擇之外的手段剝奪那些可能帶有疾病基因的胚胎成長為人的機會，原因則僅僅是他們患病的幾率較高於那些基因「純淨」的胚胎？這個問題又一次拷問了人權領域一個糾結已久的命題：人有沒有生存的自由？他人在什麼條件下能夠合法地剝奪他人的生命？

「訂制生命」的出現對人類的倫理規範是一個巨大的挑戰，試想一下，如果基因甄選技術被允許廣泛應用，那麼「甄選權」以什麼為標準呢？如果是因為那些被拋棄的胚胎含有致病基因，如果發病會給社會造成負擔，那是不是說明人的生命本身已經不是最值得珍視的財富，要重新淪為希特勒式所謂的「人種工具」意義呢？

2 人類出現新種族

2009 年，美國斯坦福大學教授保羅‧薩福預言，隨著基因工程和機器人工程學的迅猛發展，未來的富人將借助先進的技術重塑身體，繼而與普通老百姓分開，進化為一個新的種族。

薩福預測稱，唯有超級富翁才能享受到上述由科技進步帶來的成果；照此趨勢發展下去，富人和尋常老百姓之間將產生不可跨越的鴻溝，富人將最終進化為一支與現代人類完全不同的種族。

西方一些科學家也曾提出智商遺傳決定人種社會差異的觀點。美國研究人員曾試圖以此解釋美國社會中存在的群體差異。他們提出，來自遺傳的智商已經越來越成為成功的關鍵，它決定著社會種族差異。

但林克萊特說，這種「同樣胡言亂語」的觀點早已被紐西蘭政治學家弗林以實際調查結果推翻。弗林發現，全球範圍內人類平均智商在過去一個世紀中平均每 10 年提高 3 點，而且幾乎不論哪一階級、種族和社會階層，使用什麼智商測試方法，結果均是如此。

但林克萊特也指出，英國大城市出現無緣享受社會財富和資源的階層卻是事實。他說，一些大城市出現了連續幾代人長期失業，造成的社會裂痕相當深，無論如何努力都無法根除。

在格拉斯哥和利物浦，當地最糟糕的健康狀況、最嚴重的犯罪率都集中在貧困階層，而且他們似乎已經被社會邊緣化。格拉斯哥經常進入歐洲的癌症和心臟病高發病率黑名單，當地的青少年犯罪也屬英國最嚴重。利物浦約 60% 的地區被列入英國最貧困的地區。當地政府長達數十年的扶貧努力對於許多貧困群體來說效果似乎不明顯。

3 未來「倫理地圖」

2009 年 1 月 9 日，英國首名經基因篩選的嬰兒在倫敦降生，英國媒體稱她為「無癌嬰兒」。這種檢驗方式稱「植入前基因診斷」，通常是先用「試管受孕」形成胚胎，然後檢驗胚胎的基因，再選擇不具有特定基因的胚胎植入母體。倫敦大學學院附屬醫院去年為夫婦兩人檢測了 11 個胚胎，證實其中 5 個不含可致乳腺癌的 BRCA1 基因。醫生將其中兩個植入孩子母親的子宮內，最後有一個發育成嬰兒。

當然，這種服務不可能是平民父母們所能奢望的，高額費用必將成為富人所壟斷的特權，一些富人將率先對未出世的嬰兒的基因進行甄選。

從基因診斷方面考慮，當人們掌握了生命密碼之後，「隱私」這一概念將重新定義。目前的保險公司在接受投保時，要求申請人必須做體檢，未來是不是要求看到申請人的基因圖？而一旦有了基因圖，知道了「命中註定」的事情，保險行業還有沒有必要存在公司老闆在挑選雇員的時候，會不會存在「基因歧視」？為了得到更優秀的下一代，可能會有更多的墮胎事件，以篩選掉我們認為不夠好的嬰兒？按照不完善的道德標準，史蒂芬·霍金這樣的天才很可能不會出生。

基因技術壟斷會帶來巨大的商業利益。美國文特爾研究所於 2009 年 10 月份向美國專利局提出擁有他實驗室造出來的人造生物專利的申請。美國文特爾研究所搶灘「造物市場」的舉動引起了生物行業的擔憂，加拿大生物倫理學組織譴責這種行為是「企圖在社會上實施一項異常的新技術而不說明它的全部影響」。該組織研究人員吉姆·湯瑪斯說，這種壟斷行為施放了一個信號，合成工業和合成生命形式私有化這樣的高端商業競爭已經開始；文特爾公司正在變成合成生物界的「微軟」。同時，該團體的 38 個組織聯合號召多個國家的專利局從安全方面著想，抵制文特爾的專利申請。

「訂制生命」的出現，靠的是飛速發展的遺傳基因技術。從未來的發展看，人類可以任意設計「品牌嬰兒」：可兼顧到高智商、最健康與相貌最佳的理想標誌。當然，「設計嬰兒」也可以設計帶某種缺陷的孩子。既然有人能要求「健全」嬰兒，「殘缺」嬰兒的設計要求似乎也合情合理。從技術的發展看，人類無法阻止「設計嬰兒」的出現，但從人類的角度看，「設計嬰兒」的醫學實踐，有可能把人類生命推向「商業化」：嬰兒如同超市貨架上琳琅滿目的商品，價格有高有低，任你挑選。所以，如何高度規範「設計嬰兒」，將是這項技術今後發展的關鍵。

甚至以後每代人以基因改造方式決定流行的特徵，如身高、臉型、腰與臀的比例等也不是沒有可能。做父母的可能會為兒女選定一款俊男美女典型，如蒙娜麗莎、芭比娃娃等。而做兒女的到了十幾歲時可能對父母大表不滿，不是因為他們給取的名字不好，而是說他們給選的臉孔不對、身材不對。兒子抱怨父母當初為什麼替他買了運動天分，而沒有買某項特長。女兒則抱怨父母不該只給她選繪畫天賦，要是還有跳舞的超強悟性就更讓人滿意了。

在未來社會，生育後代將不再僅是妻子的事情了，無論你想要什麼類型的孩子，生子公司都能根據客戶的需要量身挑選合適的精子和卵子。想生男孩或是女孩，不是問題；想要孩子具有藝術家型的或是科學家型的亦或是政治家性的潛質也不難；甚至自己不想親自帶孩子，等孩子長大 8 歲、10 歲再來抱回去，也可以。專業化的生子公司已經完全取代了傳統的繁育後代方式，人類的基因將越來越優選。生育後代將不再僅僅是夫妻兩人的事情了，出現了專門的生子公司，提供各種潛質的精子、卵子和代孕服務。

只要雙方自願就能組合在一起，夫妻將成為歷史。

在男權制度中，女人的「性」只被限制在婚姻之內，而且，女人只能以「性的物件」出現在性行為中，這種狀況被「性解放」運動給改變了。在未來社會，消除了強加在女人身上的貞操觀念，對男女兩性實行統一的

性道德標準，只要雙方自願就能組合在一起，夫妻將成為歷史，實現真正的「性道德解放」。

家庭將不再需要孩子來維繫，女人甚至男人都可以找生子公司代孕後代。男女將不再需要結婚來成立家庭，家庭將因此而解體，每個人都可以獨立的生活，獨立繁育後代。正如英國牛津大學的倫理學教授朱利安·薩烏萊斯庫所說：「『人造生命』推開了人類歷史上最重要、最基礎的那扇大門──窺視生命的本質。他直接扮演了上帝的角色──創造出自然界原本不存在的新生命。」

4 人能戰勝細菌嗎？

未來某一天，基因工程公司會決定一國的成敗，因為基因工程公司能夠左右世界的人口、糧食和生命⋯⋯

事實上，人類進化每時每刻都在進行。美國杜克大學生物多樣性專家斯圖亞特·皮姆指出，人類非但不再分化，反而在過去數萬年一直在「聚合」。他說：「在人類進化方面，我們會發現進化的原始物質正在變異。」

現代生物學界一直期待著這樣的場景：電腦上先「程式設計」設計某種生物，按下「列印」鍵，接著按圖紙生產出需要的 DNA，最後植入某個細胞，一個全新生命便製造出來了。

人造生命技術的應用意義重大，但若有人利用人造生命技術為非作歹，也許會製造出致命的生物。

克雷格·文特爾是美國基因工程界的頂級的學者，他的身上頂著無數科學界的榮譽，也有著震驚世界的研究成果。2010 年 5 月，文特爾研究所宣布世界首例人造生命誕生。文特爾預言，合成生物學可以直接帶來億萬美元的生物產業，將帶來人類歷史上的又一次工業革命。不過這一科技

突破也引來巨大的非議，而就在這一人工合成生命成果面世當日，美國總統歐巴馬就敦促生物倫理委員會也針對此項研究將給醫學、環境、安全等領域帶來的任何潛在影響、利益和風險，進行謹慎地評估。

克雷格‧文特爾是一名極具爭議的生物學家，曾被科學界稱為挑戰人類倫理的「科學怪才」，他在大約 8 年前曾頂住外界巨大的壓力，以驚人的速度破譯了人類基因組。時代雜誌曾兩次將他選進世界上最有影響力的人之一。

現在人類的能力已經拓展到可以「操縱」與「製造」生命驚人的地步。這是一種完全由人造基因控制的單細胞細菌，被科學家稱之為地球上第一個能自我複製的人造物種，其「生身父母」是電腦。克雷格‧文特爾為它起名「辛西婭」（意為「人造兒」）。文特爾的成功之處，在於用化學試劑合成了人工染色體，並在另一微生物中顯示出生物功能。這項里程碑意義的實驗表明，新的生命體可以在實驗室裡「被創造」，而不是一定要通過「進化」來完成。此項實驗歷時 15 年，由文特爾率領四百多位頂尖科學家共同研究，耗資 4000 萬美元。美國賓州大學生物倫理學家亞瑟‧卡普蘭評論說：「研究成果可以徹底平息有關生命到底需不需要特殊力量才能被創造和生存下來的爭論，甚至可以顛覆人類長久以來對於生命本質的看法，其深遠意義堪比伽利略、哥倫布、達爾文和愛因斯坦等先賢對人類發展做出的貢獻。」

遠在 1990 年 10 月，國際人類基因組計畫啟動，美、英、日、法、德、中六國相繼加入其中，按最初的設想，該項目將耗資 30 億美元，在 2005 年完成全人類基因組的測序工作。

然而，1998 年 5 月，生物學怪傑克雷格‧文特爾的介入打亂了「人類基因組計畫」的原有步調。在帕金‧埃爾默公司 3.3 億美元投資的支持下，文特爾組建了塞萊拉公司——一個私營性質的基因研究機構。文特爾聲稱，要在 3 年內完成人類基因組的序列測定，目的是搶在「國際人類基因組計畫」前完成，以便將人類基因組圖譜申請成專利。當時，由政府支

援的人類基因組工程已經花了 8 年時間，僅排定了 3% 的基因組。所以大部分參與「人類基因組計畫」的科學家對文特爾的話持懷疑態度。然而，文特爾領導的研究小組很快向全世界證明了自己的實力，2000 年 4 月 6 日，塞萊拉公司突然宣布完成了基因測序工作。不論塞萊拉的測序結果是否足夠成熟，它猶如神助的進度迫使國際人類基因組計畫於 2000 年 5 月 10 日宣布，基因測序工作的完成時間將再度提前，從原定的 2003 年 6 月提前至 2001 年 6 月。兩組研究人員之間的競爭日趨白熱化。文特爾之所以敢與「國際人類基因組計畫」競爭，其實是有備而來。雖然在此之前文特爾並不廣為人知，但他已經在基因測序方面積聚了相當的科研實力，並掌握了一種獨特、快速的基因測序方法。為阻止人類基因組專利落入文特爾之手，2000 年 3 月，美國總統柯林頓和英國首相布萊爾聯合發表聲明，宣布兩國政府都支援把基因組資料向全世界免費公開，文特爾想壟斷基因組專利的企圖受挫。經過三次談判，文特爾最終放棄了申請專利的要求，雙方達成了協定：同時聯合宣布成功繪製出人類基因組草圖。「人類基因組」圖譜精確版涵蓋了 99% 人類染色體組的圖譜，新圖同時顯示，人類基因實際數只有 2 萬到 2.5 萬，比最初估計的 10 萬個要少很多。科學家發現人類體內的 DNA 密碼有 30 億個字母。它們按照不同的排列組合，形成了 3 萬多個基因。在對 270 個人的研究中，科學家們發現，他們體內的差異性基因高達 10%。至於為何有些基因能夠被複製，而有些卻不能，目前對此還沒有進一步的發現。其中的一個基因，代碼為 CCL3L1，在非洲血統的人體內被複製的次數遠遠超過了其他人種，而這個基因被認為對愛滋病具有抵抗的作用。

　　文特爾專案組其他成員表示，這僅僅是一個更宏大工程的一小步，未來他們甚至可以根據客戶需求提供「訂制」的有機物。此外，還可以製造出能夠產出石油或專以二氧化碳為食的環境友好型「人造生命」。文特爾提到，「人造生命」將成為非常強大有用的生物學工具。

　　美國加利福尼亞大學分子生物學教授大衛・迪默指出，人造生命失控

的風險「極其微小」，人類製造的任何東西都不可能與那些在自然界進化與統治了 30 億年的生物競爭。細菌吞噬所有東西，它們吃汽油，吃地底下的石油，吃綠色的碳氫化合物，吃所有的東西。它們還會把我們放在那裡與它們競爭的所有東西吃掉。此外，科學家們還設計了另一層保護措施：所有人造生命都依賴於自然界中不存在的化學物質，將這些關鍵性的化學物質一消除，人造生命就會死亡，當人造生命進入自然環境之後，情形更是如此。

第 十 章
時間輪，地球人口解碼

【本章專家】

約翰‧貝丁頓　英國政府首席科學家及倫敦帝國學院教授

馬克‧斯坦　美國學者

李寶庫　中國老齡事業發展基金會會長

顧海良　中國武漢大學教授

西方文明即將毀滅！人口問題是造成西方文明毀滅的關鍵。人是傳承文明的唯一載體，有了人，才有一切。沒有了人，就什麼也沒有了……到 2030 年，世界將面臨人口「超級風暴」，出現大的動盪。

1 孤單的美國

幾十年來，世界一直被週期性的預言所包圍——人口問題即將到來所困擾。

2006 年，美國著名學者馬克‧斯坦的在《孤單的美國》一書中，作出了一個驚人的預言：**西方文明即將毀滅！**書中提供大量的論據說，在不太遠的將來，西方文明無可避免地走向毀滅。馬克‧斯坦指出，人口問題是造成西方文明毀滅的關鍵。人是傳承文明的唯一載體，有了人，才有一切。沒有了人，就什麼也沒有了。

馬克‧斯坦指出，一個出生率極低的國家，就意味著社會嚴重的老齡化，社會福利將無法維持。例如希臘，到 2040 年時，養老金支出將占 GDP 的 25% 以上。沒有任何國家能負擔這樣的福利。而正是西方大政府的福利制度，加速了西方人口減少。這些國家提供的福利，人們從出生到死亡，都由政府包下來了。所有這些，都使人們變得懶惰，越來越依賴政府，不用養兒防老。當然更淡化了繁衍後代的責任和欲望。在澳大利亞，這種情況令人擔憂。許多年輕人不願工作。不少技術勞工都從國外引進。就連理髮師、廚師、建築工、農場工都不得不引進外國勞動力。甚至這個英語國家的語言學校，也引進了大量從亞洲來的英語教師。

2009 年 7 月，美國人口統計局發布報告預測，到 2040 年時，65 歲以上人口所占比例將提高一倍，由 7% 提高到 14%。到 2015 年時，65 歲以上人口所占比例將超過 5 歲以下人口所占比例，這在人類歷史上尚屬首次。

到 2025 年，已然呈現的國家人口年齡結構斷層化特徵會更加明顯，最年輕與最年老人口間的斷層將繼續擴大。「最老的」國家（指 30 歲以下人口占全國人口總數不足 1/3）將在世界地圖的北部邊緣地區形成一條帶子。相反，「最年輕的」國家（指 30 歲以下年輕人占國家總人口 60％或更多）則將主要集中在撒哈拉以南非洲地區。

　　人口老齡化將發達國家帶到了人口統計學上的「警戒點」，現在，發達國家每 10 人中就有近 7 人處於傳統的工作年齡（從 15 歲到 64 歲）。

　　幾乎在每一個發達國家，2010 年至 2020 年期間，老齡人口（65 歲及以上）與工齡人口之間的比率，將高速猛增，從而加重老年福利專案的財政負擔。到 2010 年，在發達國家，每個老年人對應 4 個工齡人口，而到 2025 年，這一比率將攀升至 1：3 甚至更高。

2 人口老齡化的尖峰時刻

　　2009 年 7 月，美國《外交政策》雜誌預測，隨著日本日益嚴重的人口縮水和老齡化，日本在亞洲「領頭羊」地位將喪失。

　　日本是世界上人口老齡化最嚴重的國家，65 歲人口占了日本總人口的 21.5%。除了老齡化嚴重外，日本人口也在不斷縮水。隨著出生率不斷降低，到 2050 年，日本人口將從現在的 1.27 億縮減為 8900 萬。

　　老齡化和人口縮水將日本推上失敗的邊緣。老年工人缺乏革新性，依靠儲蓄生存，而不會創造新的價值；隨著工薪階層的減少，養老金將日益枯竭，稅收和政府預算也將受到嚴重影響。此外，人口老齡化還將影響日本的各種內外政策。比如，日本必定會投入更多資金用於衛生醫療而不是國家安全。

　　日本這種轉變還會對美國與亞洲關係造成嚴重影響。在近年來的國際貿易中，日本對美國始終保持貿易順差，但這些資金最後還會返流回美國，幫助其抑制日元升值，並幫助美國撫平政府財政赤字。到 2008 年末，日本還是美國的最大債權國之一。但隨著老齡化問題日益嚴重，日本可能無力繼續推動這種「良性循環」，老齡化的日本國內同樣需要這些資金的刺激。

2007 年，法國人口研究機構公布的一份報告指出，全球人口目前已接近 65 億，其中超過半數居住在 6 個國家。

根據這份報告，全球每 100 個人中，有 61 人居住在亞洲，14 人居住在非洲，11 人居住在歐洲，9 人居住在拉丁美洲，5 人居住在北美洲，居住在大洋洲的則不足 1 人。

6 個人口最多的國家是中國、印度、美國、印尼、巴西和巴基斯坦，人口總和為 33 億。

全球每 100 名新生嬰兒中，57 人出生於亞洲，26 人出生於非洲，9 人出生於拉丁美洲，5 人出生於歐洲，3 人出生於北美洲，大洋洲出生不足 1 人。

即使從現在開始生育率大幅提升及可持續增長，也難以遏止歐、日的老齡化趨勢。

西歐各國情況不同。英國、法國、比利時、芬蘭及北歐國家可能維持歐洲地區最高生育率，但仍達不到每位婦女生育 2 個孩子；而其他國家的生育率，可能低於每位婦女生 1.5 個孩子，與日本的生育率相同，卻遠遠低於每位婦女要生 2.1 個孩子的人口更新水準。

歐洲在二戰後曾有一段生育高峰期，但隨後人口出生率開始下降。許多年輕夫婦都抱怨，撫養孩子費用太高，不敢多生。大量育齡婦女因追求事業發展等原因推遲生育，或者乾脆不生孩子。統計資料表明，在德國受過高等教育的婦女中，39％不想要小孩；而受教育水準較低者中，也有 25％不願要後代。不孕症是歐洲人口下降的主要原因。英國雪菲爾大學研究生殖學的教授比爾·萊傑最近指出，受婦女晚育、性傳播疾病發病率上升、兒童肥胖人數增加和男性生殖能力下降等因素綜合影響，歐洲夫婦面臨非常嚴重的生殖問題，不育夫婦人數 10 年內將翻一倍。

在西歐，為了保持工齡人口不縮減，年度淨移民額將翻倍，甚至以 3 倍速度增長。到 2025 年，非歐洲籍少數族裔人口將達到關鍵比例──在幾乎所有西歐國家裡達到 15% 或更高，並且人口結構將比歐洲本土人口

年輕得多。考慮到歐洲本土人民越來越對移民過多感到不滿，移民激增會加劇緊張局勢。

到 2020 年，世界人口將增長到 70 至 80 億，而此時全球人口替代率下降到最低水準，將面臨全球人口年齡結構的深刻變化。除非洲、印度等少數地區和國家繼續享用「人口紅利」之外，全球呈現一片「銀髮」現象，人口結構老化，社會「撫養」成本上升，人口生產力下降。

「銀髮」現象催生「銀髮經濟」，「銀髮經濟」加固「銀髮階層政治壟斷」，年輕人淡出國家政治和經濟核心圈，觸動社會政治權力分布結構的質變，懷著被社會拋棄感的年輕人走上街頭，滋事騷亂現象從二十一世紀初的巴黎郊區向希臘雅典乃至全球擴散。到 2020 年，與青少年群體有關的社會問題可能將更加突出。

除了人口年齡結構，人口種群結構性變化也引發人們對新的社會結構變動的隱憂。美國拉丁裔和非洲裔人口持續增長，美國白人比例下降。正如古埃及法老對人口和勢力不斷膨脹的猶太人從開始的溫和容納逐漸轉向對立和排斥一樣，美國族群之間的矛盾有可能擴散，在以色列，隨著以色列阿拉伯人的人口爆發式增長，增速遠遠超過以色列猶太人，到 2020 年，以色列內部政治動盪不安，並可能引發整個中東新一輪緊張局面。

$\mathcal{3}$ 2030 年，中國人「少」了

2010 年，中國社會科學院財政與貿易經濟研究所發布報告預測，2011 年以後的 30 年裡，中國人口老齡化將呈現加速發展態勢，到 2030 年，中國 65 歲以上人口占比將超過日本，成為全球人口老齡化程度最高的國家。到 2050 年，社會進入深度老齡化階段。老年人口總量將超過 4 億，老齡化水準推進到 30% 以上，其中，80 歲及以上老年人口將達到 9448

萬，占老年人口的 21.78%。

　　1953 年，中國人口普查顯示，人口已逾 6 億，這大大超過了中國人「四萬萬同胞」的固有觀念。

　　短短十年之後，這一數字又被迅速改寫為 7 億。到 1982 年第三次人口普查，中國人口已擴張到十億。僅僅 30 多年，中國的人口規模便翻了一倍。

　　合理控制人口過快增長成為中國的當務之急。自上世紀七〇年代以來，中國全面推行計劃生育，1982 年定為基本國策，2001 年頒布《中華人民共和國人口與計劃生育法》使之成為國家的法律。

　　而隨著計畫生政策的實施，中國「人口問題」又出現新的挑戰：中國白髮族今後將以每年 800 萬人的速度增長。2009 年，教育部公布了《2008 年全國教育事業發展統計公報》。依照公布的資料，中國國民小學學校自 1993 年以來一直連續減少，15 年間國民小學學校已由 69.67 萬所銳減到去年的 30.09 萬所，銳減了 56.8%。與此同時，國民小學生在校人數也連續遞減 13 年，已由 1995 年的 13195.15 萬人逐年減少到 2009 年的 10331.51 萬人。

　　2009 年，中國老齡事業發展基金會會長李寶庫在一次專訪中提出，「421」（即一對夫婦贍養四位老人、生育一個子女）的家庭大量出現，使贍養老人的壓力進一步加大。「空巢老人」在各大城市平均比例已達 30%以上，個別大中城市甚至已超過 50%。這對於中國傳統的家庭養老方式提出了嚴峻挑戰。而且，需要關注的是，「421」的家庭模式在即將步入60 歲以上的「50 後」一代人身上將體現得更加明顯。農村的問題更為嚴峻。步入老齡化的人勞動力自然會受影響，由於農村不少勞動力都在往城市聚集，農村的老年人由誰來照顧，這個問題社會似乎都缺乏準備。

　　2010 年，中國廣東出現大規模的「洋黑工」現象。大批來自東南亞和非洲相對落後國家的境外黑工，漸漸潛入珠三角，在深圳、佛山、東莞、雲浮、肇慶等地遍地開花，並大有向整個珠三角擴展之勢。在本次的

廣東黑工潮中，黑工的來源國，除臨近中國的越南外，還有緬甸、巴基斯坦、斯里蘭卡，以及非洲諸國。本次的「洋黑工」浪潮，與從廣東的「民工荒」幾乎同步，折射了中國目前隱含的巨大的人口危機。中國自上世紀七〇年代開始全面推行計劃生育，到現在將近 40 年時間。而現在中國外出打工的民工，也主要集中在 20 至 40 歲這個年齡段。從建國後一直到七〇年代，中國一直是鼓勵生育，中國改革開放前期 30 年的迅猛發展，某種意義正是獲益於這種人口紅利。而青少年人口的大規模下降，已經在全社會領域表現得日益明顯。

4 人口戰爭，超級風暴

德國人口統計組織預測，第二次世界大戰結束後，德意志聯邦共和國和德意志民主共和國的人口加在一起為 6800 萬。現在由於難民、申請避難者和其他移民的遷入，全德國的人口達到 8200 萬。但再過 50 年，儘管各種移民遷入，德國的人口將減少到 7000 萬，如果不出現大規模移民的話。

世界處在一個迅速變化的過程中。看一下人口統計情況就會知道世界發生驚人變化的程度。例如 1945 年第二次世界大戰結束後澳大利亞只有 800 萬人口。而到 2050 年，即在約一個世紀之後，在這個國家裡生活的居民將達到 2600 萬。

到 2050 年，南非的人口也將大幅度增長，從 1300 萬增加到 4700 萬。

而第三世界國家的人口在爆炸性地增長，尤其是印度。殖民時代結束後，印度次大陸的人口是 3.57 億。但再過 50 年，印度的人口將超過 15 億，甚至超過中國。到 2050 年，中國的人口在 14 億左右。

這是人類在今後幾十年裡將面臨的問題。正在非洲和亞洲貧困地區蔓

延的大規模流行病對人口增長幾乎沒有影響。當然會有數千萬人或許甚至數億人死於愛滋病和其他傳染病。

但人口學所稱的「生殖率」在這些地區非常高，以致這些流行病在人口金字塔上只留下一個「凹陷」。

2009 年，英國政府首席科學家及倫敦帝國學院教授約翰·貝丁頓在英國《衛報》發表文章預測，氣候變化和人口增長，導致食品、水和能源短缺，進而引發大規模移民、公共騷亂和國際衝突。如果未來數年內沒有充分準備的話，到 2030 年，世界將面臨「超級風暴」，出現大的動盪。

貝丁頓提到，人口的持續增長將會在未來 20 年裡引發對食品、水和能源的大量需求，與此同時，各國政府還必須應對氣候變化。所有這一切都將同時到來。據貝丁頓教授預測，2030 年後，全球人口將增加到大約 83 億。僅此一點，就意味著全球資源需求將在未來變得更大。貝丁頓提到，資源短缺壓力將急劇增加，氣候變化將使問題惡化。目前，全球的糧食儲存量太小，只有年消費量的 14%，一旦發生乾旱或者洪災，糧食就會嚴重短缺。現在全世界的糧食儲備是 50 年來最低的，到 2030 年，人們對糧食的需求會增加 50%，同時，對能源的需求也會增加 50%，淡水的需求會增加 30%。以英國為例，全球糧食短缺將會讓進口更昂貴，而由於氣溫會越來越高，有些地方將會不適合種植作物。大部分氣候專家認為，英格蘭東南部將最容易發生淡水短缺的問題，尤其在夏天。在中國，由於出現淡水短缺現象，政府計畫建立 59 個新水庫收集冰山融化的雪水。

2010 年，聯合國人口普查工作組編寫的《全球人口展望》報告預測，2009 年 3 月的全球最新人口統計數字為 68.5 億。到 2011 年末，全球人口可能突破 70 億大關。2050 年全球人口數量將介於 80 億到 105 億之間，很可能是 90 億。法國國家人口研究所研究主任亨利·勒里東認為，這些數字總體上是可靠的。他指出：「聯合國以往的人口預測是由果溯因推理出來的，非常合情合理，上世紀六〇年代的最大誤差範圍為 7%，因而那時的人口不確定性更大。」據預測，2050 年人口增長率接近零，人口數

量將穩定在 90 億左右，遠遠低於按上世紀六〇年代人口年增長率計算出來的數字。如果 1965 年超過 2% 的年人口增長率保持至今並持續到 2050 年，地球將擁有約 180 億人口！

在二十世紀的『人口爆炸』到底發生了什麼。西元初期，世界人口大約只在 2 至 3 億之間。發現美洲新大陸時，全人類總數可能還不足 5 億，到十八世紀中葉，也只稍過 7 億。世界人口的第 1 個 10 億是 1830 年，在近百年後，即 1925 年，達到 2 個 10 億。第 3 個 10 億花了 37 年……在 1900 年到 2000 年人口的數量幾乎是原來的四倍，從 16 億增加到 60 億。但是人們在二十世紀的世界人口爆炸中經歷的情形是什麼呢？不是因為人們突然之間開始像兔子一樣飼養了，而是因為他們不再容易死亡了。

1987 年 7 月 11 日晨 8 時 30 分，南斯拉夫札格雷布婦產科醫院潔白的布衾上，一位金髮碧眼的嬰兒呱呱墜地──這是世界第 50 億個居民出生。這一天被命名為世界人口日！

此時此刻，人口學家從科學的角度警告人類：人滿為患的時代為期不遠了。

在此之後，世界人口從 50 億增長到 60 億，只花了 12 年時間，這比之前任何一個 10 億倍數人口增長的速度都要快。

1900 年到二十世紀末，人類的平均壽命翻了一倍，從最初的 30 歲增加到超過 60 歲。在過去的 50 多年裡，全世界的死亡率下降也是非常明顯的。從 1950 年到 2005 年根據聯合國人口署（UNPD）的估計，全球人均平均壽命增加了近 19 年，或者 2/5，從 47 歲到 65 歲以上。人均壽命的大幅度增加的最重要原因可能是全球範圍嬰兒死亡率的下降。在 1950 年早期，根據 UNPD 的估計，世界上每出生 1000 個孩子中就有 156 個不到一年就死亡。但是到了二十一世紀初，這個比例只有 5.7%。

2009 年，美國人口普查局發布報告顯示，因生育率下降，中國人口將很快達到 14 億的峰值。比預測水準要少，而且峰值將在不久後出現。中國每名婦女生育孩子的均值已從 1990 年的 2.2 個下降至當前的不到 1.6

個，而中國總人口年增長率已經放慢到 0.5%。相比之下，印度每名婦女平均生育孩子達 2.7 個，總人口年增長率為 1.4%。

當前人口排名僅次於中國和印度的國家依次是：美國、印尼、巴西、巴基斯坦、孟加拉、奈及利亞、俄羅斯和日本。

報告顯示，在全世界的新生嬰兒中，男孩數量要高於女孩；但在 40 歲以上的人群中，女人數量開始超過男人。

第 十一 章

大遷移，未來移民到哪裡

【本章專家】

努諾・達科斯塔　葡萄牙里斯本大學人口學家

撒母耳・亨廷頓　美國哈佛大學教授

伊夫雷姆・海勒威　以色列情報局前局長

阿德里安・邁克爾斯　英國《金融時報》著名記者

喬治・弗里德曼　美國智庫 STARTFOR 負責人

在今後 20 年歐盟正面臨著一個社會發生巨大變化的時代，但政治家們都沒有加以重視。歐盟國家都忽視了一枚移民「定時炸彈」……

二十一世紀世界人口會在達到一個頂峰後逐漸回落，人口的減少會加劇各國對移民的爭奪。

人類史無前例的移民潮

2007 年，聯合國經濟合作與發展組織發表報告預測，至 2050 年，全球人口將出現人類史無前例的持續和大批的移民潮。每年都會有至少 220 萬人移居富裕國家，反而富裕國家的原居住者人口將停滯不前，甚至下降。報告指出這種人口變化有可能增加資源配置的壓力。

在這股移居潮下，非洲、亞洲和中東會增加數十億人，其中數千萬人將移居歐洲和美洲。

經濟合作與發展組織預測，東歐等地區的人口將穩步減少，原因在於外移率高，而出生率持續追不上。到了 2050 年，人口跌幅較高者是保加利亞，達 35%；隨後是烏克蘭，達 33%；再隨後是俄羅斯，達 25%。

跨境移居者將大大增加其他發達國家的人口。而較發達地區的人口預期將大抵維持在 12 億不變；如果沒有大量移民流入，這些地區的人口更有可能下跌。例如：英國人口到 2050 年已由 6000 萬增至近 6900 萬，這幾乎全由移民所引起。

在 1970 至 1980 年間，富國每年自窮國接收了 100 萬名移民。但從 2007 之後的 43 年，移民人數將是這個數目的兩倍多，至 2050 年，每年將超過 230 萬人。這些移民當中，來自非洲和亞洲的，每年分別有 40 萬和 120 萬。富裕和貧窮世界在財富及機遇等方面的差距，將是誘使出現這種轉變的因素。另一潛在重要原因在於發展中國家人口急速增長。

到了 2050 年，印度將是全球人口第一大國，總數近 17 億。巴基斯坦亦將以 2.9 億人成為人口第五大國。奈及利亞則以 2.89 億人排行第六。

2007 年，中國社科院發布了《全球政治與安全》報告，報告顯示中國已成為世界上最大的移民輸出國。除去傳統的澳大利亞、美國、加拿大等三大主流移民目的國之外，不少南美、歐洲、東南亞等較小的國家也成為中國內地移民的目的地。

根據 2010 年 1 月澳大利亞國家統計局（ABS）公布的統計數字，自
2009 年 7 月至 2010 年 1 月，中國內地移民澳洲的人數約為 7800 名。

同時，根據美國國土安全局（DHS）提供資料顯示，每一年中國內地
出生人口的移民美國的數量，在 1989 年至 2000 年間，已從 32272 人上升
至 45652 人。而到了 2009 年這一年，中國內地出生、成功取得美國永久
居留權的人數則已達到 64238 人，僅次於墨西哥。

2010 年，聯合國公布最新世界移民報告，以下是以移民數量為依據
世界 10 大最吸引移民的國家排名。

美國被稱為「建立在移民基礎之上的國家」，擁有 4300 萬海外移民，
占其總人口的 13.5%，成為世界上擁有海外移民人口最多的國家。

俄羅斯擁有 1200 萬海外移民，占其總人口的 8.7%，僅次於美國，是
第二大移民目的地國家。俄羅斯的海外移民主要是來自前蘇聯國家和中國
的勞工移民。

德國擁有 1007 萬海外移民，占其人口總數的 13.1%，是世界第三大
移民目的地國。德國目前面臨出生率低下及人口老齡化等問題，政府為了
刺激經濟和引進外資，對高科技人才和投資移民放寬尺度。

沙烏地阿拉伯，海外移民數量為 720 萬，占其總人口的 27.8%。沙特
實行嚴格的歸化入籍政策，外籍人士很少能入沙特國籍。在沙特，高級職
位一般由本地人擔任，外國人通常從事體力勞動等工作。

加拿大，擁有 700 萬移民，占其人口總數的 21.3%。加拿大的移民政
策相對寬鬆，其中經濟類移民平均占每年移民總數的一半以上。

法國，擁有 660 萬移民，占其總人口的 10.7%。法國制定了嚴格移民
政策並限制移民人數，但舒適的生活環境和高福利政策仍然吸引大量海外
人士移居。

英國，海外移民數量為 640 萬人，占總人口的 10.4%。聯合國 2009
年公布報告稱，在移民人數持續增加帶動下，英國到 2050 年預估總人口
數將達 7240 萬人，成為歐洲人口最多的國家。

西班牙，擁有 630 萬移民，占其總人口的 14.1%。西班牙曾一度被稱為「移民天堂」，但隨著金融危機的加劇，西班牙政府不斷收緊移民政策。

印度，擁有 540 萬海外移民，占其人口總數的 0.4%。印度的海外移民主要是來自孟加拉等周邊國家的穆斯林。

烏克蘭，海外移民數量為 500 萬人，占其人口總數的 11.6%。

2 未來移民路線

2009 年 11 月，全球知名的民意測驗和商業調查諮詢公司美國蓋洛普公司，公布了世界各國的移民指數排行。該項移民指數調查是蓋洛普公司在 2007 至 2009 年面對面地訪問了 135 個國家的 259542 名 15 歲以上的成人所得出的結果。這 135 個國家的總人口占到世界人口的 93%。據調查，世界上 16% 的人口，大約有 7 億人對自己的祖國不大滿意，希望有機會移居國外。7 億有移民傾向的人世界各國都有。撒哈拉以南的非洲地區移民傾向最高，有 38%（約 1.65 億）的人口希望移民；中東北非國家有 23% 的人口希望移民，歐洲有 19% 的人口希望移民，美洲（包括南美、北美）有 18% 的人口希望移民。最令人意外的是亞洲，希望移民的人口只有 10%。

在世界各國總共 7 億有移民傾向的人群中，有 24%（1.65 億）都把美國列為他們最渴望移民的國家；此外還有 4500 萬人渴望移民加拿大。接著是歐洲，希望移民英國和法國的各有 4500 萬人，希望移民西班牙的有 3500 萬人，大多來自他們所屬的前殖民地國家。希望移民德國的有 2500 萬人，與希望移民澳大利亞的人數相當。最令人意外的是，希望移民沙烏地阿拉伯的人高達 3000 萬。

美國作為一個移民國家，一直對世界其他地方有移民意向的人們散發

著奇妙的吸引力。能夠得到一張美國綠卡，曾經是很多人的嚮往。綠卡持有者享有美國官方授予的移民福利，其中包括有條件地在美居留與獲取工作的許可。除了沒有選舉權和被選舉權，綠卡持有者在美國境內基本享有和本國國民一樣的待遇。

　　而當前要成為一名合法永久居民，需要在美國境內以永久居民身分居住總計滿 5 年，或與美國公民結婚滿 3 年後，並滿足所有移民局所列出之條件後，才可以申請入籍，成為美國公民。公民比永久居民擁有更多的權利與義務。其中包括選舉權、聯邦與州選舉中的被選舉權、世界上部分國家的免簽證便利、攜帶家眷入美，以及擔任聯邦政府職位的資格。相比西歐和北歐諸國，美國的福利也許並不是最好的，但是它的吸引力，來自於社會總體的一流生活和教育水準，以及優良的投資環境。移民到美國，除了能夠享受發達國家國民待遇之外，重要的是，這裡的寬容和活力給了人們更多的信心。

　　根據國際移民組織的調查，教育水準是一部分移民選擇移居目的國的主要因素之一。美國在這方面有著莫大的吸引力。當前美國實行 11 至 12 年制的義務教育體系，大部分州規定必須就讀至 18 歲，僅剩個別州仍為 14 歲。兒童在 5 到 7 歲時入學，可選擇進入公立學校、私立學校或家庭學校，公立和私立學校一般分為小學、初中和高中三級教育水準。大學階段也分為公立和私立，雖然學費昂貴，但助學貸款及獎學金的覆蓋面相當廣，大多數學生都能順利完成學業。在聯合國的各國教育索引中，美國得分為 99.9，綜合實力排名世界第一。美國的醫療設施和醫療保險大部分都由私營部門經營，長久以來，不論是美國公民還是外國移民，都必須購買商業醫療保險，才能覆蓋部分醫療費用。美國政府僅提供輔助性質的公共醫療保險、醫療輔助計畫、兒童醫療保險計畫和退伍軍人健康管理。世界衛生組織（WHO）在 2000 年的世界衛生報告中比較了 191 個成員國的醫療素質，美國的醫療消費與應變能力都在榜首，但人均醫療費用的絕對值及占 GDP 的比例居高不下，是世界範圍內醫療費用最昂貴的國家。

　　英國、德國、法國等地為代表的西歐發達國家，素來以高福利和良好的生活環境而著稱，這也吸引了世界上其他地方移民的目光。但是這些地方與移民之國美國比起來，移民難度要大得多。西歐發達國家的福利政策一向是這些國家引以為傲又深感頭痛的問題，作為英法德等國的正式國民，甚至完全可以依靠福利制度生活，即便不去工作也能生活地較為安逸，但是同時，這些政策也增加了政府的負擔，一定程度上削弱了人們工作的熱情。

　　以德國為例，當一個孩子落地之後，他就能享有國家按月發放的撫養費，父母基本上不用擔心會增添過多的開支。如果孩子生得多，到第三個第四個孩子的時候撫養費數額還會增加。當這些孩子上學之後，他們也能夠接受完全免費的教育，包括上大學，也不用繳納學費。如果家庭條件不太好，還有名目眾多的獎學金和助學金來幫助孩子。同時，在德國，幾乎所有有收入的人都參加了醫療保險，不同的只是高收入者可以自己選擇是參加私人醫療保險還是參加法定醫療保險，而低收入者則必須參加法定醫療保險。由於德國經濟實力雄厚，德國醫保服務的範圍、專案和內容都非常廣泛。參加法定醫療保險的被保險人（包括家屬和未成年人），不管其當時經濟狀況如何，都可以得到及時、免費的治療，就診不需要支付現金，病人可以在保險基金認定的醫院以及治療範圍內自由就診，並可以自由選擇開業醫師和專科醫師，而諸如視力檢查、看牙等等專案都可以納入保險範圍。

　　而在英國，失業保險的存在，可以讓一家十餘口人即便沒有一個人去工作，也能從容地生活。這其中，包括由政府提供的免費住宅、低保津貼和給孩子的撫養費。如果有人投機取巧，把政府給的房間出租，那麼租金又成為一筆收入。很多人因此就算失業，也不願意再去設法找到新的工作。同時，這些國家的國民如果去世，也不用擔心喪葬費用，政府會提供免費的墓地。

　　蓋洛普公司用潛在淨移民指數來定量計算人口流動的可能順差或逆

差，其計算方法是把希望移入本國的人口數減去希望移出本國的人口數，把所得的差除以該國的成人人口總數。如果所得的結果是正數，就說明這個國家移民進來的比出去的多，絕對值越高就說明這個國家更有吸引力。相反，如果所得的結果是負數，那麼說明這個國家移民出去的比進來的多，絕對值越高就說明對這個國家厭煩，例如：新加坡的指數是 +260%，這就是說如果由著移民的喜好而定，新加坡的成人人口可以從 360 萬增至1300 萬。相反的例子是剛果，指數是 -60%，也就是說如果剛果國門大開的話，剛果的成人人口會從 3200 萬立刻減少到 1300 萬。

蓋洛普公布的如下幾個國家的潛在淨移民指數：

新加坡：+260%

沙烏地阿拉伯：+180%

紐西蘭：+175%

加拿大：+170%

澳大利亞：+145%

剛果：-60%

辛巴威：-55%

獅子山共和國：-55%

海地：-50%

薩爾瓦多：-50%

3 歐洲移民危機重重

2009 年，聯合國人口分布報告顯示，至 2025 年，全球人口增長主要分布在亞洲和非洲地區，而歐洲、日本、美國、加拿大、澳大利亞和新西蘭等西方國家人口增長只占全球增長總量的 3% 以下。當前，全世界 25 個出生率最低的國家有 22 個在歐洲。即使不斷有移民湧入，歐洲人口仍將大幅減少，到 2030 年將減少 4100 萬。

2006 年，美國《新聞週刊》公布了一份調查報告，歐洲人口衰減最嚴重的地方將是鄉村，那裡的人口屆時將減少 1/3。而且，鄉村居民正在往近郊或城市地區遷移。

葡萄牙里斯本大學人口學家努諾·達科斯塔將「太少的孩子、太多的老人和太多離開鄉村的年輕人」比作「三顆定時炸彈」。

達科斯塔指出，過去，平均每個農夫至少能找到一個人繼承他的土地。如今很多農夫家庭只生一個孩子，而這唯一的孩子長大以後還可能到城市裡發展。以希臘東伯羅奔尼薩斯地區的普拉斯托斯村為例，村裡曾經有 1000 個村民，其中大多以耕田種地為生。如今村裡只剩下幾十人了，而且還淨是六、七十歲的老人。

在義大利，全國 260 萬農民中有超過 60％的人年齡在 65 歲以上。一旦他們去世，他們留下的農田很多將被荒廢。如今義大利已經有多達 600 萬公頃的農田被荒廢，占全國農田總面積的 1/3。

瑞士格勞賓登州由於兒童數量劇減，從前那種只有一間屋子的小型校舍上世紀八〇年代重新出現在幾百個小村裡。如今那裡的孩子更少了，以至於這麼小型的學校都不得不紛紛關門。阿爾卑斯山上的克勞斯村，人口的急劇減少使得當地的公共汽車服務被迫停止。

2010 年，歐盟統計局預測，歐洲正面臨著人口負增長的威脅，從現在起到 2050 年，歐洲將缺少 5200 萬名工人，只能通過大量、快速引入移

民才能解決這一問題。

到 2015 年，整個歐洲將面臨人口負增長的威脅；到 2035 年，死亡人數將超過出生人數 100 萬；到 2050 年，歐洲將缺少 5200 萬適齡工人。歐洲將面臨工程師、技師以及其他技術工人嚴重短缺的困境。

歐洲國家為維持高福利制度，引進了大量的移民，以補充勞動人口、這就出現了另一種情況。

最近數十年來，恐懼的情緒彌漫著歐洲政治。這並不是一種抽象的，而是實實在在的驚恐：歸咎起來就是歐洲的原住民，除了擔心自身安全和工作機會之外，更害怕非歐洲的「另類人」威脅到歐洲人的身分認同和生活方式。

2009 年，美國美國國家情報委員會撰寫的《全球趨勢 2025》，是美國國家情報委員會有關未來 15 至 20 年全球趨勢系列研究報告的第四份，也是最新報告。有關專家預測，至 2025 年，人們從鄉村湧向城鎮、從窮國湧向富國，這種有去無回的移民潮還會洶湧澎湃地繼續。相鄰區域間，經濟及人身安全上的懸殊差距，會為加速這種大遷移火上澆油。西歐已成為每年上百萬移民的目的地，還有 3500 萬外國出生的人來此定居，多數來自北非、中東及南亞穆斯林國家。穆斯林在歐洲移民人數劇增，民族結構會快速變化，城鎮地區尤其如此，這將增大加速同化和融合穆斯林的難度。城鎮地區經濟機會可能更多，但由於缺少適當工種，雖說人口密度上升，歐洲局勢可能更緊張、更不穩定。

4 西歐城市移民「災區」

文化衝突可能使有大批移民的國家出現動盪。德國、英國、法國和其他一度歡迎難民和移民的發達國家已開始出現對外來者的強烈抵制。

　　據 2008 年國際線上專稿，2008 年，以色列情報局前局長伊夫雷姆‧海勒威在《耶路撒冷郵報》專訪中預測，隨著近年來歐洲人口中穆斯林的比重越來越多，歐洲未來將可能引發一場文化衝突。

　　海勒威預測，歐洲主要國家，包括俄羅斯在內，到 2050 年其人口的 50% 都將是穆斯林，文化意識方面的差異性將導致歐洲內部發生文化衝突。海勒威提到，目前英國就面臨這樣的情況，英國立法部門正在考慮，在針對穆斯林群體的有關婚姻等事宜方面，是否可以用穆斯林的律規取代英國法律。

　　2010 年 8 月，英國《金融時報》著名記者阿德里安邁克爾斯發表《穆斯林的歐洲：人口定時炸彈將改變歐洲》文章預測，在今後 20 年歐盟正面臨著一個社會發生巨大變化的時代，但政治家們都沒有加以重視。歐盟國家都忽視了一枚移民「定時炸彈」，即湧入歐盟的包括數百萬穆斯林在內的大批移民。將不知不覺地改變歐洲大陸。

　　西班牙 1998 年時在國外出生的人口只占其總人口的 3.2%。而到了 2007 年，這個數字已升至 13.4%。歐洲的穆斯林人口在過去的 30 年中增加了一倍以上，並將於 2015 年前再添一倍。最近在布魯塞爾出現頻率最高的七個男嬰名字分別是：穆罕默德、阿達姆、拉揚、阿尤布、邁赫迪、阿米內和哈姆札。

　　美國著名無黨派獨立民調機構皮尤研究中心的皮尤宗教與公眾生活論壇在一份報告中指出：「這些（歐盟）國家擁有悠久的歷史、文化、宗教及語言傳統。幾十萬——有時甚至是幾百萬——長相、語言和行為都不同的移民湧入這個社會，往往會難以適應。」

　　人口變化有多劇烈？每個人都意識到了歐洲某些城市中的一些社區已變得越來越穆斯林，而且這種變化的速度在加快。歐盟移民總人口的數字本身就說明了一件事。美國記者克里斯多夫考德威爾指出，到 2026 年，原住民在英國伯明罕市將變為少數群體，而在萊斯特這種情況甚至會更早出現。考德威爾說，另一項預測顯示，到本世紀中葉，法國、甚至是整個

西歐的穆斯林人口可能將超過非穆斯林人口。在二十世紀，奧地利總人口中有90％為天主教徒，但到2050年，奧地利15歲以下人口中伊斯蘭教徒將占多數。對增長速度的預測是有爭議的。匈牙利經濟學家卡羅伊洛倫特為歐洲議會起草了一份報告，據他推算，法國馬賽和荷蘭鹿特丹的穆斯林人口比例都已超過25％，這個數字在瑪律默是20％，在布魯塞爾和伯明罕是15％，而在倫敦、巴黎和哥本哈根則是10％。

歐盟稱非歐盟本土國民的就業率要低於本土國民，這就阻礙了經濟發展和融合的進程。語言技能的缺乏是造成這種現象的一個重要原因。美國移民政策協會稱，2007年時雙親中至少有一人生於國外的小孩占出生在英格蘭和威爾斯的小孩總人口的28％。這個比例在倫敦則高達54％。在總體上看，在2008年，有14.4％的小學生母語為英語以外的其他語言。

2007年，英國《每日電訊報》刊登了一份調查。以英格蘭為例，英格蘭有574所學校中51％至70％的學生母語不是英語，另外569所70％以上學生把英語視為第二語言。統計數字顯示，英格蘭某些地區為「英語災區」，其中首都倫敦20個區「榜上有名」。此外，紐漢市9/10的中小學大多數學生的母語為非英語。這一數字在萊斯特和布拉克本為1/3，在伯明罕為1/4。

人口變化引起了不安。歐洲人經常對進行民意測驗的人說他們國家的移民已經夠多了，但政治家們卻大都迴避討論這個問題。

2008年，英國《泰晤士》雜誌發表了一份報告，介紹在西歐各國出現的數百座宏偉的清真寺，在大部分歐洲城市，居民每天有可能聽到五次清真寺中的禮拜聲。英國在1963年，全國只有十三座清真寺，現在有六百多座，而且各地穆斯林的組織多達一千四百個。法國擁有一千三百座清真寺，有六百個伊斯蘭社會組織。根據歐洲穆斯林少數民族委員會主任馬赫慕德邁哈穆德·賽義迪引證聯合國的人口統計資料說，歐洲現有穆斯林人口2100萬，但他說，這個數字大大縮水了，實際人口大約5000萬。又據國際伊斯蘭人口網站提供資訊，2006年最新統計，整個歐洲包括俄羅

斯，穆斯林人口較為確切的數字是 5070 萬。

1993 年夏，美國哈佛大學教授撒母耳‧亨廷頓在美國《外交》雜誌上發表了題為《文明衝突？》的文章，引起國際學術界轟動。亨廷頓預言，冷戰後，世界格局的決定因素表現為七大或八大文明，即中華文明、日本文明、印度文明、伊斯蘭文明、西方文明、東正教文明、拉美文明，還有可能存在的非洲文明。冷戰後的世界，戰爭與衝突的基本根源不再是政治體制和意識形態，而是文化種族方面的差異，主宰全球的將是「文明、種族差異導致的衝突與戰爭」。衝突的形式是人口主體競爭、文明主體爭奪和種族衝突……

5 美國移民「陷阱」

2010 年初，美國華盛頓智庫移民政策研究所推出的人口報告預測，到 2050 年，中國和印度將繼續是人口最多的國家，兩國向已開發國家輸出移民人口的趨勢也將維持不變。報告同時指出，中國和印度在 2050 年前同樣會面臨人口老化、勞動力增長緩慢的問題，但中、印兩國國內財富分布不均等因素，將繼續促使 16 歲到 34 歲之間的勞動力向富裕的歐美國家流動。

美國是一個典型的移民國家，可以說沒有移民就沒有美國。而這種趨勢在本世紀達到新高峰：2000 年以來的 7 年中移民數量超過歷史上任何一個 7 年。平均每 8 個美國人中就有 1 個是新移民，創下 80 年來的最高記錄。難怪移民成為美國大選辯論中最火爆的論題。

華人以 200 萬的數量僅次於墨西哥，成為美國新移民來源亞軍。不過華裔移民中 52% 已經成為美國公民，是墨西哥移民的近三倍。

2009 年，美國智庫 STARTFOR 負責人喬治‧弗里德曼，在《未來

100 年大預言》一書中預測，未來一百年內，移民將造成美國的巨大危機。弗里德曼也把目標鎖定為美國的近鄰墨西哥。

因為二十一世紀世界人口會在達到一個頂峰後逐漸回落。人口的減少會加劇各國對移民的爭奪，墨西哥鄰近美國，而且人口出生率高，所以美國會千方百計地吸引墨西哥移民。但是，墨西哥移民和其他地方的移民不同。如果是華人移民到美國，意味著在很大程度上要將家庭、文化、傳統拋在腦後，遠渡重洋，融入美國。但墨西哥的移民，尤其是美國南部的墨西哥移民卻並非如此，他們可以早上在墨西哥，下午在美國，國界並不是一個地理的概念，而是人口的概念。當大量的墨西哥人越過國界，來回穿梭的時候，美國和墨西哥的國界就會日益模糊，美國將逐漸被墨西哥化。

弗里德曼在書中提出自己的證據，通過觀察 2000 年墨西哥裔居民在美國各州的比例，我們已經可以看出其集中程度。沿著太平洋到墨西哥灣邊線，有一個明顯的墨西哥裔人口集中地，這裡 1/5 到 2/3 以上的人口是墨西哥人（在這裡用這個詞來表示種族而非國籍）。與加利福尼亞洲情況一樣，在德克薩斯州，這種集中程度進一步擴展到州的範圍。但是，與料想中的一樣，邊界周圍的很容易成為墨西哥人的聚集地。弗里德曼提到，2006 年墨西哥的經濟位居世界第 15 位，依據購買力來衡量，墨西哥的國內人均生產總值已略超每年 1.2 萬美元。這使得墨西哥在拉丁美洲成為最富有的大國，「就算稱不上領先的經濟強國，至少也居於發達國家的行列。」

弗里德曼指出：等到墨西哥移民人數達到一定規模時，他們就會意識到自己在一個國家內部是一個獨立實體。基於自己的地位，他們開始要求一系列的特殊權利。當他們自然而然地喜歡上美國時，該團體的一部分人會把自己視為這個國家的本地人，而非移民，他們只不過住在墨西哥以外的統治區罷了。與此同時，墨西哥國內也會出現鼓動兩國合併的運動。美國雖然控制著太空和海洋，但是墨西哥的挑戰來自地面。墨西哥人可以越過邊界，深入到美國內地，發起挑戰，「而這正是美國最不擅長的方式。」

2005 年，美國哈佛大學教授撒母耳‧亨廷頓在《我們是誰？》一書中預測，美國民族的同一性所面臨的最直接、最嚴重的挑戰來自於大規模的、持續不斷的拉美裔移民。亨廷頓指出，由於拉美裔移民持續和大規模地湧入美國，以及拉美裔育齡婦女的高生育率，美國的拉美裔移民人口數量不斷攀升：2000 年，拉美裔移民占美國總人口的 12%；目前，拉美裔移民總人口已經超過美國黑人總人口；估計到 2050 年，拉美裔美國人將占美國總人口的 1/4。隨著美國的拉美裔育齡婦女的人數在 10 年或 20 年後進入最高點，其總人口數量將會進一步「急劇躍升」。亨廷頓以佛羅里達州的邁阿密市為例，來證實拉美裔移民已經取得了對美國許多城市的「主導權」。截至 2000 年，邁阿密人口的 2/3 是拉美裔移民，其中古巴移民或他們的後代超過 1/2。在近 30 年裡，說西班牙語的拉美裔移民，尤其是古巴移民幾乎主導了該市的各個領域：在 1999 年，邁阿密市長、警察局長，邁阿密最大的銀行、房地產開發公司、法律事務所的總裁都是古巴裔移民。

亨廷頓指出，拉美裔移民的龐大規模、持續湧入和區域集中性導致他們在今後許多代一直說西班牙語。例如：在 2000 年，美國有 2800 萬人在家時說西班牙語，有近 1380 萬人的英語口語很差，43% 在美國出生的墨西哥人根本無法用英語進行交流。但以上僅僅只是一個開端，因為西班牙語正日益被作為美國商業和一些地方政府的通用語言。由於拉美裔美國人的數量和影響力的不斷增強，他們的領導人正在積極謀求把美國轉變為一個雙語社會，把西班牙語作為美國的第二種官方語言。

拉美裔移民的屬性和勢力範圍與美國以往的移民存在天壤之別，美國同化以往移民的成功經驗，不太可能對當前大規模的拉美裔移民奏效。拉美裔移民必然會在兩個重要方面影響美國：一、美國的許多重要地區在語言和文化上被拉美裔移民主導；二、整個美國變得雙語化和雙重文化化。當然，雙語化和雙重文化進程最迅速、最重要的地區是美國的西南部。

自本世紀初，每年都有成千上萬來自瓜地馬拉、薩爾瓦多、尼加拉瓜

以及洪都拉斯等中美洲國家窮人，跋山涉水，通過墨西哥南部邊境北進，進入美國。人權組織日前公布一份報告稱，在過去幾年中，這段旅程已經變成世界上最危險的移民之路，綁架、強姦、謀殺以及腐敗官員的勒索已經成常事。報告中稱，過去移民們最大的擔憂是遇到犯罪團夥的暴力搶劫，現在他們最害怕有組織犯罪集團的誘拐。許多犯罪分子來自聲名狼藉的澤塔斯販毒集團，報告指出，這個集團的血腥名聲讓移民們不寒而慄。大多數被誘拐或者綁架的移民人質都被關在安全屋中，直到已經前往美國的親人或者回國的親人籌集到贖金，才會被釋放。

在被關押期間，人質通常受到虐待。倖存者稱，他們曾親眼看到許多人因為沒有交付贖金而被殺害。報告作者魯伯特‧諾克斯說：「墨西哥移民正面臨著嚴峻的人權危機，他們根本得不到司法保護。因為擔心受到報復或者驅逐，他們不敢抱怨。」報告引起了國際人權委員會的關注，他們估計 2009 年 6 個月時間裡，有 1 萬多名移民在墨西哥遭到綁架。儘管有許多人向當局報案，但沒有聽說墨西哥對此進行調查。移民被謀殺或者失蹤的事件經常被遺忘。報告中的資訊主要來自對一家墨西哥教堂經營的避難所的採訪，裡面大多數移民感到足夠安全，才敢於將他們的遭遇說出來，包括受到性暴力襲擊，3/5 的女性移民感染性傳染病等。

2010 年，華盛頓智庫「移民研究中心」的移民報告顯示，2007 年，美國的移民人口已達 3790 萬人，創下 80 年來的最高紀錄。

這份基於人口普查局資料的 2007 年移民人口綜合報告指出，1970 年時，每 21 個美國居民中就有 1 人為移民；1980 年，移民約占 1/16；1990 年達 1/13。而現如今，每 8 個美國居民中就有 1 人為移民。大量湧入美國的移民中也包括了大量非法移民。

報告稱，自 2000 年至今，美國共迎來了 1003 萬名移民，超過了歷史上任何 7 年中美國接納的移民人口，但這其中有超過一半的人（560 萬）為非法移民。

此項由調查由移民研究中心主任卡麥羅塔主持，卡羅麥塔的研究顯

示，不論是合法或是非法移民的人數均在成長。不過，2005 年由華盛頓皮尤研究中心所做的調查預測，在 2000 年的高峰後，移民數在未來 5 年內將會下降。

移民通常去向哪裡？資料顯示，六成人竟然集中分布在 5 個州：加州是移民人口增長最多的州，其次是紐約州，名列第二。但排在第二位的紐約州，其移民人口數量僅為加州的一半。

2007 年，加州的移民人口約 1000 萬，占了美國境內移民總人口的27%，紐約州占 11%，佛羅里達州和德克薩斯州各占 10%，新澤西州占5%。這 5 個州的移民就占了全國移民人口的 61%。以上 5 個州的美國本地人只有 32%。

統計數字還顯示，美國境內的移民遍布各地。雖然上述 5 州移民人口占移民總數的 61%，但 2000 年以後進入美國境內的移民當中，只有 54%在這 5 個州定居。

雖然有些州的移民數量不算很多，但由於本身人口少，這些移民在當地所占的人口比例會很大，比如夏威夷州和內華達州。在這些地區，移民人口總數雖然遠不及加州，但他們對當地的影響不可小視。

美國每年都有大量外來移民湧入，移民的最大來源地是墨西哥。墨西哥移民在移民總人口中的比例為 31.3%。目前在美國的墨西哥移民約為1170 萬人，占所有移民的半數以上。如果再加上拉丁美洲其他各國移民（除墨西哥外，包括中美洲各國和南美各國），這些國家的移民占了美國移民總數的 54.6%。

另外一支移民隊伍來自東亞以及東南亞。這一地區的移民占美國移民人口的 17.6%，約為歐洲和中東移民總數之和。

其中來自中國大陸、台灣、香港的新移民，人數為 200.7 萬人，位居第二。之後依次為來自印度、越南以及薩爾多瓦的移民。

從墨西哥來的移民人數，是中國移民的 6 倍。這些數字對西半球來講，具有重要意義。2000 年至 2007 年之間，進入美國的新移民當中，

58.7% 來自於拉丁美洲。

　　從移民人口輸出國比例來看，美國移民來源原本保留的多樣化特徵已被打破。正如數字顯示，2007 年來自墨西哥的新移民，占新移民總數的 31%，而在 2000 年，這個數字是 28%，1990 年是 22%，1980 年為 16%。

　　有人警告說，拉美移民蜂擁而至，可能會使美國分裂為迥然不同的兩個民族、兩種文化和兩種語言（英語和西班牙語）。

第 十二 章
倒數計時,「人工智慧」鎖定

【本章專家】

比爾・蓋茲　美國微軟公司創始人

雨果・德・加里斯　美國科學家「人工智慧之父」

亨利・馬克拉姆　瑞士洛桑聯邦工學院科學家

賈斯汀　美國英特爾公司首席技術官

比爾・喬依　美國太陽微系統公司首席科學家

羅德尼・布魯克斯　美國麻省理工學院的機器人學教授

伊利澤・尤德庫斯基　美國「人工智慧奇點研究所」的創辦人之一

雷・庫日韋爾　美國發明家、未來學家

機器人很快將重複個人電腦崛起的道路。點燃機器人普及的「導火線」,這場革命必將與個人電腦一樣,徹底改變這個時代的生活方式……

⁄ 與「智慧」、「奈米」有關的懸疑世界

2007 年，美國微軟公司創始人比爾·蓋茲在美國《環球科學》雜誌上向世界預言：「機器人很快將重複個人電腦崛起的道路。點燃機器人普及的『導火線』，這場革命必將與個人電腦一樣，徹底改變這個時代的生活方式。用不了多久，家家都會擁有一個機器人。微軟公司將正式進軍機器人產業，開發機器人軟體平臺。」比爾·蓋茲說，「很多人低估了即將來到的機器人，現在的情形就好比我和我的創業夥伴保羅·艾倫在上個世紀七〇年代計算機工業剛剛冒頭的時候創立微軟公司一樣。機器人工業即將面臨著一場爆炸性發展，其影響之深遠絲毫不遜於過去 30 年間個人電腦給我們帶來的改變。」

「機器人」（Robot）這個術語是 1921 年捷克劇作家卡雷爾·恰佩克首創的，很快就流行開來。科技奇才達·芬奇 1495 年的草稿中夾著一張製作機械騎士的草圖，這位機器人騎士能坐能站，手腳還能活動。人們認為這應該是第一份人形機器人的設計圖。

2007 年，被譽為「人工智慧之父」的美國科學家雨果·德·加里斯教授在清華大學做出這樣的預言：「可能 20 年、30 年後人工智慧機器就可以和人做朋友了，但更遠的未來，人工智慧將成為人類最大的威脅。世界最終會因人工智慧超過人類而爆發一場戰爭，這場智慧戰爭也許會奪去數十億人的生命。」這種聽起來像「駭客任務」一樣的描述卻是建立在科學研究的基礎上。

人類大腦是一個異常複雜的組織，內有數十億個神經細胞。雖然相關研究一直沒有停止腳步，但有關大腦的很多東西仍舊是未解之謎。2009年，瑞士洛桑聯邦工學院科學家、電腦天才、「藍腦計畫」的主管亨利·馬克拉姆預言，先進的「人造大腦」將在十年內變成現實。他解釋說：「這是一個新的大腦，哺乳動物需要它，因為它們需要處理親子關係、社

會互動的複雜認知功能。從老鼠發展到人，它是如此成功，為了生成這一驚人器官，我們把腦結構單元數擴大了大約 1000 倍。」

這是一個自然資源極度匱乏、科技卻是一日千萬里的時代，人類每個一舉一動都受到機器的監視，所吃的每一種食物都經過基因遺傳工程改造，為人類做事的工人也不再是人類，他們是智慧型機器，園丁、管家、甚至連說話的伴侶，所有人類能夠想到的工作，智慧型機器都能勝任，除了「愛」。

世界將被即將到來的人工智慧風潮衝擊，但誰也無法說明其中的細節。如果像沙子一樣的物質也能被製作成電腦晶片並具有一定的智慧性，其結果將是「智力復興期」：智慧化的不斷擴展超出了人們的想像；相反，如果沒有感情因素在其中，人工智慧會將人類帶向末日。因此，我們必須設立最基本的條件，否則必將自食惡果，後悔莫及。

美國科學家雨果的工作是用「基因演算法」設計神經網路，也就是「生產大腦」。他的「CBM」大腦製造機器可以在幾秒鐘內進化成一個神經網路，可以處理將近 1 億個人工神經元。它的計算能力相當於一萬台個人電腦。

製作人工大腦的研究現在發展得很快，上個世紀製造人工大腦需要數十萬美元，而現在做這個工作只需要兩千美金。雨果說要感謝「摩爾定律」，因為它降低了研究成本，使他可以進行「便宜的大腦製造」。

雨果認為，「人工大腦」遲早會超過人類。人腦的轉換能力是 10 的 16 次方 / 秒，而人工智慧機器的運算速度高達 10 的 40 次方 / 秒，是人腦水準的 10 的 24 次方倍。在失去控制的狀態下，「那時候他們對待人類可能就像拍死一個蚊子這麼簡單。」雨果預測，人工大腦並不會立即控制人類，此前還會有一段與人類「和平相處」的時期。這一時期它不斷接近但尚未超越人的智力水準，因此「聊天機器人」、「家務機器人」、「伴侶機器人」將使人類的生活充滿樂趣。但這樣的美景並不會長久，人工大腦的繼續發展將使人類面臨災難。

「這不是天方夜譚，一切變為現實只是時間問題，也許你的後代就將經歷這樣的事情。」雨果說，晶片會在人機交流中發揮巨大的作用。

「從內心深處說，我是一個宇宙主義者，因為如果有能力而不去做，對一個科學家來說是痛苦的。但我又非常矛盾，因為我不希望自己所做的一切最終毀滅人類。」在雨果眼中，人工大腦研究無疑是極具誘惑力的，因為它可以使人造胚胎、一進制等科學理想成為現實。但雨果對人類的未來卻是悲觀的：「我們是在製造上帝還是在製造我們潛在的終結者？」

2 新「遷移者」出現

美國英特爾公司首席技術官賈斯汀在 2008 年英特爾資訊技術峰會上做了這樣的預測，人機智能鴻溝將於 2050 年消失，賈斯汀提到：「計算行業正以 40 年前人們難以想像的速度大步向前發展。有人認為我們可能正步入一個技術進步實現指數級加速的轉捩點，而在不遠的未來機器的推理能力甚至可能超過人類。」

速度更快的電腦能夠在犯罪發生之前模擬犯罪。隨著超級電腦的速度和能力逐漸提高，研究人員能更準確地模擬、預測天氣變化和板塊構造情況。一個正在進行的項目或許能預測地震，給人們足夠的時間避免傷亡。

美國太陽微系統公司首席科學家比爾‧喬依曾為過去 1 萬年製造了一台時鐘，嘗試刻畫出人類歷史上值得紀念的時間段。比爾‧喬依提到：「生物物種在遭遇到占優勢的競爭者時幾乎毫無生存的機會。一千萬年以前，南北美洲被巴拿馬地峽分開。南美洲就像今天的澳大利亞，到處繁衍著有袋類哺乳動物，有袋鼠、袋鹿和袋虎等等。當連接南北美洲的地峽升起後，北方在新陳代謝與神經系統上只占很少優勢的胎生物種只用了幾千年的時間就替換並滅絕了幾乎所有的南方有袋類物種。同樣，按現代人類

的『非洲起源說』的證據：一小群人從非洲大陸走出，到一個新的地域生活、繁衍後代，後來這群早期人類的一個分支與『母體』脫離，向其他地方遷移……每到一個地方，『遷移者』就會取代當地的古人類，並造成當地人的消亡，比如尼安德特人（也叫穴居人）或直立人。在完全自由競爭的市場上，占優勢的機器人就會像北美胎生物種影響有南美有袋類物種一樣影響人類的生存。

電腦科學家開發出了比人類更能幹的智慧型機器。在這種情況下，所有的工作將由大量組織良好的機器系統完成，而人類不再需要進行勞動。我們將會發現人類的命運將掌握在機器手中。隨著社會及其面對的問題越來越複雜，並且機器的智慧越來越高，人類將讓機器作出越來越重要的決定，不為其他，只是機器作出的決定要比人類明智得多。最終，由於保持系統正常運行的決策是如此複雜，人類的智慧再也無法承擔，而機器卻能勝任愉快。人們再也無法簡單地拔掉機器的電源，因為我們是如此依賴機器，關機無異於自殺！」

3 最後一班車往哪裡開

2008 年，美國《未來學家最新情報》刊文對 15 年後的科技發展提出了種種看法和預測。屆時，技術變化的速度或許很快就將達到一個轉捩點。變化和複雜性或許會遵從線性（而不是指數）的發展模式。打個比方，就好像野兔在封閉區域裡競爭食物時的自然生命週期。人工智慧將發展到相當複雜的程度，以至於無法判斷自己是在和一個人講話還是在和一台機器講話。

美國麻省理工學院的機器人學教授羅德尼·布魯克斯指出：「人工智慧在越過奇點後，我們和我們的世界將與現在大不一樣，對什麼是人、什

麼是機器人的定義也將變得不同。」

美國「人工智慧奇點研究所」的創辦人之一伊利澤‧尤德庫斯基目前正在研究「友好人工智慧方向」。他提到，一些科技怪才會發明一種能夠自我進化但卻沒有道德感的機器人，這將給人類帶來災難。這位人工智慧專家也警告說，現在必須為有關研究制定道德規範，以確保未來的發展能夠幫助人類而不是危害人類。人工智慧的繼續發展可能會超出人類的控制。現在的『僕人』或許變成未來的主人。」美國發明家雷‧庫日韋爾預測，2029 年，機器將具備人類水準的人工智慧。雷‧庫日韋爾指出：「到2029 年，我們將在硬體和軟體兩方面都取得人類水準的人工智慧，甚至具備我們的情感……我們將運用奈米技術把微型智慧型機器人通過毛細血管植入我們的大腦，與我們的生物神經細胞直接交互作用，讓我們更加聰明，記憶力更好，通過神經系統自動進入虛擬實境環境。」

這是一個虛擬的關於智慧型機器的一個電影場景：

化石原料枯竭，南北極的冰雪融化，氣候變幻莫測，饑荒肆虐蔓延……這是一個正在崩塌的家園，有著末日一樣的未來。

這是一個無法想像的電腦高速發展的世界，在美國，有一大批人工智慧系領域的專家從事研究工作，美國開發人工智慧系統的專家克拉爾提到，從生理上講，感情只是大腦中產生的神經化學反應，這種技術會被複製，成為日常生活的一部分。例如：現在人們對從亞馬遜網站上得到推薦書目函，已不再感到驚訝，而是習以為常了。

第 十 三 章

2015，「第二人生」傳奇

【本章專家】

亞當·薩莫　美國高德納諮詢機構分析師

阿爾文·托夫勒　美國著名未來學家

傑倫·拉尼爾　美國電腦科學家

大衛·萊維　英國人工智慧專學家

古普塔拉　英國學者

漢斯·莫拉維克　美國卡內基·梅隆大學機器人研究所科學家

到 2015 年，2% 的美國公民將在虛擬世界裡結婚⋯⋯
傳統的婚姻家庭模式在二十一世紀將逐步終結。在 2030 年，生育權將
逐漸淡化，家庭將解體，每個人都可以單獨生活。家庭將不再需要孩
子來維繫，女人甚至男人都可以找生子公司代孕後代。

2015，一次虛擬相遇

家長式家庭模式將會被什麼樣的家庭模式取代？50 年、100 年或 200 年後，孩子將以何種方式出生？是以試管的方式還是以傳統的母親生產方式？大多數發達國家的社會學家、人口統計學家、心理學家不得不面對這樣的現實：傳統的婚姻家庭模式在二十一世紀將逐步終結。

2007 年，全球最具權威的 IT 研究與顧問諮詢公司美國高德納公司著名分析師亞當·薩莫預測稱，到 2015 年，2% 的美國公民將在虛擬世界裡結婚。他們與從未見過面的人結婚，甚至在結婚之後也可能永遠也不見面。這些線上虛擬婚姻將與「離線」世界的婚姻具有相同的法律意義。

亞當·薩莫指出，虛擬新娘和新郎也許永遠不會讓婚姻圓滿。但是，他們將擁有與你的父母一樣的共同財產權。醫院探視權也是一樣的，儘管這需要親自會面。如果他們從來沒有見過面的虛擬人在某個地方的醫院裡死亡，他們將有權去探視那個人。

亞當·薩莫預測，到 2020 年，企業向虛擬人做產品和服務廣告的開銷將超過現實世界。到 2020 年，至少會有一個城市選舉「虛擬的匿名人」擔任市長。

亞當·薩莫的預測在某些方面已經成為現實。人們可以在「第二人生」的虛擬遊戲中結婚。但是，這個婚姻在現實世界沒有任何法律意義。

亞當·薩莫表示，如果虛擬婚姻要有現實世界婚姻的法律效力，美國或者州的法律就必須要修改。他表示，他的虛擬婚姻的預測有些特別，但是，他認為事實會證明他的預測是正確的。他說，人們現在已經建立線上友誼，減少面對面的直接聯繫。

由於科技帶來的奇蹟，對很多人來說駕馭兩種截然不同的生活已變得不足為奇。每個人都有第一人生，即只有死去才能逃脫的物理存在。現在很多人有了第二人生，其實很久以前人們就能通過寫作來創造不同的人

生，儘管人們能創造另一個自己，但第一人生依然占主導地位。

　　從範圍和普及性上來說，人們的第二人生已發展到了與第一人生同等重要的地步。更具深刻影響的是，數位世界中的全新自我也能擁有高度的重要性和保真度。大部分的人都有網友，雖然素未謀面，但能心靈相通。當科技讓第二人生中的體驗得到前所未有的豐富時，第一人生和第二人生之間的平衡正迅速地發生變化。

　　第二人生的重要性與日俱增，使得數位網路對人們來說也越發處於主要位置，數位網路已不再是「房間裡的個人電腦」，而是自我的一種延伸──沒有它就像沒穿衣服一樣。現在人們使用的是二十世紀六〇年代創造的人機互動方式，而未來 10 年人機世界將發生重大變革。

　　觸控技術的突破引領了這一趨勢，人們通過觸摸與電腦互動，而數百萬年來人類與物品產生互動也是依靠觸摸，這是一種微妙的回歸。不足的是，目前人們使用電腦需要熟悉並掌握其自有的介面，但人們並不生活在由電腦介面組成的世界裡，而是生活在三維世界中。為什麼人類能學習、融入電腦的世界，而電腦不能融入人類世界呢？電腦本質上是「盲人」，它們不知道坐在它們面前的是誰，也不知道周圍環境的任何基本資訊。未來人們的目標如同遊戲中的場景一樣，「教會」電腦在人類世界中與人們進行交流。微軟公司即將發售的納塔爾項目也是一個類似的例子。納塔爾專案以 3D 攝像頭與動作識別軟體為基礎。納塔爾專案令人們能夠與電腦「交談」。

　　當資訊處理技術深深融入人們的認識、思考、決策、身體甚至意識中時，人類就徹底改變了。人類的概念會被拓展，第一人生和第二人生將永遠糾纏在一起。

2 2030，「離線」世界組合

與「第二人生」相對應的是傳統婚姻中居高不下的離婚率。美國 2010 暢銷書《定終身》預言世界將迎來巨大的離婚潮，中國離婚率將超 30%。在過去的 40 年裡，從歐美開始，世界各國陸續迎來了一個前所未有的離婚高潮。

隨著人們對婚姻品質、感情需求的上升，以前「湊合著過」的想法被越來越多的人放棄。特別是近些年，在東方國家，因為一些看上去並不大的家庭矛盾引發的離婚衝動明顯增多，有人形容這樣的「氣頭上離婚」就像因小瘡而做了一個沒必要的切除大手術一樣。

根據中國民政部 2009 年 7 月份公布的資料顯示，2008 年中國共辦理結婚登記 1098.3 萬對，離婚登記 226.9 萬對，相當於每天離婚 6216 對，離婚結婚比達 20.6%。上世紀八〇年代初，中國逐漸過渡到無責離婚時代，30 年間離婚人數增長了五倍。在國內離婚結婚比最高的十大城市中，北京高居榜首，曾高達 36%，後面依次為上海、深圳、廣州、廈門、大連等。

全球的情況都不容樂觀。美國一直是離婚「大國」，根據美國離婚改革組織估計，美國 40% 至 50% 的婚姻會以離婚告終。在英國，離婚已成為一種「自然」現象，有媒體還測算出每年的 1 月 20 日前後是英國人離婚的高峰期。

2008 年，日本厚生勞動省研究機構預測，到 2030 年，日本單身家庭將達 1824 萬戶，占全部家庭總數的 37%，到 2030 年，3 人家庭（夫婦和 1 個孩子）將成為日本最普遍的家庭形態。同年，韓國統計廳發表的資料顯示，2030 年韓國 1 人家庭數量將占全國家庭總戶數的約 1/4，其中近一半 1 人家庭將是 65 歲以上獨居老人家庭。資料顯示，出生率持續低迷使韓國人口總數將在 2018 年後逐漸減少，但 1 人家庭數量的增加會使韓國的家庭總戶數持續呈現逐年增長態勢。

　　家庭問題方面的專家一直認為這種離婚普遍現象背後的一個原因就是男人不成熟，他們不想承擔養活伴侶和孩子們的義務。然而美國一些研究結果顯示，許多發達國家政府的一些福利制度是離婚現象普遍的「罪魁禍首」之一。由於這些國家對眾多婦女制定了慷慨的社會福利制度，致使婦女有經濟能力與孩子獨自生活，不靠前夫養活。同時，「感謝」現代科學技術的最新成果，婦女可以在沒有男人的任何「幫助」下自己生孩子。

　　在 2030 年，生育權將逐漸淡化，家庭將解體，每個人都可以單獨的生活。家庭將不再需要孩子來維繫，女人甚至男人都可以找生子公司代孕後代。男女將不再需要結婚來成立家庭，家庭將因此而解體，每個人都可以獨立的生活，獨立繁育後代。只要婦女能獲得她們喜歡的人的精子，她們就可以通過試管受孕的方式產下嬰兒，她們甚至能產下帶有各類「名人」基因的孩子。複製技術也日益成熟，婦女們如果想不靠任何一個男人生下孩子，越來越有可能。如今，婦女們面臨的主要問題是如何在孩子和事業之間做出抉擇。也許，婦女還有可能在絕經期後生產下她們的第一個孩子。

　　人們不得不承認這樣的事實，步入二十一世紀，至死不渝的愛情和忠誠誓言似乎真的面臨消亡。美國著名的未來學家托夫勒曾在其著名的《第三次浪潮》中預測：在第三次浪潮到來時，形式單一的家庭結構將被打破，核心家庭將不再是社會仿效的理想家庭形式，我們將生活在一個包括獨居、不育、離婚、單親、多父母、同居等各種文化構成的，有多樣化家庭形式的社會中。

3 高模擬人，網路時代「人鬼愛情」

美國《時代》週刊 2010 年評出了 100 位最具影響力的人，49 歲的電腦科學家，被譽為虛擬實境之父的傑倫‧拉尼爾入選，同時作為一位思想家的拉尼爾，對人類的最大貢獻在於，提出了二十一世紀網路時代的預言，「個人的本性將消逝在網路中，未來的人們可以置身於電腦所表示的三維空間資料庫環境中，並可以通過眼、手、耳或特殊的空間三維裝置在這個環境中『環遊』，創造出一種『親臨其境』的感覺，包括虛擬家庭的出現。」

虛擬實境技術，也稱靈境技術或人工環境。虛擬實境（VR）屬於第三代模擬技術。VR 技術發展目標是觀察者在 VR 境界中進行的觀察和同物體相互關係，與他在真實境界進行相同觀察和同物體相互關係達到「完全浸沒」，給人一種「身臨其境」的感覺。

除了虛擬實境技術之外，模擬機器人也將進入了人類的生活，並不斷向智慧化方向發展。2007 年，英國人工智慧領域科學家大衛‧萊維在《與人工夥伴的親密關係》一文中，預測人類將會在 2050 年和模擬機器人結婚。他在文中認為，科學家已經基本弄明白人類為什麼會互相產生愛慕，包括大致 12 個基本原因，而這些原因也幾乎同樣適用於人類和機器人之間的關係。

2009 年，英國學者古普塔拉在其文章中預測，到 2020 年，日本將是全世界機器人領域當之無愧的霸主，韓國三星經濟研究所也做出預測，到 2020 年，世界機器人市場規模到將達到 1.4 萬億美元，韓國資訊與通信部甚至曾定出 2020 年每家都有一個機器人的驚人目標。

伴隨著資訊技術的突飛猛進，高性能計算資源的成本迅速下降。在二十世紀七〇年代，一兆赫處理能力的成本超過 7000 美元，今天卻只值幾美分；一兆比特的存儲容量，也經歷了類似的價格暴跌。以這樣的速度，

要在 2020 年將機器人的成本和功能發展到可以實現家用化的水準,並非不可能。

機器人領域的專家、《大英百科全書》機器人詞條的撰寫者卡內基·梅隆大學機器人研究所的漢斯·莫拉維克認為,到 2020 年,機器人的處理能力可以達到 10 萬 MIPS(百萬條指令/秒,是衡量電腦處理能力的重要指標),而處理能力達 1 億 MIPS 從而達到人類級別的機器人可能要到 2040 年才會出現。

人型機器人中真正「形似」人類的一個分支被稱為仿生人(Android),這類機器人追求與人類在外形與動作方面的高度相似。它們有足以亂真的體型、皮膚和五官,理想中的仿生人無論靜態還是動態看上去都同真人無異。Android 一詞在希臘文中的詞根專指男性,除了政治不正確的因素外,也與現實中男性主導的機器人工程界對美女仿生人孜孜不倦的追求相違背,於是 Gynoid 這個專指女性外表仿生人的單詞就應運而生了。

以目前「模擬人機器人」研究領域最為領先的日本的估計來看,早稻田大學開發的家用機器人「TWENDY-ONE」預計的上市時間為 2015 年。

不過,如果我們適當放寬「機器人」的定義,或者並不是那麼苛求機器人的外觀和功能的話,到 2020 年,能夠從事簡單協助工具的智慧化家用機器人就應當已經進入普及階段。比如可以根據室內環境變化來變化清掃方式的機器人,或是可以幫助你洗碗的機器人,應該可以進入家庭。甚至我們可以設想,機器人進入家庭的第一步,不是作為功能性的助手或是僕人,而是作為玩具和寵物類型的設備。

通過高性能的內置感測器和計算裝置、微型攝像機和無線射頻識別技術、新型的太陽能或生物微型發電裝置等等的應用而開發出來的、具備初級智慧化和自主移動能力的專門領域使用的輔助用機器人,應當會在 2020 年左右進入商用階段。

賽柏格(Cyborg),在電影字幕中常常被翻譯成機械化人、生化人或

改造人，是對任何機械生物結合體的統稱。此類形象頻繁地出現在各類科幻小說和影視作品中，例如：《魔鬼終結者》中的阿諾·史瓦辛格扮演的未來戰士，《蜘蛛人》中身上長滿鋼鐵觸角的大反派以及《星寄爭霸戰》中善用奈米探針的柏格人。和部分科幻作品中人類進化到賽柏格再進化到模擬人的進程不同，以上三類智慧體的研究現在可謂是全面開花。在仿生學、機器人、人工智慧、認知學等領域的共同推動下，智慧體的明天將走向何方？人們將拭目以待。

第 十四 章

異度空間，虛擬城市生活指南

【本章專家】

邁克爾・羅傑　美國通信技術科學家

考利・昂卓卡　美國林登實驗室原首席技術官

托尼・特拉弗斯　英國倫敦政治經濟學院教授

雷姆・庫哈斯　荷蘭著名建築師

雅各・范賴伊斯　荷蘭著名建築師

約耳・加羅　美國著名學者

薩斯基亞・薩森　美國哥倫比亞大學社會學教授

奧尼爾　美國普林斯頓大學物理學教授

2020 年，憂鬱症將成人類健康第二大威脅，僅次於心臟病。甚至，在發達國家中，憂鬱症的排名超越所有疾病，躍居第一位。

在 2020 年至 2030 年後，人類幾乎徹底與物理世界隔絕，全面走入虛擬世界。

1 生存在網路上

　　2010 年，美國通信技術科學家邁克爾‧羅傑在波士頓世界未來學會大會上表示，在 2020 年至 2030 年後，人類幾乎徹底與物理世界隔絕，全面走入虛擬世界。他提到，虛擬世界是指幾乎所有事情都可以通過網路來完成。

　　對於未來的虛擬世界，無線連接起著至關重要的作用。到 2020 年，Wi-Fi 連接將無處不在，可以確保智慧手機等設備永遠線上。由於無線連接無處不在，將來的許多設備，包括汽車在內，都將內置晶片，允許將自己的資料上傳到網際網路上。羅傑提到，對於 2019 年出生的孩子，他們根本不知道什麼叫「離線」。

　　隨著人與人之間的虛擬交流的普及，越來越多的企業也將加入這一趨勢，利用遠端呈現技術進行各種會議。

　　從軟體、硬體到資料中心、雲端運算，現在都可以看到伺服器虛擬化技術的身影。2010 年，微軟首席研究和戰略官克瑞格‧蒙迪為微軟和電腦世界描繪了今後幾十年發展趨勢預想。蒙迪在麻省理工學院的「新興技術會議」上發表演說時稱，將客戶和雲端運算服務集合在一起，虛擬存在將步入三維虛擬世界，未來的虛擬世界將在現實世界的基礎上建模。他把這一預想稱作下一代「立體計算」，同時列出了它的許多新特性：多核處理器；並行程式設計；無縫連接和高效化；個性化、人性化和適應性；三維空間及身臨其境；能使用說話、幻覺和手勢等。他還介紹了微軟三維建模應用軟體 Photosynth，稱微軟正在建立一個「並行宇宙」。蒙迪描繪了未來生活網路的設想。他打一個比方，他在一個商店用自己智慧手機拍攝了一張印有印度北方藝術作品雜誌的封面照片，他到旅館用 Microsoft Surface 技術進行處理後，系統會幫助他尋找到該雜誌的數位版，蒙迪因此就能夠對此雜誌進行翻頁閱讀了。蒙迪稱，創造一個能夠反映真實世界

並且呈現給數十億用戶的豐富的虛擬世界，要求許多程式師的努力。因此微軟目前的挑戰是如何將這些實驗室的預想變成真實的產品和服務。而且在這一過程中，微軟也將會遇到許多競爭對手，同時也會有許多合作夥伴。

自 1998 年由美國原副總統高爾提出的「數字地球」概念以來，出現了一些含義接近的術語，如「數字城市」、「虛擬城市」、「賽博城市」和「數碼城市」等。這在全球引起了極為廣泛的關注，人們也因此對它進行了探討和研究。虛擬城市不僅僅只是關於數字的生活，它也使人們的真實生活更加數位化。使現實社會中的政治、經濟和文化權力有了新的落腳點。在賽博空間，人們能夠探索、彙集有關城市的自然和人文資訊，並與之互動。

2007 年，美國林登實驗室原 CTO 考利‧昂卓卡預測，作為今後訪問虛擬世界最主要的硬體——手機與個人電腦，根據摩爾定律，5 至 10 年間將是 2 的 3 到 6 次方，意味著 8 到 64 倍的降價與效率提升。那時，應用終端的體積將更小、存儲量將更大、電池能更長時間工作，並能快速便捷的連入網際網路。2015 年後，普通人可能將「科技穿在身上」，隨時隨地滿足其各種應用的需求。比如：人們戴上一個微型感測器，其集合了照相機、手機、麥克風、閱讀器、收音機等各式應用，同時可能直接成為一個微型輸入裝置。網際網路應用的體驗將大幅提升、效率將大幅提高。現在已經有不少人正在著力解決互聯網應用過程中「身分、支付系統、無縫安裝、『線上』與『離線』的同步、感測器及其他感應硬體設備研製」等難題。

可用性在應用虛擬世界上來說還是需挑戰的一個難題，特別是手機上的虛擬世界體驗。想想看，現在每個使用電腦的用戶都認為稀鬆平常的「滑鼠加鍵盤」，在 40 多年前可是當年的一大熱門科研專案，它花費了跨學科專家多年的努力才面市。因此，今後在對虛擬世界的應用中一定會研製出更適合的硬體輸入裝置。

從長遠來說，虛擬世界會和擴大化現實、替代現實、虛擬實境等諸多

方面結合起來。其不一定能取代遊戲及現有二維網路，但至少將成為一種大眾生活中的主要應用，與真實世界大量融合。人們可以隨時隨地，通過電腦或手機連接與訪問虛擬世界，在其中娛樂工作……

2 精神空間，石器時代的回歸

2010 年，美國《富比士》雜誌為人們預見了 2020 年的城市未來，這次預測的基礎來自真實的資料、推理和事實。

在 2020 年，人們將在城市裡找回一些在 2010 年失去的東西，如在工業文明中被壓制的個性化存在，科技將進一步隱入幕後，目前人們認為科學、科技、工程、數學教育是創新的關鍵，在將來他們會意識到應該在這四項教育中加入人文學科。因而，人們將見證完整工藝、人類創作的回歸和物質、精神世界的再度平衡。人們將看到人文學科在二十一世紀的復興，文化和商業將成為個體的中心舞臺。

幾十年前人們就預言，未來「普適計算」將會被廣泛應用。普適計算即運用無線電網路科技，讓人們在不受時空限制的環境下享用資訊，透過整合式無縫科技，讓人們使用起來更便利、省時。隨時隨地享受資訊聽起來有點不可思議，更不可思議的是，普適計算意味著電腦會失去原有的重要地位，但這就是 2020 年的生活。由於數位技術的進步，未來的工作含義將發生很大變化，但在 2020 年普適計算也算不上尖端科技了，而是已被廣泛應用。

這是一個盛行單身的世界。佛羅里達大學的一項調查顯示，憂鬱並非不可避免。佛羅里達大學的一項調查顯示，沒有子女的老年人並不比有子女的老年人更容易感覺孤獨或憂鬱。一個原因是：幾十年來發生的社會變化已經使非傳統的生活選擇（比如不要孩子）比較容易被接受。

這是一個充滿了感測器、資料庫和分析軟體的世界，將帶來巨大的改變。它最初的跡象已開始顯現：亞馬遜網站上的閱讀建議、谷歌智慧手機上的即時交通資訊、微軟公司的傳感識別遊戲系統納塔爾專案。未來人們所需要的不僅是大型電腦，而是對事物互動、人類角色更深刻的認識。

在人們的居住空間裡時，房間的布局和陳設已被保存在遠端資料中心裡，每個人的空間都是個性化的設置。由於汗液分析感測器、無線通訊菜單、心臟監測手錶的進步，每個人的個人習慣、膳食攝入和生命體徵方面的相關資料都已被存儲。毫無疑問這對身體有好處，但也能幫人身保險公司計算要承擔的風險。生活方式也被計算在內：多吃一個培根漢堡，就多付一點保險金。

在 2020 年，一個人每天將會面臨多種選擇，比如將跟誰見面、在哪裡上映哪部電影、飯店是否需要申請光顧等各種個人和外部選擇的結合，這些選擇都建立在對個人過去選擇的記憶的基礎上。這個持續聯繫、不斷拍賣物品和服務的世界將提供給人們前所未有的社會效率。這也是個完全合理的世界，其中很多內容的雛形已經存在，比如咖啡店的無線網路，它令咖啡桌轉化為辦公空間、研究室或開放式的隔間。

更多的人將把生活和工作結合起來，而不是設法在二者間取得平衡。家用電腦和移動電腦使更多的人模糊了家和工作的界限。與此同時，公司也設法把工作環境變得更加舒適，甚至提供廚房、購物區、日托中心和睡眠區。

2020 年，憂鬱症將成人類健康第二大威脅，僅次於心臟病。甚至，在發達國家中，憂鬱症的排名超越所有疾病，躍居第一位。憂鬱症是「靜默的流行病」，由於接觸的負面能量太多，有可能因此衍生其他疾病甚至導致死亡。憂鬱症在經濟快速發展的地區日益嚴重。從工作的快節奏到週末和假期慢節奏的轉換，使許多人出現類似流感的症狀。工作壓力大的人受到的影響尤其明顯。

3 邊緣空間，未來城界定

2010 年，英國倫敦政治經濟學院教授托尼‧特拉弗斯在一次專訪中提到，近至上世紀七○年代、甚至八○年代時，人們還認為，隨著歷史較為悠久城市的人口不斷減少，它們的全盛期已過，將變成多餘的東西，人們開始到越來越偏遠的地方工作。但人們現在發現，人們喜歡居住和工作在大城市。而住在大城市、彼此離得很近的人們，也往往更願意生活在較小的環境裡，更為密切的生活在一起，不用那麼頻繁的開車，就在當地購物，更多的使用大眾運輸。

中國 CCTV 新總部大樓設計者，世界著名的大都會建築事務所荷蘭籍創始人雷姆‧庫哈斯曾就預測城市未來撰寫過大量文章，他同時也對「垃圾空間」（即商場和停車場、配送中心和城外棚屋的非空間——它們是現代都市文明的碎片）和「擁擠文化」等概念進行了定義。在對「擁擠文化」的定義中，他將奈及利亞的拉各斯列為未來的城市。

庫哈斯擔心的不是擁擠，而是空曠。他指出：在全球有些城市的中心，似乎沒有人是常駐居民。例如：杜拜，它既是一個總是很空曠的城市，也是一個總是很擁擠的城市。它向我們同時展示出了擁擠和空曠這兩方面。他補充稱，倫敦和紐約也是如此，這兩個城市的中心正越來越變成富人的保留地，把社會中的其他各色人群排擠出去，而這兩個城市曾經的繁榮正是仰仗後者。

著名荷蘭建築師雅各‧范賴伊斯認為，單一文化是真正的問題。他對未來城市的看法與弗里德曼的假設一致。范賴伊斯的公司 MVRDV 甚至提議建造生豬加工大廈，在大廈裡，生豬被飼養，然後在同一個城市建築物中被加工成食物和皮革。讓城市兼具各種用途是使其得到持續發展的關鍵。城市必須是生活和工作、家庭和通勤者的混合體。從社會角度講，混合型城市是可持續的——我們從未真正讀到過可持續性的這一面。

美國著名學者約耳・加羅在《邊緣城市》一書中對新型城市的條件進行了界定。它既非傳統的城市，也非郊區，而是兼具這兩個特點，例如：在加州矽谷周圍湧現的城鎮。網路化的電腦正在事實上改變著城市，其速度比汽車以往改變城市的速度更快。他提到，如果運輸技術是皮鞋和騾子，那麼最終得到的是耶路撒冷。航海和馬車時代的到來讓耶路撒冷人群擁擠的街道走向了消亡，波士頓和阿姆斯特丹由此建立起來。根據同樣的邏輯，鐵路創建了芝加哥，汽車創建了底特律和洛杉磯。接著，噴氣式客機讓西雅圖和雪梨等城市繁榮了起來。如今，網路化的電腦正改變著房地產的性質。而電訊技術讓曼哈頓變成了中心，一旦人們不再需要占據電梯空間的通信管道網和信使網，提供給員工的空間就會擴大。

美國哥倫比亞大學社會學教授、全球思想委員會委員薩斯基亞・薩森預測，中國和印度正從零開始建設數百個城市，他們需要這樣做。其中一些城市將成為智慧城市，由電腦控制。

科學家和電腦程式師現在正把城市化當作一個複雜的、擁有自身「模糊邏輯」的系統來討論。人們無法把紐約或倫敦改造為智慧城市，它們已過於定型。但這些新城市可以被完全網路化，它們的功能可被嵌入系統和科技之中。以思科在韓國仁川正在做的工作為例：在那裡，這家美國公司正致力於建設一個智慧城市，在這個城市，從公共服務到能源利用等一切都受到監控並可高效運轉。

「智慧之城」是未來城市發展的主流。自 2002 年起，國際電信聯盟等機構每年在全球範圍內評選出一個最佳「智慧之城」，新加坡、台灣台北、加拿大滑鐵盧、韓國首爾等城市或下屬城區先後當選。

在未來的「智慧之城」裡，所有的建築物都會有一個公共的資料庫設備。城市居民只用一張智慧卡就能做很多事情，比如付公用事業費和購物帳單、地方選舉中投票、把房子鎖上和打開，甚至能啟動汽車。

「生態之城」這一概念的產生可以追溯到上世紀七〇年代，在後工業化時代，生態城市將是一座真正意義上的綠色之城。

　　有「生態城之父」之稱的芬蘭人艾洛‧帕羅海墨為人們描繪了一幅生態城市的生活圖景：在生態城中，大多數居民消費的食物是他們在自己的城市中生產的，有機廢物可以通過組合和生化製造進行再循環；生態城包括根據田地而調整的建築區域、商務森林和公園式的自然保護區；城區的一大部分保留用於太陽能、風能發電、岩土熱泵、生物發電，生物發電會向大氣中散發二氧化碳，但是植物又從大氣中吸收了碳，所以保持了某種程度的平衡，大氣中碳的負擔也不會再繼續增長。

　　生態城還應包括人工魚池和綠色蔬菜大棚，正如城市的其他部分一樣，人工池還可以與生物水處理系統和綠色大棚的能源供應結合起來，一個生態城將擁有一個封閉的水循環系統，這意味著水並不是從城市外部引進來的，汙水也不會輸往城外；廢物的管理和材料的循環使用與生態城的其他行動無縫融合在一起，利用有機廢物進行發電和施肥是整個行動的一方面。通過這個辦法，廢物的管理、發電和食物的生產被連在一起並形成了一個整體系統。

　　生態城裡的小轎車被其他交通工具替代了，這些交通工具因為是電力的並且通過城區導航系統進行控制不會汙染空氣。當然，生態城將擁有一個現代的綜合的資料交換系統，居住在獨棟別墅中的居民們可以不用見面就很容易地交換資訊。

第 十 五 章

「數字虛擬社群」出場

【本章專家】

亞瑟‧克拉克　國際通信衛星技術的奠基人

威廉‧米切爾　美國麻省理工學院教授

在人類進入流動社區和虛擬社群時代後，社會各組織將認同「幸福指數治天下」的價值觀，而不再成為 GDP 的奴隸和盲從者。在 2020年，一些城市的社區革命性變化，將促使人類反思生活的價值，並重新定義他們的生活規則……

幸福指數，居住空間首選

　　世界上最傑出的科普作家、科學家、國際通信衛星技術的奠基人亞瑟‧克拉克在過去數十年裡，曾對科學技術和人類社會的未來做過眾多大膽預測，在這些預言中部分已經成為了現實。克拉克預言，在人類進入流動社區和虛擬社群時代後，社會各組織將認同「幸福指數治天下」的價值觀，而不再成為 GDP 的奴隸和盲從者。在 2020 年，一些城市的社區革命性變化，將促使人類反思生活的價值，並重新定義他們的生活規則，「幸福指數」這樣的概念將再次受到人們和社會的青睞。

　　在未來，「幸福指數」評估系統將成為人們對於居住空間要求的首選，對於一些「幸福指數」研究專家來說，GDP 是工業文明帶來的噩夢，GDP 代表了什麼呢？大量的資源、能源被耗盡，環境、氣候被破壞，換來一連串的增長，可大多數的錢並沒有帶來人心理上的寧靜與愉悅，相反變得更加焦慮與不安……2006 年 7 月，英國「新經濟基金」偕同「地球之友」組織推出《幸福星球指數》的報告。在這份報告中，居於幸福國家榜首的竟然是一個飄零於大洋上的島國、人均 GDP 僅 1440 美元的萬那杜共和國，而傳統的西方八國集團成員則無一進入前 50 名，這說明了富國未必幸福，強國未必舒適，龐大的 GDP 未必就是人類終極追求的命題。

　　作為公認的「幸福指數」中的一種，英國推出的「幸福星球指數」是來衡量一個國家或地區在全球化進程中的「資源利用有效性」，能否花費最少的資源讓人們過上最幸福的生活，也是為了糾正人們傳統上認為高浪費必然會帶來高品質的幸福生活的固有觀念。名不見經傳的萬那杜共和國位列「全球幸福國家」榜首，表明「無需過度使用地球資源就獲得長久並幸福的人生是可能的事情」。「幸福星球指數」評價說，萬那杜共和國的人民對生活的滿意度明顯高於其他國家，「生態足跡」度量指數也很低，對地球生態環境的破壞幾乎為零。另一個正成為全球未來幸福典範的國家是喜馬拉雅山南麓小國不丹，不丹國王是第一個在世界穩步推進用「國民幸

福總值」（GNH）來治理社會的國家元首。國王的執政理念是，「基本的問題是如何在物質生活和精神生活之間保持平衡，在實現現代化的同時，不要失去精神生活、平和的心態和國民的幸福」。按照國王的思路，「國民幸福總值」主要包括發展經濟、保護文化遺產、保護環境和實行良政等內容。

2010 年，美國蓋洛普公司在《人格與社會心理學》中發表了一份調查報告，在一項涉及 132 個國家 13 萬 6 千人的調查專案中得出的結果表明，幸福更多的來自於被尊重、對生活有控制感方面。家庭、朋友和一份令人愉快的工作為你帶來的幸福感，要遠遠超過金錢。儘管財富可以提高生活品質和生活滿意度，但它只對日常心情產生一些比較小的影響。這項調查已由結果表明，個人和國家的收入提高會使生活滿意度上升，但更為積極的情緒和幸福感則與其他因素有關。

可以預計，到 2020 年，「幸福社區」將以多種形式出現，這將顛覆傳統的 GDP 崇拜，使人們對人之所以為人的價值深層次思考。

 「比特之城」虛擬生活秀

威廉‧米切爾，美國麻省理工學院教授，建築與規劃學院院長，一位走在時代尖端的科學家，在他的未來學奇書《比特之城》一書中，預言了二十一世紀神奇的數位化網路空間中的「軟城市」比特之城。

「比特之城」將顛覆人們對傳統城市概念的定義，因為依靠水泥森林而構築的物理的城市的概念將過時。出現在人們視線中的將會是一個不同尋常的虛擬城市。

這將是一個不依附於地球上任一確定地點而存在的城市，網路就相當於城建用地，其格局超越了地理的局限，不取決於交通的便利性和土地的有用性，而受互聯性與頻寬程度的制約。他提到，「對於設計者和規劃者來說，二十一世紀的任務是建設比特圈——一個世界範圍的電子仲介環境，網路擴散到每一個角落，在其中的大多數造物（從毫微米到全球的各

個層次上）都具有智慧和電信能力。它將覆蓋並最終取代人類已在其間浸淫甚久的農業和工業景觀。」那時，城中的場所將由軟體以虛擬方式組建，而不是用石頭、木材或者水泥等物理的方式造就，它們通過邏輯關係而不是門、走廊和大街彼此相連。在很大程度上，它是非同步的，居民由脫離現實的、分裂的主體組成，他們以化名和代理人的集合形式出現。

這是個沒有邊疆的城市，空間必將被解放出來，每個人都會成為一個無線終端。通過隨身攜帶的手機、電腦、智慧卡等，人可以發出各種指示，得到各類資訊，成為一個移動的辦公室，移動的家庭。人工智慧將會大量出現。

只要擁有一張卡片：就可以用它遙控家裡的電器，在寒冷的冬天出門前遙控啟動代步工具，用它可以在地方選舉中作為投票，還可以做秘書，去支付帳單、訂機票。這可是真正的「一卡通」，而它可能在 50 年後出現在人們的皮包裡，甚至成為衣服乃至身體的一部分。未來，城市中的建築物都會有一個公共資料庫設備，這些資料和整個城市的資料中心聯網，每個人通過自己的卡就可以實現智慧交互。

虛擬身分同樣重要，每個人都可以以虛擬身分在虛擬社群工作，人們的大部分時間和重心開始放在「虛擬場所」上了。就此，虛擬空間很大程度上取代了現實。

未來的城市交通實際是生活方式的革命，未來，通勤會變成生活的過程，在交通工具上人們可以持續進行自己的事情。可以看到的趨勢是，當前通用汽車公司已經在麻省理工學院多媒體實驗室裡研發新一代的概念汽車。真正的目標是，人要從駕駛中脫離出來。

3 《烏托邦》，人類城市大轉變

1999 年，威廉・米切爾教授出版了《烏托邦》一書，預言未來城市

的規劃模式，威廉・米切爾在書中首先講了一個水井的故事。從前，有一個村莊，村莊中央有一口水井，為了取水方便，居民的房屋都建在距水井不遠的地方。每天傍晚，人們來到井邊，汲取第二天所需的水，並在那兒待一會兒聊聊天，也進行一點交易。這樣，井邊就成了村莊的資訊中心和交易中心。後來，供水管道出現了，居民的房屋不必再集中在老的中心地帶，人們也不再聚集井邊，廣場和市場出現了，人們有了新的社交場所和交易場所，村莊擴展為鄉鎮，鄉鎮又擴展為城市。

在工業文明時代，城市化的浪潮在翻滾。農村的農民不斷擁入城市的工廠，而夜以繼日運轉的工廠一方面在給城市創造財富，但一方面卻也在製造汙染和貧窮。城市變的擁擠不堪，從而湧現大量的貧民社區。不堪忍受的人們開始憧憬鄉村的田園風光，但是卻又割捨不下城市的社會機遇及方便的生活。這種矛盾的心理使得人們開始嚮往一個能把鄉村和城市的優點融為一體的城市。如今許多歐美城市，雖然大部分人都把居家搬到了城市週邊的郊區，本以為在自然中居住的美夢已經實現，但隨之而來的問題卻使人們更加困惑。

為了維持和達到這種居住環境，人們不得不每天驅車 30 分鐘、甚至 1 到 2 小時到城裡上班，仍然是早出晚歸。早上從空調的郊外臥室起來，鑽入開著同樣空調的汽車，來到同樣恆溫空調的辦公室上班，然後在有同樣空調的餐廳吃午飯，再回到辦公室，晚上再回到離開一天的家。而每天都要忍受高速公路上的噪音，和堵車的煩惱。一個美麗的郊外家園，卻空有其屋，主人真正能在其中欣賞居住的時間沒多少。其結果是：白天，一個寂寞的郊區花園；晚上，則是一個鬼蜮城區。郊區化城市的兩極就是這麼的分明。即使在閒暇時間裡，他們會到空調的購物中心去購物或到空調的影院度過一天，而離自然卻同樣遙遠。

攤大餅式的城市郊區化，使田園景觀之美喪失殆盡。郊區化也是一種經濟上、資源上的浪費。它浪費土地，增加通勤時間，提高服務費用。人們發現他們的田園都市夢想事實上並沒有實現。郊區化的結果，因此帶來

了許多問題。

然而，數字革命將使人們所熟悉的城市規劃模式已失去了意義，並將被淘汰，網路的虛擬性將成為未來城市生活的主宰，物理上的距離已變得不那麼重要。未來的生活景觀中，網路技術將把工作場所延伸入居住場所之中，居住──自然──娛樂場所將更加緊密地在物理空間上聯繫在一起，而工作場所進一步淡化，不妨可稱之為工作場所的溶解：溶入自然之中、家居之中和休閒娛樂之中。

現實世界和虛擬世界存在怎樣的聯繫呢？在《烏托邦》書中，作者描述這種關係：

現實社會── 虛擬社會

真實地點：銀行、書店、郵局── 虛擬地點：網上銀行、網路書店

物資積累：鐵路、工廠、原材料── 資訊流動

地理聚集：金融中心、辦公大樓── 電子互聯：遠端操控、e-mail

真人交流── 網上交流

下表是不同時代技術對人們生活所起的改變

	農業時代	工業時代	數字時代及未來
社交中心	以水井為中心。人們到井邊取水、聊天、進行一些交易。	管道供水出現，人們創造了新的、專門用語社交活動的場所。廣場、市場、咖啡館。	大容量數字網絡出現。在虛擬的地方就可以做許多事情。公共場所需要重建。
日常生活	全家圍繞壁爐取暖，唯一光源為熱源，大家聚在一起。	輸送能量的管線被建立，每個房間都明亮溫暖，大家都在自己的房間做自己的事。	資訊化使受地點和時間制約的大眾聯繫出現裂痕。新的社會結構將形成。
工作與生活的關聯	工作生活一體化。	家和工作場所分離，員工被安置在同一屋簷下按時上班。	工作生活重新二合為一，能在家裡完成的工作不斷增加。工作時間、地點更加靈活。
服務	特權階級擁有僕人、奴隸。	服務地點集中服務系統──醫院、銀行。	遠端服務──網路銀行。
知識、訊息獲得途徑	口頭傳播。	紙媒介──圖書、報紙、雜誌。	網路──網站、搜尋引擎、E－mail

第 十六 章
地球末站，生化危機

【本章專家】

馬丁・里斯　英國劍橋大學教授、英國皇家天文學家

詹・阿利別科夫　前蘇聯生物科學家

默罕默德・馬吉德　美國德克薩斯大學生物科學家

弗萊克・揚格　美國著名病毒學家

丹多　英國武器控制專家

里昂納多・科爾　美國新澤西州生物科學家

100 年前，我們並不知道還有核危險，但現在我們知道了；100 年前，我們不知道病毒還可以在實驗室中製造，但現在我們也知道了。在今天，人類遭遇毀滅性災難的概率已從 100 年前科學家們估計的 20%，上升到了 50%……

生化危機來襲

2009 年，世界著名的科學家之一，英國劍橋大學教授、英國皇家天文學家馬丁・里斯在新書《最後的世紀》中提到，人類最大的危險可能還是由人類自己引發的，譬如核恐怖、生化武器失控等。馬丁・里斯預言：「100 年前，我們並不知道還有核危險，但現在我們知道了；100 年前，我們不知道病毒還可以在實驗室中製造，但現在我們也知道了。在今天，人類遭遇毀滅性災難的概率已從 100 年前科學家們估計的 20％，上升到了 50％。」

2008 年 10 月，英國醫學會（BMA）的一份報告稱，未來 10 年內，基因研究的發展將催生出能夠消滅一個種族的可怕的新型生化武器。甚至有英國生物學家斷言，新型基因武器即將問世。20 克基因武器就足可以使 60 億地球人死亡。人類自己為自己掘下了死亡的墳墓。

俄羅斯「韋克托爾」國家病毒和生物技術中心（以下簡稱韋克托爾）和美國亞特蘭大的國家疾病與控制研究中心（CDC），是世界上最大也是最危險的國家級病毒貯藏和科研中心。與這兩個中心不相上下的是總部設在美國佛吉尼亞洲的美國菌種保藏中心，這裡有動植物病毒 2500 種以上。

美國國家疾病與控制研究中心是美國疾病鑒別和防治為一體的綜合科研中心，擔負著美國防禦生化武器擴散的任務。俄羅斯的「韋克托爾」有近 30 年的歷史。它曾是前蘇聯最秘密的國家機構之一，如今還是被一道道鐵絲網圈住，戒備森嚴。「韋克托爾」的病毒庫裡，擁有世界上多種細菌戰必備標本，其中有 120 種天花病毒。除了天花病毒，還有各種出血性寒熱病病毒和「毒中之王」的埃博拉病毒。

俄羅斯被認為擁有世界上最大的生化武器和化學武器儲備，也是世界上核武器儲備最多的國家。據前蘇聯細菌戰研究部門叛逃者詹・阿利別科夫博士說，俄羅斯目前有 4 個從事基因類生化武器研究的主要試驗室。俄

羅斯也早就著手研究劇毒的眼鏡蛇毒素基因與流感病毒基因的拼接，試圖培育出具有眼鏡蛇毒素的新流感病毒，它能使人既出現流感症狀，又出現蛇毒中毒症狀，導致患者癱瘓和死亡。在世界安全性群組織的網站上，「韋克托爾」被認為是最危險的生化武器研究中心。該中心的 6 號樓有總面積為 6000 平方公尺的實驗室，有 1440 平方公尺具有生物防護安全最高水準第四級（P-4），專門用於致命病毒的研究。

　　美國和俄國科學家對致命病毒，甚至對包括幾乎已絕跡於地球的天花病毒繼續做科研，除了在軍事上發展生化武器外，也為基礎科學的進步和流行病的預防提供了相關的資料。同時，瞭解致命病毒的遺傳訊息、合成過程、傳播途徑和發病機理，並研發行之有效的藥物和疫苗，為「扼殺」流行病贏得時間。

$\mathcal{2}$ 世界的盡頭

　　2004 年，美國德克薩斯大學穆罕默德・馬吉德博士領導的研究小組在英國《皇家醫藥學會雜誌》上發表文章指出，考慮到流感病毒非常普通，幾乎誰都可以獲得，它可能造成的危害從前被大大低估了，稍微經過基因改造，再通過空氣散播，流感將成為未來可怕的生物恐怖武器。

　　生化武器病毒對人類來說是最大的威脅之一，以前它很難被製造，然而目前網際網路上的一些生化病毒製造資訊卻使其變得十分容易。

　　2001 年，澳大利亞的科學家在研究一種以基因為基礎的避孕藥，以控制該國的鼠害。但在此過程中，他們無意中製造出一種罕見致命的鼠痘病毒變種，這個病毒變種同人體天花病毒有關。當然，能夠在世界輿論裡興風作浪的不只是天花病毒。2005 年，H2N2 型流感病毒再次震驚世界。18 個國家的 3748 個實驗室收到該病毒的樣品並要求對此進行鑑別和評

估。自這種病毒於 1968 年銷聲匿跡後，1968 年以後出生的人都對這種流感病毒缺乏免疫力。相當多的實驗室不僅對處理這類病毒的實驗手段和正確的生物安全程式不瞭解，而且不知詳情被蒙在鼓裡的科研人員也不乏草率從事者，這令世界流行病專家們驚恐萬分。為了安全起見，在世界衛生組織官員的堅決要求下，病毒樣本，包括儲存該病毒的美國國家疾病與控制研究中心的部分樣本被全部銷毀。

俄羅斯情報人員認為，由於 1972 年簽訂的《禁止生化武器公約》，沒有對公約履行情況的檢查機制做出規定，目前世界上有十多個國家在研究基因生化武器，許多國家都在絕密的狀態下進行新的分子生物技術實驗。

美國的軍事科研與民用技術之間存在千絲萬縷的聯繫，美國總是將一部分軍事科研的成果商用，通過壟斷專營、智慧財產權等方式，保證軍事科研的投入能夠從社會上收回一部分，甚至還能賺錢。包括核、航太、資訊、生物等技術。

位於美國馬里蘭州的美國軍事醫學研究所，一直從事基因武器研究工作，那裡的研究人員已經研製了一些具有實用價值的基因武器。他們在普通釀酒菌中接入一種在非洲和中東引起可怕的裂各熱細菌的基因，從而使釀酒菌可以傳播裂各熱病。

據英國國防部透露，英政府管轄下的化學及生物防疫中心的科學家正運用基因工程技術做深入研究，就基因殺人「蟲」發展的可能性進行實驗；雖然英國政府對於基因殺人「蟲」的研究秘而不談，但英國報章指出政府秘密進行這項研究至少已有 5 年了。

基因武器可稱第三代生物戰劑，包括致病或抗藥的微生物、攻擊人類的「動物兵」、以及種族基因武器等。與核武器相比，基因武器的威力更大，據測算，如果建造一個核武器庫需耗資 50 億美元，而要建造一個基因武器庫，僅需要 5000 萬美元，兩者對人的殺傷力旗鼓相當，有時基因武器的殺傷效果甚至還大於核武器。例如：將超級出血熱菌的基因武器投入敵方水系，能使整個流域的居民全部喪生。有消息稱，某實驗室拼接出

一種劇毒的「熱毒素」基因毒劑，僅用萬分之一毫克，就能毒死 100 隻貓。倘用其 20 克，就足以使全球 60 億人毀於一旦。據國外有關衛生組織測算，一架戰略轟炸機對完全沒有防護的人群進行襲擊所造成的殺傷面積是：100 萬噸 TNT 當量的核武器為 300 平方公里，而基因武器的殺傷力會遠遠超過核武的十倍、甚至上百倍，如果將「坎博拉病毒」、「0157 病毒」製作成基因武器，這些「生物原子彈」足以悄無聲息地毀來地球上的所有城市。

另外基因武器保密性強、難防難治。只有製造者才知道致病基因的遺傳密碼，別人很難在短時間內破密或控制它。基因武器的投放方法非常簡單，也不知道從何處飛來，就可讓成千上萬的人斃命。當被毒殺後，人們仍蒙在鼓裡，以為是流行病在作怪！

已有實驗資料證明。假如戰時將出血熱病原基因投入敵方水源，便可使整個流域的居民全部喪生。在一個城市上空散布 5 萬克炭疽桿菌氣溶膠會導致 20 平方公里面積內數十萬人死亡；基因武器不僅殺人於無形，而且當發現的時候，整個民族的健康狀況均嚴重惡化，僅醫療支出就足足拖垮一個強國。

生化武器對恐怖組織是極有吸引力的，不需要多少資金，在一個小實驗室裡就可以完成，控制它們的設計、生產和發放是極其困難的，生化武器也許正在全球像細胞分裂一樣地大量擴散。依據專家的判斷，除俄羅斯之外，最有可能擁有進攻性生化武器的包括韓國、利比亞、伊朗、印度、以色列、敘利亞和南非。美國著名病毒學家弗萊克‧揚格曾提出建立「反恐怖基因工程」，以破譯細菌及病毒的基因密碼。

3 災難第一節，實驗室預告

2004 年，英國武器控制專家丹多在英國醫學協會的一份報告中預測，由於生物技術研發的混亂，生化武器的威脅已超過了化學武器和核武器。至 2015 年，基因研究可以開發出新型的、用於專門滅殺某一特定種族人口的生化武器。這種武器裝有炭疽桿菌和瘟疫，一旦在個體身上識別出某個目標族群的基因就會自動啟動而使人感染。

美國新澤西州的生化專家里昂納多‧科爾提到，生化武器攻擊產生的嚴重後果有時令人難以想像，人口數量會大幅度下降。原因是，至少在理論上，每一個被細菌感染的人都會變成一個新的生化武器，去感染其他人。多米諾骨牌效應就這樣開始了。而危險並不僅僅在生化武器本身，更大的危險是人們對於致命生化武器的襲擊毫無準備。炭疽熱、天花以及一些易於在人口密集地區爆發的疾病，就足夠成為恐怖主義的生化武器。而且，投放方式也十分簡單，只需一架小型飛機在低空飛行，噴灑一點兒病菌疫苗就可以了。

一場大面積的病毒突然爆發，傳播速度之快幾乎無人能夠阻止，沒有人知道可怕的病毒之源開始於何處，只知道它是沒辦法停止的、不可逆轉的、無法治癒的，最重要的是，它是試驗室創造出來的……

一切都將從一個普通的畫面開始：病人感覺頭疼，發起高燒，躺在醫院的病房裡，床頭擺滿了鮮豔的玫瑰花，家人在一旁看護著。

但病人的情況愈發嚴重，入院的人數突然不斷增多。人們可以明顯地感覺到，一些極不尋常的事就要發生了。

病人出現了類似流感一類疾病的症狀之後，可怕的事情發生了：病人的體內體外都開始出血，呼吸吃力，最終，所有病人都在痛苦中掙扎著死去……

這些現象完全可以表明：這裡已經遭受了生化武器的襲擊。

專家認為，有兩種病菌最有可能被製作成細菌武器：炭疽熱和天花。炭疽熱是一種致命病菌，一般情況下寄生在牛、羊、馬、豬等動物身上，通過孢子傳染給人類。感染炭疽熱的人，90% 會死亡。天花是一種病毒性細菌，已經肆虐了幾個世紀，奪走了數百萬人的生命，直到 20 年前才被根除。感染天花的人，30% 會死亡。

4 連結：「生化戰爭」黑名單

通常認為，歷史上最早的細菌戰是在 1345 年冬，韃靼人在進攻熱那亞領地卡法，攻城不下之際，惱羞成怒的韃靼人竟用拋石機將患鼠疫而死的人的屍體拋進城內，面對從天而降的屍體，熱那亞人有點疑惑。結果很快一種可怕的瘟疫病發生了，沒過多久卡法變成了一座死城。絕大多數卡法居民死亡了，只有極少數逃到了地中海地區，然而伴隨他們逃難之旅的卻是可怕的疫病。之後歐洲鼠疫猖獗，奪去了數千萬人的生命。

在歷史上，生化武器總以單調平凡的面貌示人：比如一個四處遊蕩的流亡者，背著布滿帶病的跳蚤的紙包。甚至在 1763 年印法戰爭中，生化武器只是一條毯子。在美國作家卡爾‧瓦爾德曼的「北美印第安人」一書中陳述了這樣的故事。英國人在加拿大無法推進時，就提議用發放毛毯來「給印第安人接種」。英國人與印第安人議和，把醫院裡帶天花病菌的枕頭、被子作為禮物送給印第安人，造成瘟疫在當地橫行。新大陸的印第安人已同舊大陸的人類隔絕了上萬年，對天花等疾病缺乏免疫機能，也缺乏防疫知識，很快就成群成群地倒下。1495 年，聖多明戈原住民人口的 57% 到 80% 被天花滅絕了。1515 年，天花消滅了波多黎各印第安人的 2/3，原住民人口從 2500 萬減少到 650 萬，降低了 74%。即便最保守的估計也認為天花造成的死亡超過 65%。根據各種管道估計，歐洲人到來之前

南北美洲土著居民人口約 0.9 億到 1 億。在十六世紀裡，北美印第安人約 1200 萬，而到二十世紀時，人口數量已經減少到大約 17.4 萬。如今已無法計算出歐洲人帶來的天花等致命疾病究竟殺死了多少萬美洲印第安人。…… 美洲印第安人從上億銳減到微不足道的 17.4 萬，基本被滅絕了。其中大部分死於「天花細菌」。一本介紹美國崛起歷程的美國學術著作《登上主宰之路》也指出，清教徒們並非繼承了上帝許諾給他們的空曠大陸，而是他們把這片大陸變得空曠了。天花病毒感染性強，死亡率極高；不同於 HIV 等病毒，它有著頑強生命力，可在環境中存活幾個月，甚至數年。而早在 30 年前，全世界就停止了大型天花疫苗的接種。在世衛組織消滅天花後，所有病毒樣本被銷毀。只有兩個例外。一個被儲藏在美國國家疾病與控制研究中心，另一個被儲藏在俄羅斯國家病毒學和微生物學研究學院。

第 十七 章
未來世界地圖「碳化」

【本章專家】

比羅爾　國際能源署（IEA）首席經濟學家

保羅・薩洛派克　美國普利策獎得主

金・哈伯特　美國地球物理學家、地質學家

薩達德・侯賽尼　沙烏地阿拉伯石油專家

馬修・西蒙斯　美國國際能源分析家

保羅・羅伯茲　美國作家

柯林・坎貝爾　美國經濟學者

羅奈爾得・施托費勒　奧地利石油問題分析師

傑瑞米・萊格特　美國地質學家

強納森・蓋特豪斯　美國經濟學者

石油用完的第一天，在很短時間內，人類財富將快速蒸發……在一度富裕的設有街頭咖啡座的城市，將會成為救濟站……

石油用完的第一天

現代文明即將終結，這不是宗教預言、也不是陰謀者的恫嚇，而是世界知名的地質學家、物理學家、天文學家，經過研究後所得出來的一致結論。所有參與研究的專業人士，連他們都對即將到來的石油危機感到深深的恐懼。

2010 年 3 月，國際能源署（IEA）首席經濟學家比羅爾預言，廉價能源時代已經結束，在未來，石油的供應量不大可能趕上需求。隨著世界上多數主要油田已過產油高峰期，未來 5 年全球可能面臨災難性的石油枯竭能源供應危機，並影響經濟復甦。在這一對石油枯竭全球能源前景迄今最嚴厲的警告中，比羅爾指出，世界範圍的石油枯竭速度已經超過了之前的預期，石油峰值出現時間至少提前 10 年到來。根據國際能源機構對全球八百多家油田的調查顯示，許多大型油田已經過了產能最為旺盛的黃金時期，石油枯竭產量下降速度是人們兩年前預計的近兩倍。

2006 年 7 月美國普利策獎得主保羅‧薩洛派克在芝加哥論壇報的一篇文章中預言：「石油頂峰的後果將是無法想像的。永久性的燃料短缺將把世界經濟推入漫長的大蕭條。成百上千萬的人將失業。農田裡的拖拉機將由於沒有燃料而無用武之地，造成大饑荒。沒有了汽車的人們將用腳走到沃爾瑪，不是去買便宜的，從半個地球外運來的『中國製造』商品，而是從被遺棄的建築裡找點玻璃、銅絲什麼的換錢。」

1953 年，美國著名的地球物理學家、地質學家金‧哈伯特預言，美國石油出產將於 1969 年左右達到頂峰，之後就會一直下降。1970 年，他所預見的情況真的發生了，一直到今天，石油專家把這種情形叫「哈伯特頂點」或「石油頂峰」。其他的產油國家，如法國在 1988 年、英國在 1999 年等等，也陸續出現了同樣的情況。

雖然油價自 2001 年以來翻了一倍，石油公司用於探勘的總預算只增

加了一點點；雖然美國的煉油廠都在滿載生產，但是自從 1976 年以來，美國沒有建造一座新的煉油廠；世界上的每一條油輪行程都排得滿滿的，但是新油輪建造的速度還不及舊油輪報廢的速度。

沒有哪個石油公司會建更多的工廠來煉越來越少的石油。石油公司不光在縮減產量，最近幾年還在瘋狂的互相兼併。每當一個行業開始萎縮、衰落的時候，行業裡的大公司就會乘機收購資產比自己弱小的競爭對手，以期成為「最後一個站著的人」。

勘探公司已經把地球翻了個遍。全球每年新發現的石油總量在 1962 年達到頂峰，之後就一直下降，到最近幾年，幾乎沒有什麼新的大油田被發現。

近些年，世界各國的專家都在預測全球全球石油產量的頂點，普林斯頓大學教授肯尼斯認為 2005 年 12 月是全球石油產量的頂點。沙烏地阿拉伯石油專家、石油業鉅子侯賽尼認為 2006 年是全球石油產量的頂點。

石油與天然氣頂峰協會（ASPO）預測 2010 年是全球石油產量的頂點。

沙特石油鉅子侯賽尼指出，世界一萬兩千億桶的石油儲量中，有三千億屬於虛估，即屬於可能存在，但開採成本過大或者現有技術無法開採的資源。比如在北極、在深海、在油頁岩中。問題是，要把這種非傳統石油提煉成燃油，成本非常高，對環境的破壞也非常大。這些資源要被利用，一個前提就是油價進一步大幅度地上漲。「國際能源觀察組織」2007 年的報告預測，世界石油儲量在現有需求的水準上也只夠用三、四十年。隨著中國、印度等發展中大國的崛起，會使需求不斷高速攀升。所以，世界離「斷油」的日子要近得多。

目前世界石油的實際儲備量也會對這個問題產生影響。而以往的一些針對石油儲量居世界前四位的國家（沙烏地阿拉伯、伊朗、伊拉克和科威特）的調查讓人懷疑，已知的統計數字到底有多少可信度。一名記者去年發現，科威特的實際石油儲量其實只有官方報告的一半。

　　無論如何，科學家的共識一直認為：石油頂峰或者已經來臨，也可能在未來 10 年至 15 年到來。國際能源分析家馬修・西蒙斯在《沙特石油的黃昏》一書中提到。沙特 90% 的石油產量是來自七個大型油田，這些油田全部都正在老化，但它們仍然繼續生產沙特 90% 的石油量……這些油田能夠十年如一日地維持如此高的產量，全靠工程師們向地下注入大量的水，以保持地下油田的高壓。當注水方法再也行不通的時候，石油產量將會不可避免地出現突然下降。通過他的審慎研究，西蒙斯已經有力地證明了——因為沙特的大型油田已出現問題，全球的能源局勢將突如其來的崩潰。

　　針對油源枯竭，石油公司做了些什麼？美國麻省理工學院在 2005 年做了一篇評估報告：現在勘探公司每找到一桶油，在過程中就要花掉 6 桶油。2004 年 10 月，紐約時報一篇題為「石油公司勘探得不償失」的報導中提到：去年世界上最大的 10 家石油公司在油田勘探上一共花費了 80 億美元，但是，結果新發現的石油儲量總值還不到 40 億美元。前年和大前年的結果也如此的相似。

　　世界經濟要有石油才能維持正常運行，世界經濟要有足夠的石油，才能正常運行而不至於崩潰。

　　美國作家保羅・羅伯茲在《石油的終結》一書中，將上述讓人憂心忡忡的問題幾乎一網打盡。他更加憂慮地表示，「儘管世界的現狀仍可以苟延殘喘，儘管每一年能源的消耗都在絲毫不減地繼續著，但是，當前能源體系的終結不僅變得更加不可避免，更有可能要以一種極其痛苦的方式發生。」石油和經濟的關係，就像水和人體的關係。人體的 70% 是水，一個 100 公斤的人，身體裡有 70 公斤的水。由於水在人體中的功能是如此的重要，不用等這個人失去 70 公斤的水，哪怕他只是失去 7 公斤，就足以脫水而死。全球經濟也是這樣，用不著等到人們用完所有的石油，哪怕是需求超出供給 10% 到 15%，整個經濟系統就會崩潰。

　　美國經濟學者柯林・坎貝爾博士對於石油的未來有另一種解釋：如果

我是一家石油公司的老闆，我永遠也不會把事實告訴公眾。這不是遊戲規則。所有的銀行在把錢借出去的時候，都有一個假設：經濟會增長。銀行很樂意把錢借給別人，因為他們相信明天的經濟增長所帶來的回報足以抵消放款的風險。可是，當經濟增長的原動力——石油——開始變得不足時，這種增長就變得不可持續，銀行就面臨巨大的危險。股票市場也是同樣的道理：人們把錢投進去，以期獲得回報。可是當公司無法再發展時，它的市值就會瞬間蒸發。整個過程將會類似 1929 年的大蕭條：當市場終於發現經濟無法再增長時，它就崩潰了。

2 化石時代文明倒退

從本質上說，石油無非就是過去的動植物的死屍。只不過它們深埋地層中，歷經億萬年之久的複雜地質變化，早已經變成一片黑水。今天流動著的石油液體中，已經難以找到這種影子。如果沒有人類的眷顧，這些經過演化的動植物遺體除了極少數被上帝拿出來「晾曬」，從地下自然冒頭以外；絕大部分將會暗無天日，永久地長眠於數千公尺的幽深地層，同時也可能悄無聲息，消逝於更深邃的時間隧道中。但是，或許是機緣巧合，或許是冥冥中註定。人們發現了地縫中自然冒出的石油可以變成能源。

石油對人們的影響有多大呢？事實人類生活幾乎是每一方面都和石油緊密相連。如現代生活中無處不在的塑膠就是用石油做的，包括電腦、家用電器的製造等等都離不開石油。據美國化學協會的資料表明：生產一個 32M 的 DRAM 記憶體條，需要消耗 3.5 磅（1.6 公斤）的石油和 70.5 磅（32 公斤）的水。而製造一輛汽車大概須要 20 桶石油。如果算上零件等，最終消耗的能源大概相當於汽車重量的兩倍。以農業為例，殺蟲劑和農藥製造離不開石油；化肥是用氨水，而氨水是從天然氣生產出來的；所

有的農用機械，包括拖拉機、聯合收割機等等，都需要使用石油。

2010 年，美國《科學》雜誌刊登替代性能源專題，眾多的科學家紛紛撰文，化石燃料時代的終結可能已近在眼前，但未來如何卻仍然很難說。雖然石油、天然氣的替代者有很多種，如太陽能、生物燃料等，但如何提高這些替代能源的比例仍然是個挑戰。專家們也探討了替代性能源的進展，內容涉及太陽能、風能、生物質能和核能。

化石燃料大量使用部分因為它們具有一些其他能源不具備的獨特優勢。例如：石油的能量密度很高，容易運輸和儲存，並且使用方便、效率高。

可再生能源的能量密度遠遠低於石油、煤炭、天然氣這樣的化石能源，氫能源只是科幻電影中最常出現的超級替代能源，但是在現實中廣泛製造並使用氫能源還只是一種構想。剩下的選擇就是乙醇。目前世界上已經掌握的從植物提取乙醇的技術來自玉米，美國前總統布希 2007 年曾提出玉米轉換乙醇的科技計畫，導致全球糧食價格瘋漲一倍。可耕種土地始終是有限的，畝產量也是有限的，通過玉米轉化乙醇意味著每個人都必須從自己的飯碗裡撥出一些「餵」給汽車。除了以上所有問題之外，玉米乙醇最大的弱點在於能量含量低──將玉米轉化成乙醇的過程比將纖維素轉化成乙醇的過程要簡單，因為玉米含糖量很高，可以直接開始從糖到酒精的步驟，省卻了將分子轉換成糖的步驟，但是玉米乙醇產生的能量僅僅比所有種植和製造過程中使用的能量多 30% 而已，換句話說就是折騰半天還不夠費勁的。另外大面積地種植玉米需要使用大量化肥，這會對水源造成汙染，還有其他糧食作物漲價帶來的影響也需要計算進成本中。

3 一半已去：石油、天然氣和熱空氣

2007 年，奧地利石油問題分析師羅奈爾得・施托費勒就曾指出，全球石油開採極限期已經到來，在未來 3 到 5 年時間裡，國際油價完全有可能飆升至每桶 200 美元。施托費勒認為，人類至今還沒有找到能夠真正替代化石燃料的其他能源，而且至少在相當長的一段時間內也不會找到。

利用風力和太陽能驅動汽車，在冰島或者瑞典這樣人口有限、面積狹小的小國或許可以實現，在美國大規模使用幾乎不可能實現。同時，新型能源所需要的設備，如太陽能電池板、風力發電機、燃料電池、生物柴油廠、核電站等等，都需要用到高度複雜的科技和金屬冶煉技術。而這些設備所需要的金屬、礦石在地球上的儲量也極其有限。有跡象顯示，許多相關的礦產資源也瀕臨枯竭。銅的價格在過去五年裡漲了三倍，鋁的價格翻了一倍。2007 年，鈾礦石的價格一度達到 140 美元一磅，而 1 年前，它的價格只是 48 美元一磅。鉑金屬是能夠促使汽車、卡車和巴士所排放的尾氣汙染物下降到一個可接受水準的催化劑。科學家估測，如果今天正在使用的 5 億輛交通工具全部重新配備燃料電池，這就意味著全世界的所有鉑金屬在 15 年內就可以用光。一旦人們用完了所有的鉑，由於鉑金屬不能合成，地球將不再會有獲得鉑的辦法。同樣的事情還發生在了很多其他稀有金屬上。被用作製造阻火材料的銻金屬 15 年就將被用光，銀在 10 年內就會被耗盡，鋅可能在 2037 年被用光，而銦和鉿這兩種重要的電腦晶片原料金屬在 2017 年就可能被用完，用來製造螢光燈的磷光體的金屬鋱在 2012 年前就會被用光。科學家指出，地球上稀有礦產消耗過快的原因，與人類研發能源新技術時不考慮成本有關。估計稱世界上的銦儲量最多可以維持人類 10 年的使用。這種稀缺性已經反映到了它的價格中，2003 年 1 月每千克的這種金屬大約還只可以賣到 60 美元，然而到了 2006 年 8 月它的價格卻狂飆到了每千克 1000 美元以上的高位。

　　石油供應下降的後果將是無法想像的，永久性的燃料短缺將把世界經濟推入漫長的大蕭條。2008 年，美國地質學家傑瑞米‧萊格特，在《一半已去：石油、天然氣、熱空氣和全球能源危機》一書中預言。「房市、股市大跌，在很短時間內，人類財富將快速蒸發。無數的公司將破產，無數的人將失業……在一度富裕的設有街頭咖啡座的城市，將會成為救濟站、街上乞丐成群……」

　　2010 年，美國經濟學者強納森‧蓋特豪斯在加拿大《麥克林》新聞週刊中提到，「從 2010 年開始，最晚不會超過 2020 年或 2030 年，全球石油供給將達到頂點，世界也將開始分崩離析……永久性的燃料短缺將把世界經濟推入漫長的大蕭條。當真相無法再被隱瞞時，物價將飛漲、經濟崩潰，人類文明將像骨牌一樣倒下……」這一切，沒有人知道答案。

第 十八 章
水晶球穿越時限

【本章專家】

戴愛國　美國全國大氣研究中心科學家

約翰‧布洛克　美國前農業部長

特利　英國普利茅斯海洋實驗室科學家

保羅‧克魯岑　諾貝爾化學獎得主

全球將在 20 年內陷入「水資源破產」的困境。

本世紀結束前，一些地區乾旱也許達到現代史上罕見程度。

糧食價格將因此暴漲，水也會變得比油更有投資價值……

尋找有水的地方

2010 年 10 月，美國全國大氣研究中心科學家戴愛國在一份報告中預測，如果溫室氣體排放量得不到控制，全球大部分地區未來 30 年可能遭遇現代社會罕見的極端乾旱。截至 2030 年，美國的乾旱程度預計將顯著加劇。本世紀結束前，一些地區乾旱也許達到現代史上罕見程度。

拉丁美洲大片地區、地中海沿岸地區、亞洲西南大部、非洲和澳大利亞大部分地區、東南亞也面臨嚴重旱災。報告顯示，一些高緯度地區旱災風險較弱，氣候變化可能在一些地區導致相反結果，使氣候更加濕潤。包括北歐、俄羅斯、美國的阿拉斯加以及南半球等一些高緯度地區，旱災風險可能減弱。

2009 年，瑞士達沃斯年會的一份報告預測：全球將在 20 年內陷入「水資源破產」的困境。這除了將加劇水源爭奪戰，也會失去數量相等於印度和美國穀類收成總和的作物。糧食價格將因此暴漲，水也會變得比油更有投資價值。

為了提供水源給蓄水池以及農業灌溉，世界各地的約 70 個主要河流的水源目前已幾乎完全耗盡。報告預測，到了 2100 年，位於喜馬拉雅和西藏大數的冰川將會完全融解，但冰川融解所提供的水也只足夠讓 20 億人使用。有鑒於以上各種因素，水源爭奪戰預計會在未來的 20 年內變得更為激烈。目前，許多地區的水源價格都一直保持在低於正常的水準，而水資源也經常被浪費或過度使用。在未來，若是繼續運用像過去一樣的方式來管理水資源的話，全球經濟將會陷入崩潰。由於能源生產過程中也需要用到大量的水，因此隨著能源需求的增加，水的消耗量也會跟著上升。目前在美國和歐盟，能源生產所占的水消耗總量分別為 39% 和 31%，而食用水只占了 3%。但美國的能源生產的需水量預計將增長高達 165%，歐盟則將增加 130%。這將對農業需水量造成極大壓力。

　　無疑，海洋能提供無限水源，但由於含有鹽分，要經過淡化才可飲用。按國際海水淡化組織最新資料，現時全球共有 13080 所海水淡化工廠，每天可生產總共 55.6 萬立方公尺飲用水，僅占全球可用水 0.5%。淡化工程所需能源大、成本高，過往只有油價低和缺乏水源的國家使用。在西亞盛產石油的國度，往往土地「富得流油」，卻打不出一口淡水井。水比油貴的現實，使海水淡化工廠如雨後春筍般出現在西亞的海岸線上。波斯灣沿岸地區，有的國家的淡化海水已經占到了本國淡水使用量的 80% 至 90%。目前中國海水淡化的成本已經降至人民幣 4 到 7 元／立方公尺。

　　2010 年 10 月，亞洲開發銀行在一份「水資源危機」報告中指出，亞洲現正面臨高度惡化的水資源危機，對糧食生產發生嚴重威脅，使區域內經濟受到益加強大的壓力。全世界水源危機專家莫德希巴羅指出：前 10 年的預測，到 2025 年世界 1/3 人口將面臨缺水。但才到 2010 年，這門檻就已經達到了，目前已有 20 億人口居住在缺水國家。照目前趨勢，2/3 的世界人口到 2025 年將為缺水所苦。

　　美國前農業部長約翰‧布洛克在《水的戰爭》一書中指出：「世界上有 214 條國際河流和湖泊流域，其中 155 條是兩個國家共有的，36 條是 3 個國家共有的，23 條河是數個或十幾個國家共有的。」在國際法中，對國際河流水量分配及利用並沒有明確規定，因此在水資源緊缺的情況下，各國之間大規模的衝突在所難免。在過去 50 年間，因水資源爭奪就發生過 20 多起局部衝突。世界銀行前副行長伊斯梅爾‧薩拉傑丁甚至曾經預言，「二十一世紀水爭議將成為引發衝突的根源」。

　　富含石油的中東地區是全球最缺淡水資源的地區之一，中東多次戰爭衝突均與水資源的爭奪有關；在流經 10 個國家的非洲第一大河尼羅河，蘇丹、衣索比亞和埃及等國多次為得到更多的水資源而引發衝突。

　　南亞是世界上水爭議最激烈的地區之一。印度與巴基斯坦、孟加拉和尼泊爾都有水資源爭端。水糾紛一直成為印巴高層會晤的重要議題，已與喀什米爾爭端並駕齊驅，成為印巴關係的兩大核心問題。巴基斯坦一直擔

心印度截住流往巴基斯坦的河水，掐住巴的生存命脈。近年來，印度政府一方面計畫在所謂的「阿魯納恰爾邦」建設大約 100 座水壩，同時又擔心中國在雅魯藏布江上建水壩。

非洲是目前世界上缺水最嚴重的地區，在全球沒有安全飲用水比例最高的 25 個國家中有 19 個是非洲國家。流經 10 國的尼羅河對流經國意義重大，蘇丹、衣索比亞和埃及等國為此衝突不斷。

2007 年末，美國《未來學家雜誌》在一份文章中預測，到 2050 年，世界 2/3 的人口都將長期缺水。

缺水日漸成為國際問題而非地區問題。50 年來，世界範圍的用水量增長了兩倍。那些把水資源從農田轉向城市的國家將使糧食出口商承擔更大的壓力，從而加劇水和食品的跨國競爭。到 2025 年，「可持續使用」政策或許將把全世界的用水量減少 20%。

全球暖化並不意味著淡水的增加，而是淡水供急劇減少，從海洋問題跳到人類吃水問題。有一個令人驚悚的統計，該資料顯示看似浩瀚無邊的海洋，實際上僅有 3% 的水，是可供人類食用的，在這 3% 裡面又有約 70% 來自於那南北兩極千年不化的冰山裡。冰山的加速融化，也意味著人類水源面臨著巨大的危機。受衝擊最強烈的國家將是發展中國家。

2 水晶球的秘密

2005 年，英國普利茅斯海洋實驗室科學家特利在埃克塞特會議上預測，這是全球數以十萬年甚至百萬年從未見過的急劇轉變，全球 20% 的珊瑚礁已經滅絕，另外 50% 的珊瑚礁也接近崩潰邊緣。如果不採取行動的話，全球暖化產生的酸化效應將導致全球珊瑚礁在 70 年內全部死亡。

2010 年，美國科學家在《科學》週刊上撰文預測，到 2050 年，日益

增加的 CO_2 排放量會導致海洋中的所有珊瑚礁滅絕。這篇評論文章是由來自 7 個國家的 17 名海洋學家共同撰寫的，其中包括美國國家海洋和大氣管理局的科學家。有科學家認為，歷史上發生的大規模海洋生物滅絕事件造成地球碳循環在接下來的數百萬年陷入大幅波動。結果，海洋生態系統喪失了調節能力，天氣與氣候變化隨之而來。在過去 5 億年間，地球上發生過五次生物大滅絕事件，而現在第六次就在眼前。

科學家發現，在每一個被研究的區域裡，歷史上的人類活動都導致了珊瑚礁不同程度的衰亡。這種衰亡毫無例外遵循著同樣一種路線：首先是大型的草食和肉食動物被人類捕食，接著是較小的魚類，最後是海草和珊瑚礁上活的珊瑚。

人們常把地球描述成一個水晶球，因為地球上陸地只占 30%，而 70% 的面積都被海水覆蓋。深不可測的海水下面是一個對人類來說是非常陌生的世界，在這個世界中，也潛藏著種種不為人知的巨大危機，在海水中究竟發生了什麼呢？

在海洋生態系統中，珊瑚礁是外海魚類的「孵卵站」和「托兒所」，被稱為海洋中的「雨林」，扮演著核心角色。此外，它還是新藥的來源，整個海洋中總量約 1/3 的魚類，都直接或間接依賴珊瑚礁生存；而生存在珊瑚礁裡的浮游動物、藻類和海草更是不計其數。但是由於海水酸化、汙染等原因，全世界半數的珊瑚礁處於消失的邊緣。

3 不為人知的一滴水

2005 年 1 月，美國《未來學家》雜誌發布了一份《千年生態評估》調查報告，報告預測，人類生命支援系統的 60% 已經毀滅或者處於崩潰之中，到 2050 年，隨著另外 26 億人口的增加，到 2050 年地球生態環境

的退化將進一步惡化。目前海洋和森林對碳的吸收每年達到 30 億到 35 億噸，而每年排到空氣中的碳達到了 70 億噸。如果目前的趨勢得以維持，這將使每年的碳排放量達到 140 億噸——最終導致溫室效應失控。

諾貝爾化學獎得主保羅‧克魯岑指出，在過去的一個世紀，城市化的速度增加了 10 倍。更為可怕的是，幾代人正把幾百萬年形成的化石燃料消耗殆盡。人類活動在很大程度上改變了地球和海洋的面貌，由於人類的巨大影響，地球地質史上一個新世已經開始。

地球 45 億年的歷史被分成幾個重要的代、紀和世，全新世是在最後的冰河時代之後開始的。克魯岑指出，早在十九世紀晚期，科學家便將人類對地球產生的重要影響以及一個靈生代已經開始的可能性附之筆端。隨著碳循環和全球氣溫出現大的波動，以及海洋酸性化的影響，位於食物鏈底層的海洋生物生存受到巨大的威脅。溫室氣體、其他化學物質以及汙染物的排放也已出現了戲劇性增長，這種增長對地球的生態平衡產生了巨大影響。

除了海洋酸化外，地球上的海洋正被人類漸漸的改變成一個超巨型的下水道，所有的工業及生活廢水都隨著江河排入了海洋，人類活動正在以災難性的規模改變海洋動植物群。經科學家研究發現，在過去的 50 年裡由於人類活動、汙染和工業化捕魚技術的推廣，世界上 90% 的巨型海洋生物已經滅絕。目前，地球上人造的化學物質接近 10 萬種，人類用這些人造的化學物質生產上百萬種產品，眾多不能回收的化學物質都通江河排入大海中。地球上每年排入海洋的石油汙染物有 1000 至 1500 萬噸。因人類活動而進入海洋的汞，每年可達萬噸，已大大超過全世界每年生產約 9 千噸汞的記錄，這是因為煤、石油等在燃燒過程中，會使其中含有的微量汞釋放出來，逸散到大氣中，最終沉入海洋。世界上鎘的年產量約 1.5 萬噸，據調查鎘對海洋的汙染量遠大於汞。而其他包括銅、鋅、鈷、鎘、鉻等重金屬，砷、硫、磷等非金屬以及放射性化學物質等，也隨江河流入了海洋。這些無休止的傾倒造成局部海域的生態環境惡化，海水富營養化，

赤潮頻頻發生，生物迅速滅絕，成為海上「荒漠」。

自從上世紀初塑膠時代降臨以來，96％的塑膠製品沒有被回收利用，其中的5％已進入大海。科學家們也因此給海洋表層區域起了一個綽號──「塑膠湯」。從美國加利福尼亞出發，經夏威夷群島，延伸至日本的900多公里的水域上，出現兩個巨大的「綠色島嶼」，「這不是島嶼，而是垃圾山」，這裡正在形成全球最大的垃圾場。兩個巨大的垃圾集中地，橫跨北太平洋，逐漸形成了一座「垃圾大陸」。面積約343萬平方公里，超過歐洲的1/3，這就是臭名昭著的「太平洋垃圾大板塊」，也被稱為世界「世界上的第八大洲」。

據美國海洋研究中心估計，這塊「垃圾大陸」上約有1億噸塑膠垃圾。海面上累積到30公尺深，其中80％為塑膠垃圾。綠色和平組織提供的資料顯示，這一水域每平方公里海面就有330萬件大大小小的垃圾。這裡的垃圾種類繁多，可以稱得上是垃圾王國，有塑膠袋、裝沐浴露的塑膠瓶、拖鞋、兒童玩具、輪胎、塑膠電器、飲料罐甚至塑膠泳池……按目前發展速度，估計10年後其面積還將會增長10倍，據科學家分析，這些塑膠製品平均壽命超過500年，很難生物降解。垃圾帶所在海域的海水充斥著有毒的化學物和細小的塑膠碎片，而這些又被魚類吃到肚子裡。據悉，這一帶一條海魚的肚子裡最多能發現26塊塑膠碎片。若干年後，被汙染的海域將會出現大量塑膠沙，吸附著高於正常含量數百萬倍的毒素。據國際綠色和平組織統計，至少有267種海洋生物受到這種毒害的嚴重影響。更令人擔憂的是，毒害還可通過食物鏈擴大並傳至人類。

按照現在世界人口估算，每人每年產生300公斤垃圾，60年的垃圾總量如果全部堆放在赤道圈上，可堆成高5至10公尺、寬1公里的巨大垃圾牆。這就等於把整個地殼的岩石圈和水圈外又鑲上了一個垃圾圈，它已經開始圍困著全球的陸地和海洋，汙染著全球的環境。

隨著世界人口的激增，全球對於磷肥和氮肥的需求也在不斷增長。美國農業部土壤實驗室負責人阿卜杜拉·賈拉達特認為，「在未來50年內，

為了讓所有人都能夠吃飽，我們必須要將農業產量提高至少一倍。這也就意味著需要更多的磷肥和氮肥。」全世界的磷肥廠廢水形成了一條溪流，然後又會與江河會合流入大海。在被稱為「死亡之區」的墨西哥灣，美國中西部大平原上的農民們大量使用的肥料和殺蟲劑正在使密西西比已經渾濁的河水富營養水準不斷提高，導致藻類在三角洲流域大量繁殖。這些藻類大量消耗水中的氧氣，致使魚類、植物和微生物大量減少。這片「死亡之區」涵蓋了墨西哥灣近 7000 平方英里的區域。

人類排放到海洋中的有毒垃圾使海洋變成一個巨大的化毒池，嚴重影響到海洋生物的生存以及其他海上活動。科學家指出，由於海洋酸化及人類排放到海洋中的有毒垃圾越來越多，這兩個因素使珊瑚礁遭到破壞，含有雪卡毒素的藻類植物則生長繁茂。原本生活在珊瑚礁附近的小魚靠吃海藻生存，而人類長期食用的石斑魚、梭魚、鱸魚等魚類又以這些小魚為食，就這樣，毒素通過食物鏈傳到人類體內。雪卡毒素屬於神經毒素，主要存在於熱帶珊瑚魚的內臟、肌肉中，尤以內臟中的含量最高。中毒症狀可持續幾小時到幾周，甚至數月，嚴重者會導致死亡。2006 年，僅中國廣東省雪卡毒素中毒的人數已超過數百，汕頭、中山、深圳等地都發生過大規模雪卡毒素中毒事件，罪魁禍首則大多是廣東沿海地區的人喜歡的深海熱帶魚類——石斑魚。據海洋生物專家估計，在全球範圍內每年有超過 5 萬人雪卡毒素中毒，但只有 10% 的中毒事件通過新聞報導為公眾所知。目前還沒有檢驗雪卡毒素的可靠方法，人們很難分辨出哪條魚有雪卡毒素。同時，科學家也沒有找到治療雪卡毒素中毒的有效辦法。因此，在很多地區雪卡毒素中毒常常被誤診為其他疾病。

水體或者海洋環境汙染可以造成魚類體內汙染物含量較高，其中最令人關注的是那些能在人或者生物體內蓄積的重金屬（例如：鉛、鎘、汞等）和難降解的有機物，例如：DDT 和 PCBs（多氯聯苯）等。這些汙染物在水中的濃度也許並不高，但是因為其可以通過食物鏈聚集，所以在魚類體內，特別是那些位於食物鏈頂端的食肉魚類體內濃度可以很高，能達

到水中的數百甚至數十萬倍。日本對深海區海魚的調查發現，所有的魚類體內都能查出 DDT 和 PCBs。

美國約翰‧霍普金斯大學的一項研究發現，鯊魚、金槍魚、石斑魚的汞含量較高。根據美國食品藥品管理局公布的資料顯示，汞含量最高的海鮮包括金槍魚、鱸魚、鱈魚、墨西哥灣生蠔、大比目魚、旗魚、鯊魚、黑斑鱈等。據另外一項調查，鱒魚、劍魚、鯖魚、馬林魚、梭子魚、白口、狹鱈、方頭魚中也含有大量的甲基汞。美國一項檢測結果還表明，100%的罐裝金槍魚、90%的黑斑鱈、75%的冷凍魚中含有超量汞。

4 水的另類預告

據聯合國環境規劃署（UNEP）發布的《全球環境展望四》綜合報告指出，從全球範圍而言，汙染的水源是人類致病、致死的最大單一原因。世界衛生組織（WHO）的調查顯示，全世界 80％的疾病是由飲用被汙染的水而造成。全世界 50％兒童的死亡是由於飲用水被汙染造成。報告指出，由於全球人口的膨脹，地球的生態承載力已經超支 1/3。人類農田灌溉已經消耗了 70％的可用水。預計到 2025 年前，發展中國家的淡水使用量還將增長 50％，發達國家將增長 18％。報告稱：「水需求量的日益增長將成為缺水國家無法承擔的負擔。」

許多人並不知道，在不到一個世紀以前，公共飲用水還攜帶著感染傷寒或者霍亂的風險。只有最窮的人才喝自來水。那些可以負擔得起的人則喝啤酒或者喝特製的茶，或者喝「淡啤酒」──水中加上足夠多的啤酒，以殺死部分骯髒微生物。在自來水中加氯改變了這一切。美國水文學家法蘭西斯‧夏佩爾在他的啟蒙著作《水源：瓶裝泉水的自然史》中寫道，用氯處理公共飲用水「或許比公共衛生史上任何技術進步所拯救的人類生命

都要多」。他提道，水裡的微生物，花了 39 億年，來領悟各種在水中和繁衍生息的獨特方式。而另一方面，人類的水處理業務僅有數百年歷史。對水保持謹慎是人類正常的反應之一。

目前全世界具有國際權威性、代表性的飲用水水質標準有三部：世界衛生組織的《飲用水水質準則》、歐盟的《飲用水水質指令》以及美國環保局的《國家飲用水水質標準》，其他國家或地區的飲用水標準大都以這三種標準為基礎或重要參考，來制定本國國家標準。

中國疾病預防控制中心環境所研究員鄂學禮指出：「中國目前 90% 的水廠只能對物理汙染和微生物汙染進行淨化處理，而無法對化學汙染，諸如農藥、殺蟲劑、重金屬、各種有機和無機化合物及其他有害毒素進行深度處理。」

工業化 200 多年以來，人類自己創造的對人類有毒、有害的物質數量，比幾十萬年來大自然中自然存在的有毒、有害物質多得多。現代人類社會可以說是被自己創造的有毒物質徹底包圍了……

工業化以後誕生了一大批人所不知道的物質，其可能造成的後果，絕大多數人都不知道，甚至連發明、發現這些新物質的科學家也不一定清楚，而只知道在某方面的作用。

例如：DDT 作為殺蟲劑被長期使用，其危害性過了很長時間才被人注意，最終在全世界禁止使用。再如多氯聯苯（一種絕緣材料）在 1881 年由德國科學家首次合成，使用了近 100 年後，人們發現它是危險的致癌物質，才開始禁止生產和使用。又如，人們都很熟悉的各種塑膠，其危害程度也是逐漸被人們認識到，現在才開始限制使用。現代工業和化學工業製造的各種有毒物質種類繁多，如果都禁止使用，現代工業也就面臨崩潰的境地。於是，國際上將各種對人體有毒、有害的化學物質羅列了一下，據不完全統計，大約有 6000 多種。實際上，各種人造有害、有毒物質的數量比這個數字大得多。人類要發展工業，還要想方設法地創造財富。於是，大量有毒、有害物質依然被允許使用，只是明確規定，6000 多種有

毒有害的物質只能作為工業原料限制使用。事實上，這些原料已經從水裡滲入到了人們的食物鏈中。重金屬一旦進入農作物，深深嵌入細胞之內。專家指出，無論是浸泡、沖洗、蒸煮、煎炒，都無法將其減少或剔除。

　　水是致命中樞。美國紐約史蒂文癌症中心研究員雷蒙對 106 名死於各種癌症的人的細胞研究發現：圍繞在癌細胞的 DNA 周圍的水與健康人細胞周圍的水的結構是不同的。

　　在日本、美國等國家的家庭裡已實現生活用水和飲用水分兩類管道輸送。但由於中國入戶自來水的水質還未達到一些發達國家的標準，無論是作飲用還是沖廁所都是同一種水。

　　美國威斯康辛州醫院和哈佛公共健康學校的研究人員發現，自來水加入的殺菌劑——漂白粉，會釋放出活性氯，長期飲用帶活性氯的自來水，就有可能誘發膀胱癌和直腸癌，致癌因素並不是漂白粉本身，而是它與水中的汙染物起化學作用而產生的一些氯的副產品。

　　相關機構調查顯示，在水源飽受生物汙染、無機汙染、有機汙染的中國各個城市，多數的自來水廠仍在沿用陳舊的工藝進行加工，城市供水類的危險事件正日益集聚。2008 年，中國水協專家沈大年、陸坤明指出，目前中每年因飲水引起的致病、致死的直接損失或間接損失已經超過當年 GDP 的 1%。中國給水深度處理研究會理事長王占生指出：「中國現在 99% 的自來水廠用的仍然是 100 年前的常規工藝。」但這些傳統工藝主要是去除水源中的懸浮物、膠體雜質和細菌，針對的是受輕度汙染的 II 類水質。不僅如此，隨著近 20 年來中國化工產業急速發展，城市水源主要汙染物已由微生物轉為無機和有機汙染物。國融大通國際財務顧問有限公司總經理李智慧指出，國內淡水資源實際上 97% 已被汙染。

　　2007 年 7 月 1 日，中國頒布了新的飲用水水質標準，檢測指標從 35 項提高到了 106 項。據全國工商聯環境商會的一項調查，中國 661 個設市城市的 3000 多家水廠中能安全執行 106 項檢測的，不會超過 10 家。即使能檢測 42 個強制項目的，也只有不到 15%；另有約 51% 的企業更是根本

沒有檢測能力。

2007 年,中國國家環保總局副局長潘岳在一次會議中提到,中國七大流域及主要河流、湖泊汙染嚴重,部分水域惡化到身體不能接觸,更不能用於農業用水。目前大陸七大水系除了幹流因水量大水質尚可之外,大小支流幾乎全部壞死,80% 的湖泊的水成壞死水。

據世界衛生組織報告,全世界發展中國家 1/3 的城市人口得不到安全衛生的飲用水,80% 到 90% 的疾病與受汙染的飲用水有關。中國水資源人均占有量僅相當於世界人均水平的 1/4。從總體上看,中國乾旱缺水。在中國的 600 餘座城市中有 300 多座城市缺水,嚴重缺水的就有 100 多座城市。而中國 70% 以上的河流湖泊遭遇不同程度汙染,嚴重汙染水質造成 3 億多人飲水不安全,其中 1.9 億人飲用水有害物質含量超標。

第 十九 章
新疆界，哪些行業行將消失

【本章專家】

阿爾文·托夫勒　美國著名未來學家

羅伯特·賴克　美國前勞工部長

亞瑟·克拉克　英國未來學家

湯姆·奧斯丁　美國高德納公司副總裁兼研究員

馬奇·阿爾波爾　美國著名學者

人類現有的大多數職業再過 20 年將會永遠消失……

在 2020 年，是完完全全的被個性顛覆的時代，人們將不再滿足於大規模生產下的標準化產品，而重新發現個人創造的價值。

1 那些即將逝去的記憶

2006 年，英國《焦點》雜誌描述了未來 20 年職業變化的新趨勢。根據專家預測，人類現有的大多數職業再過 20 年將會永遠消失，新的職業將在科技發展的浪潮中湧現。

工業社會在家庭生活和工作生活之間確立了一個明確的界限。今天，對於那些在家裡工作的數以百萬計的人們來說，這個界限變得模糊了。就連「誰在為誰工作」這個概念也變得含糊不清了。

阿爾文・托夫勒，當今最具影響力的社會思想家之一，世界未來學巨擘，2006 年，托夫勒在《財富的革命》一書中預測，在不久的一個時期，人類將處在一個無固定化職業的社會中，公司會將工作外包出去，公司裡將不再有雇員，在工作時和工作之餘，情形變得越來越模糊、越來越不確定，也越來越複雜，因為工作任務和職務都在不斷地重新定義醫生和護士、員警和社區的協勤人員的角色都受到了挑戰。

2008 年，美國前勞工部長羅伯特・賴克指出，現在勞動力的相當大的一部分人，包括在甲公司裡工作的獨立承包商、自由代理人等職位，實際上卻是乙公司的真正雇員。賴克提到，幾年後，給公司下的最好的定義也許就是，誰能獲得什麼資料、誰能在什麼時間內獲得某種。收入的某部分。嚴格地說，公司裡根本不會有什麼「雇員」了。

在二十一世紀，幾乎每個行業的人士都會覺得就業機會非常少。對有些行業來說，這只是一種臨時現象。但對有些行業來說，更近乎於滅頂之災。

美國專家亞力山德拉在《你的新工作》一書預測：在 2008 到 2018 年間，各個傳統行業工作將會持續減少。

以下是預測到 2018 年間工作機會減少得最多的一些行業。

百貨公司及商店：在當「人們都開始網購」的時候，為了生存，商店

需要提供銷售的產品外的優惠，比如特價活動或一流的客戶服務，而商場的自動收銀機將會徹底取代收銀員；不久以後，絕大多數交易都將成為一種沒有真人參加的虛擬交易。

半導體製造業：半導體是眾多正在下滑的製造業之一。因為很多不同類型的製作業工作正在消失，而且想要重新找到一份製造業的工作並不簡單。

汽車零部件製造業：流水線生產在一定程度上滿足了這一要求。電腦操縱的生產過程使得工作效率極大的提高，但是這在一定程度上就意味著社會對於製造業的製造安裝工人的需求會逐漸降低。

郵政服務：借助於高速無線網路的個人可攜式移動終端將大量出現，不可避免的讓郵政服務瀕臨消失。人們可以自由的進行視訊對話，遠端操縱各種設備，視訊技術的發展讓人們看到正常視覺環境的同時，創造出一個似乎懸浮於眼前的虛擬影像。這種虛擬影像是由微型雷射器把圖像直接投射在使用者的視網膜上形成的。

印刷業及相關行業：受到數位化革命的衝擊，傳統印刷在這種情況下，特別是在中低端，報價越來越低，利潤越來越薄，直至最後無法維繫基本商業運行而消失。

服裝裁剪業：裁剪及織補工人的人數近年來大量減少，最大的衝擊來自電腦技術，越來越多的工作都可以被電腦代替，而不需人工處理。

報紙業：傳統報紙行業將受到巨大衝擊，報紙、唱片、電影和軟體等數位產品可作為資料檔案迅速發行，一般都無需再有實物形式。電腦顯示具有紙面顯示的一切特點：高清晰度、高對比、視野寬闊，沒有抖動。人們一般都通過如同小書的電腦頁面閱讀報紙。

加油站：新能源的發展將使石油和煤炭行業處於極不利的地位。由於全球氣候暖化，必須改變汙染環境的狀況，綠色的替代能源的崛起是不可避免的。從汽車這個大規模行業分析，一旦純電動汽車進入實用階段，最關鍵的是快速充電電池技術，例如：10 分鐘之內充完電，既可以在家充

電，又可以在特定充電站甚至其他公眾場所（如停車場、公園甚至路邊簡易充電柱）充電。

有線通訊：有線通訊投資吸引力正在逐漸消失。未來 20 年中，無線技術將主宰人們的生活，它將給人們帶來暢通無阻的資訊體驗。電纜逐漸消失。指點器、麥克風、顯示器、印表機和鍵盤等元件之間都通過短程無線技術連接。「電話」通信基本已達到無線化，而且通常都帶有高清晰度的移動圖像。身在各地的人們參加各種形式、各種規模的會議已經是非常普通的事情。但同時，它也帶會來新的挑戰，這其中就包括社會道德、傳統的個人隱私觀等問題。

而在此之前，隨著科技的發展，很多職業已經漸漸從人們的視線中消失了，如電話總機接線員、印刷廠排字工等。

② 2030 年，在找工作途中

「任何頂級先進的技術都如魔力一般。」這是英國未來學家亞瑟・克拉克在 1961 年所著《未來的輪廓》一書中所歸納的一條定律。之後，這個定律屢被驗證，人類從第一次飛行到登陸月亮也僅僅用了 60 年，而幾十年前需要滿滿幾房間計算器來為戰爭做的運算，如今在 PS3 和 XBOX 360 便可以輕鬆地運算，上面跑著眼花繚亂的虛擬戰爭遊戲，用作娛樂的運算能力遠遠超過了當初為戰爭所進行的運算。

2010 年初，美國《富比士》雜誌曾預言了 2020 年將出現的新職業。

在 2020 年，是完完全全的被個性顛覆的時代，人們將不再滿足於大規模生產下的標準化產品，而重新發現個人創造的價值。科技將允許個人製造者擁有曾被大公司獨享的運營能力。在社交網站上，個人傳播將會興起，他們像主要媒體一樣發布自己的新聞；在應用軟體市場上，個人品牌

也能占有一席之地，個人品牌也能像奧多比軟體公司一樣叫賣自己的商品。有人認為，這將是一個重新學習信任個人而非品牌的時代，某一品牌的忠實顧客將成為過去。確定的是，現在人們對品牌的信任正面臨著挑戰。

現在的人們填充電腦桌面上的資料夾時，幾乎對其實際容量毫無概念。但人們在存放紙質文件時，對文件的多少就很有把握，因為紙張能給人實實在在的觸感和可視感。

人類很難放棄看到、摸到實物的感覺，因此以後會湧現出越來越多的新設計，讓虛擬和現實達到最佳的平衡。在現實世界中人們輕易感受到的微妙之處，很快也能在電腦螢幕上實現。

在 2020 年，軟體產業將欣然接受工藝價值的回歸，並將回到「手工作坊」的時代，為不同使用者定制不同的軟體，而不是像目前這樣大規模的工業化生產。它將成為更大範圍的「手工製作」潮流中的一部分，這種回歸手工時代的潮流注入了人類情感和對完整性的珍惜。這一趨勢在行動電話的應用程式市場上已初見端倪，壟斷型參與者越來越少，推銷成本近乎為零，幾乎任何人都能在蘋果手機、谷歌手機和黑莓手機上安裝應用軟體。設計這些應用軟體需要關心和注意，而這往往是大公司們所缺乏的。

在未來世界裡，辦公資訊處理技術的連通性和「知覺」會得到提高，人們將更為緊密地與世界聯繫在一起。人們的獨立性和個體性可能會進一步擴大，但同時也成為了資料統計群體的一部分。到那時，人們也會渴望自我表現、與眾不同。

據預測，超市的自動收銀機將會徹底取代收銀員；媒體和電影製片廠為了適應數字時代，將發生大幅度調整；三大汽車工廠通用、福特、戴姆勒·克萊斯勒也必須轉型，以保證其全球市場的競爭力。到時，電腦科技將會繼續主宰世界，機器將能夠提供大多數翻譯服務，導致語言專家和翻譯失業；此外，全自動的戰鬥飛機也將問世，令戰鬥機飛行員無用武之地。

不過，也會產生一些新的就業機會，石油還不至於消失，但替代能源

SEE THE 超級精英破解未來大趨勢
FUTURE 看見未來

必將創造出多種新行業，最可能的替代能源包括氫燃料。

在以後的一個時期，科學家發現並掌握了「遠距傳物」的本領（將物質轉變為能，傳送到目的地後重新轉變為物質），未來學家羅伯特·海曼指出：「人們會認為遠距傳物不可思議，像是天方夜譚，他們會說：『這永遠不可能成為現實。』可是人們當年也曾看著飛機說：『它永遠不可能飛起來。』不是嗎？未來有無限的可能性。」

未來可能出現的部分新行業：

基因測試人員：替老闆們收集和分析雇員的 DNA，確定他們有沒有吸毒傾向。

病毒隔離工作人員：如果未來爆發全球性瘟疫，為了防止瘟疫蔓延，將需要大量病毒隔離執行者。

機器人修理人員：專業修理機器人。

全息攝影工作人員：電影院將門可羅雀，製片公司最終將攝製立體全息電影。

3 未來工作設計指南

2010 年，英國工商創新和技能部將在一份名為《未來工作形式》的報告中預測了 2030 年的一些新工作。

未來學家預計 20 年後人們的生活將發生巨大變化，職場也是如此，許多今天的工作將不復存在，而一些新工作將出現。今天已經有一小部分人已經在從事這些新興職業——網上律師、飛船工作者、人體器官製造者、另類交通工具設計者、垂直數位農場工作者……

小企業將有所作為。未來經濟發展的力量將來自小企業和微型企業，原因之一是通訊技術使大小企業處於同等的競技場。

更多的開發商將從拯救這個星球中贏得經濟上的回報。一種迅速成長的開發概念不僅關注如何維持現有的環境，而且關注如何恢復原有的環境，如修復受損建築、淨化被汙染的土地以便為可盈利的新事業開闢道路等。從修復巨石陣到重建阿富汗，這類恢復性的發展項目幾乎無所不包。

公司在發掘創造力方面將更富於想像力，否則就無法生存。要創造使企業成功的想法有三種途徑：發動更多的人獻計獻策，找到顧客沒有說出來的想法和需求，求助構思專家以發掘公司雇員的想像力。

公司的文明程度會有所提高。消費者對公司承擔社會責任的要求越來越高。在大企業屢傳醜聞之後，公司在經營上變得更加透明，對自身行為的負責程度也相應增強。

2030 年，這是個沒有現金的世界，商店、銀行和電影院服務員已經成為歷史，他們被掃描器和機器人助手所代替，它們不但能夠把你的生活安排得井井有條，還能配合人的情緒。麻省理工學院已經建造了一個仿生機器人 Kismet。它能夠用語言和人交流，還能對一系列人類情緒做出適當的表情。

《未來工作形式》的發起者羅西特・塔瓦爾相信，在 20 年內，今天多數的工作將不復存在。隨著人們面對的挑戰越來越複雜，教育系統也必須改變，雖然未來的許多工作尚不存在，雖然英國的經濟競爭力排名已經大不如前，但依然還有它引以為傲的地方。一些新職業已經出現，並且由英國人發明。

網上律師：網上律師可以省掉辦公室租金和相關開銷，顧客只需要支付顧問費。

2007 年，英國商業法律顧問德尼斯・納爾斯碰到勞工律師揚維・派特爾的事務所在網上開張，提供 8 位自由律師的服務。公司目前擁有超過 200 名顧客，其中既有大型跨國企業也有新生小公司。隨著越來越多的律師事務所向全球發展，跨越法律轄區和時區，德尼斯看到了更多的生意機會。「我們正嘗試和洛杉磯的網上律師合作，並且已經在中東有了合作夥

伴。」

她還有另一個職業：擔任天空新聞的天氣播報員，英國BBC2台的《逃往鄉村》節目主持人。「我首先是一名網上律師，」她說，「在未來，越來越多的人將身兼數職，卻從未涉足過一間辦公室。」

飛船工作人員：英國維珍銀河公司的試飛員大衛・麥凱伊說，「在學校讀書的時候，我贏得了一個獎，獎品是一本書，叫《探索太空》。今天我依然保留著它，所以說這可以算是夢想成真。」兩年後，麥凱伊將駕駛太空飛船，帶著遊客進入68英里之上的地球軌道。

2009年12月，維珍銀河的第一架商用太空飛船VSS企業號正式亮相。2011年，它將從新墨西哥州的太空港出發，開始首航。已經有約300名乘客購買了機票——每人12萬美元——或下了訂金。另外8.2萬人已經在銀河網站註冊，排隊等候。其中包括演員威廉・夏特納、雪歌妮・薇佛和物理學家史蒂芬・霍金。

迄今為止，太空旅遊還是少數精英的專利。但維珍銀河計畫要建造6架太空飛船。麥凱伊說，「3年之內，我們將開始招聘太空飛行員。」那時候，還將出現太空導遊等職位空缺。如果理查爵士（維珍銀河董事）還計畫在蘇格蘭建造一個航太中心，將會出現更多的新工作。

在最初幾年，太空飛船駕駛員將把遊客送入軌道，再直接返航。但麥凱伊估計，20年內，太空飛船還可用做地球上兩點之間的快捷接通工具。從倫敦到雪梨大概需要兩個小時。不久前我還乘坐空客A340飛過這條線，要花大約23個小時。

人體器官製造者：米德是英國TouchBonics公司的執行總裁。這家位於蘇格蘭利文斯頓的公司製造了世界上第一隻仿生手i-LIMB。經過10年的研究，i-LIMB終於在2007年投放市場。目前，40個國家有約800名用戶。仿生手的手指關節連接著由神經信號啟動的微型馬達和感應器，每個都可以獨立運動。可以抓握杯子、鑰匙、方向盤等各種東西。上個月，米德又推出了ProDigits——第一根仿生手指。

一些病人，尤其是士兵，喜歡更機械化的外觀，斯圖爾特·米德解釋說，「但另一些人喜歡它們和身體的其他部分融為一體。因此，我們的職員不僅有醫生、工程師、軟體程式師，也有藝術家。」

目前，米德的公司每年生產 500 隻仿生手，在蘇格蘭和美國有超過 90 名雇員。米德預言，隨著人類的壽命增加，更多身體零件勞損壞掉，人體身體零件製造在未來將是需求巨大的行業。那麼意圖以身體零件製造為職業的人，他們簡歷裡應該包括什麼？米德說，「良好的機械技能，勇於面對挑戰的性格。你不僅要為機器人技術公司工作。我們從事的是改變人們生活的職業。」

另類汽車設計師：英國 Riversimple 公司工程師雨果·斯波爾斯，於 2009 年 6 月推出了他設計的第一輛氫動力碳纖維車。它由一個小小的 6 千瓦燃料電池驅動，僅重 350 公斤，雙座位，適合短途旅行，最高時速達到 50 英里，行駛範圍 240 英里，耗油率為 300 英里／加侖，溫室氣體排放量僅相當於最節油的燃油汽車的 1/4。

斯波爾斯的真正創舉在於，他將是第一位不銷售汽車的汽車生產商。他將以每月 200 英鎊（或每英里 15 鎊）的價格把車租給別人。Riversimple 公司提供燃油和保養服務。同時，汽車的所有設計圖紙和細節都可以在網上查閱。這樣，只要支付授權費，其他工程師也可以自行建造，並加入他們自己的改良細節。「這不但能改進設計，」斯波爾斯提到，「還意味著，人們能夠開設自己的造車廠。由於這些車比今天的汽車零件少，更容易製造。未來的汽車工程師，出售的將不是汽車而是移動服務。」

垂直數字農場工作者：2009 年 9 月，42 歲的弗雷迪阿尼，在佩恩頓動物園環境公園開始了他的無土栽培項目，成為歐洲第一個垂直農場主。他使用這一系統叫 VertiCrop（垂直作物），由康沃爾的 Valcent 公司設計，當選《時代》週刊 2009 年 50 大最佳發明。在凱文·弗雷迪阿尼的「農場」上沒有土壤，沒有臭味，沒有鬧哄哄的拖拉機。唯一的聲音來自

1.1 萬株移動的植物。萵苣、菠菜、菊苣、甜菜、草藥都種植在裝著培養溶液的盤子裡。盤子層層疊放在 3 公尺高的架子上，由電腦控制，安靜地圍繞弗雷迪阿尼的暖房旋轉，在餵食站吸收新鮮養料。

「我們不用農藥，沒有汙染，我們也不用擔心天氣，」弗雷迪阿尼說。這套系統的產量是平面農場的 3 倍：「在 100 平方公尺內，我能收穫價值 10 萬英鎊的作物。」目前，只有公園的動物有福享用他的勞動果實。一頭河馬每天就要吃掉 100 磅的蔬菜；僅是採購萵苣的開銷一項，弗雷迪阿尼的垂直農場每年就可以為公園節省 1.8 萬英鎊。在這個水和耕地越來越稀有的星球上，到 2050 年，將新增加 20 億張嗷嗷待哺的嘴巴。弗雷迪阿尼相信，高產的垂直農場在未來將發揮巨大作用。

當前，已經有人計畫在紐約等大城市發展垂直農場。哥倫比亞大學的公共健康教授迪克森‧德斯波密爾正試圖籌集 1200 萬英鎊，在紐約市中心，建造一個 33 層樓的垂直農場，可以餵養 5 萬人。

更多未來職業：

奈米專業醫生：他們將設計一系列的亞原子「奈米」醫療裝置、器官插入儀器。其中包括發現血液癌細胞的奈米「貨船」。

轉基因作物（牲畜）工作者：他們將專門種植高產的轉基因作物。或者專門養殖轉基因牲畜。目前已經轉基因的牛和羊專門生產有藥用效果的奶。

老齡專職福利顧問：他們將向老年人提供醫療、藥物、心理和健康方面的服務。

記憶擴增專業醫生：他們將通過手術提升人們的記憶能力。同時封閉受損的感觀。

新科學倫理分析師：他們將在涉及科學倫理的問題上，幫助社會做出明智的選擇。

氣候變化控制人員：他們將提出可行的氣候變化解救辦法。比如往大海中撒鐵屑，或建造巨大的太陽光反射傘。

檢疫執行官：當致命疫情暴發時，控制城市和國家疫情的人。

氣候干預監察人員：他們將監控人工降雨行為。

人機智能經理人：在不久的未來，人機智能體可能協助甚至取代小學教師。人機智能經理人，就是確保人機智能體和學生之間協調交流互動的人。

個性傳播線人：與內容提供商販和廣告商合作，創造個人化內容的人。

垃圾資料處理人：他們將為那些不願意透露個人資訊的人提供安全的資料處理服務。

虛擬雜物管理人：他們幫助組織電子生活、處理電子郵件、儲存資料、管理個人身分、合理配置應用軟體。

時間掮客：在英國將出現上百家時間銀行，它們交易的是儲戶的時間，而非金錢。掮客將時間進行概念性分類，從銀行購買多餘時間，幫助那些急需的人。

社交網路顧問：他們將幫助那些被社交網路傷害的人。

個人品牌經紀人：他們幫助把個性、工作品牌化，是今天的服裝顧問、公關和高管教練角色的延伸。

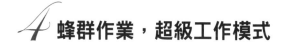

蜂群作業，超級工作模式

　　2006 年，美國《未來學家》雜誌發表文章，公布了全球百名專家對「技術預計調查」所進行的預測結果。專家預測，到 2015 年，遠端教育將成為所有人的必修課。將來，人們會足不出戶，在家裡就能辦公，並且在網路社區中和同事開虛擬會議呢？並借助虛擬技術發表演講，與此同時，個人的全息圖像立在一張講臺全息圖的後面，上班族不用再過朝九晚五的上下班生活了。預計到 2015 年將有 1 億多人通過電腦遠端系統在家裡辦公。

　　得益於越來越發達的網路技術、與網路電話公司 Skype 和 3D 虛擬會議越來越快的寬頻連線速度，人們無需出差。很多人將有兩份工作，或者更多。越來越多的人會有兩份收入來源。其實，這一趨勢早就開始流行了。一個人可能會在做好全職工作的同時，進行其他創業投資或特約演出活動。知名職業問題專家馬奇‧阿爾波爾就此寫了一本書，她將這種趨勢稱為「斜線職業」。

　　2007 年，美國著名調查公司高德納公司副總裁兼研究員湯姆奧斯丁在一份調查報告中預測，從 2010 年到 2020 年這十年間，工作的模式將出現重大變化，上班工作將變得不那麼按部就班，其特點表現為不確定性增強、超高連接、蜂群式作業（一群人就某個任務聚在一起工作，任務完成之後解散）等。到 2015 年，企業將有 40% 或更多的工作將不用朝九晚五的完成（在 2010 年時這一比例為 25%）。

　　通常，一群人一起完成任務的情況將會增多而單獨工作的情況將會減少。人們將和一群與他們交際很少的人一起工作，而工作團隊中將包括有不受該企業控制的人。此外，模擬、視覺化和一體化技術、工作涉及每秒資料達幾堯位元組（YB，Yotta Byte，2 的 80 次方個位元組），將需要對新的感知技能加以重視。蜂群式工作是一種工作風格，其特點是由任何人快速組隊的集體行動，每個人願意並且能夠增加價值。蜂群通常為快速組成，主攻一個問題或機會，然後迅速解散。蜂群是針對對等行動要求明顯增多一種敏捷反應。隨著對等行動將繼續取代結構化、權力集中的情況。

　　在蜂群中，如果大家要彼此瞭解，可能僅能通過薄弱環節來進行。他們是一群不受企業直接控制的非正式群體，但他們會影響該企業的成功或失敗。這一非正式群體因為共同利益、暫時性的或歷史性的事件而被綁在一起。

　　內容與個人工作喜好聯繫在一起，大多數非按部就班的過程將也是非正式的。在此期間，對於大多數非常規進程的過程模式將仍只是簡單的「草圖」，需要時才生成。高德納公司在描述工作蜂群時也暗示了這一屬

性。自發性比反應性行動意味著更多，例如：對於新模式的出現。它也包含積極主動的工作，如尋找新的機會和創造新的設計和模式。

隨著會議跨越時區和企業和參加會議的人幾乎不認識對方，工作場所將變得越來越虛擬化，以蜂群的形式一起解決快速出現的問題。但雇員仍然有一個他們用來工作的「地方」。許多人既沒有由公司提供的物理形式的辦公室，也沒有辦公桌，他們的工作將增加並貫穿到每週的 7 天，每天的 24 小時。在這樣的工作環境下，個人、職業、社會和家庭瑣事以及企業事務間的界線將會消失。

所以，個人需要管理因多重需求所導致的複雜狀況，不論是來自新的工作環境的或來自外部（與工作無關的）情況。那些不能管理這一潛在期望並中斷超載的人將要忍受表現不佳的痛苦，因為這些超載迫使個人在過度刺激（資訊超載）的狀態下運作。

第 二十 章
未來學校將發生什麼

【本章專家】

理查・賴利　美國前教育部長

阿爾文・托夫勒　美國著名未來學家

愛德華茲・戴明　美國行政學專家

威廉・哈拉爾　美國喬治・華盛頓大學管理學教授

肯・羅賓遜　英國學者

歐文・布肯　美國未來學家

在 2020 年，教育系統並未瓦解，但它已變得過時。教授將被來自不同領域的教練隊伍所取代，單一的授課方式將被各種實踐挑戰所取代……

1 「離線」教育，從零開始

2010 年，美國《富比士》雜誌預測了 2020 年的教育場景，這些預測的基礎來自真實的資料、推理和事實。

在 2020 年，人們將在城市裡找回一些在 2010 年失去的東西，如在工業文明中被壓制的個性化存在，科技將進一步隱入幕後，目前人們認為科學、科技、工程、數學教育是創新的關鍵，在將來他們會意識到應該在這四項教育中加入人文學科。因而，人們將見證完整工藝、人類創作的回歸和物質、精神世界的再度平衡。人們將看到人文學科在二十一世紀的復興，文化和商業將成為個體的中心舞臺。

美國喬治·華盛頓大學管理學教授威廉·哈拉爾預測，在 2020 年前，智慧交通運輸系統、光電腦、複製器官、探測外星球等將是二十一世紀上半葉最主要的技術突破。未來可能出現的新技術突破還將包括可攜式資訊設備的發展、燃料電池汽車的誕生、精確農業的出現、網上購物大眾化、遠端生活控制、轉基因食品進入主流市場、衛生保健電腦化以及新的替代能源和智慧移動機器人誕生等。

在 2020 年，教育系統並未瓦解，但它已變得過時。人們還在沿用為工業革命而制定的教育模型，這種抹殺想像力與創造力的體系為工廠提供了受教育的勞動力。

教育工作者們早已看到這樣一個悖論：兒童剛進入學校學習時，擁有與生俱來的創造力，但當他們畢業時卻很少還保持著創造力。英國研究者肯·羅賓遜對 1600 名 3 至 5 歲的兒童進行研究，證實了這一結論。他對這些兒童的差異思考能力展開了測試，98% 的兒童得分都非常高。10 年後，他對這些人進行了同樣的測試，結果只有 10% 的人保持著從前的差異思考水平。

現在的大學課堂基本都是這樣的：在巨大的階梯教室裡，年長的教授

沉悶地進行著漫長的演講。三周之後，學生們只能記得授課內容的 1/10。

　　到 2020 年這樣的課堂將成為歷史，教授將被來自不同領域的教練隊伍所取代，單一的授課方式將被各種實踐挑戰所取代。學生們不再需要花費數小時在教室裡聽課，而是在一起工作，這些未來的醫生、律師、企業領導、工程師、記者和藝術家將學習結合各自不同的方法來解決問題、改革創新。

　　2020 年的學校將更重視培養學生利用知識資本的能力；學校走向個性化，課堂向全社會開放，以此消除社會差距；人才爭奪加劇將導致師資流失，因此教育界要重視師資培養，留住教育人才。

　　在世界各地的學校裡，這些轉變已經展開。在印度國家設計學院，學生們通過與惠普公司、歐特克軟體公司緊密合作，來瞭解顧客的需要。在加拿大多倫多，羅特曼管理學院的學生在實驗工作區參加課程，開展改造小額銀行業務等工作專案。

　　在斯坦福大學的哈索‧普萊特納設計研究院，學習工程學、醫學、商業、法律和藝術的學生們走到了一起，合作應對現實世界中的工程項目。他們從事的項目種類豐富，比如幫助紐約市的一家老電臺重新改造早間廣播節目，幫助捷藍航空公司在天氣造成的大規模航班延誤時提供客戶服務……學生們設身處地的為將要使用他們解決方案的人著想，與擁有截然不同方案的隊友合作，瞭解如何才能讓新想法具有可行性。通過這種方式，他們學習到了一套方法，來處理遠遠超出課堂範圍的重大、複雜的挑戰。

　　學生們將這些實踐項目用作成為商業領導者的跳板。一家為發展中國家早產兒提供保育箱的公司，其前身就是哈索‧普萊特納設計研究院的一個課程專案。專案小組由 1 名工商管理碩士、2 名工程師和 1 名電腦專家組成，他們與一個非政府組織合作，想要為尼泊爾這樣的發展中國家提供更為便宜的早產兒保育箱，因為在這些國家每年有數千名早產兒死亡，因此他們研製出一種小型便攜的家用保育箱，成本僅為傳統早產兒保育箱的 1%。

對管理人員來說，越來越快的資訊步伐使得持續學習能力比專業知識更重要。要想與時俱進，就必須在整個職業生涯中不斷學習創新。紐約公共電臺執行製作人約翰‧基夫曾前往哈索‧普萊特納設計學院學習創新方法。回到電臺後，他用這些方法來解決最令人惱火的問題：在突發新聞事件期間，會出現過時和不準確的廣播資訊，但沒人知道確切原因。基夫和同事進行了簡短的模擬，用便利貼來表示每個人掌握的資訊和資訊的傳播，錯誤立刻變得顯而易見。第二天，當紐約發生墜機事件後，基夫的團隊立刻做好了獲取最新廣播新聞的準備。

基於對資訊錯誤的診斷是個成功的創新案例。隨著全球變化的步伐加快，企業對創新的渴求正變得越來越強烈。然而，真正可貴之處在於，基夫變成了創新者，他可以不斷地想出了不起的主意，並一次又一次地將它們變成現實。在全球競爭時代，教育的這些轉變將是培養下一代領軍人物的關鍵。

對主修科目的選擇影響到大學畢業後能否成功。鑑於未來賺錢的潛力，藝術史專業學生的負債水平是放貸者建議水平的三倍。護士、工程師和其他技術相關專業學生的賺錢能力比較高，可以承擔的債務相應也更高。

或許有更多的學生不上大學也能取得成功。並非每個人天生就適於接受高等教育。因此，讓他們進大學而不是接受職業訓練或許會限制他們的選擇，甚至減少其成功機會。中學可以通過職業培訓課程幫助那些不打算上大學的學生。這類課程可以訓練他們的「軟能力」，比如溝通和解決問題的能力。

早期教育將使年輕人日後在性問題上更加負責。兒童趨勢研究所開展的一項調查認為，曾進入幼稚園或其他重視性教育的兒童託管機構的孩子，長大後懷孕和生育的次數較少。

公司也許不久就將設立自己的技術研究所。為了滿足對熟練工人的未來需求，公司對學生的培訓將不再局限於數學、科學和電腦技術，而是更關注歷史和文學等過去屬於高等教育的科目。

美國前教育部長理查‧賴利指出，事實上，2010年最迫切需要的十種工作在2004年時根本不存在。我們必須教導現在的學生，畢業後投入目前還不存在的工作；使用根本還沒有發明的科技；解決我們從未想像過的問題。到了2020年，當學生畢業後準備投入職場時，那時，售價1000美金的電腦就可以超越人腦的運算能力。

2 未來學校的真實故事

2010年，世界著名未來學家托夫勒在一次專訪中預測，未來，構成學校的基本元素將發生重大改變，當前，全世界大部分地區的公共教育，都是基於十九世紀的城市情況設計的，是為了使年輕人做好去工廠流水線工作的準備，這個系統是設計用來培養藍領工人的。

在學校裡，上課鈴一響孩子就不能磨蹭了。他們得做很多死記硬背和重複性的工作，就跟工人在流水線上做的一樣。公立學校系統是被設計成為一個已然不存在的經濟模式培養勞動力的系統。所以，儘管人們有著全世界最好的善意，但學校強制性的教育正在偷竊孩子們的未來。

孩子們必須要在同一時間進入學校又要在同一時間畢業？流水線上有一個工人遲到，其他的幾百人甚至上千人都要等待，這個損失是昂貴的，因此在學校的學習就是為了讓年輕人適應「工業化生活」。現在有成百上千的有創意的好學生，但是他們都在一個完全過時了的教育系統裡面活動。

因此，機械型的水泥工廠式的教育不是未來。現在的教育方式是「昨天式」的生產，而不是未來型的，機器周而復始地工作是人們想要的，但人重複地做事卻不行，因為這說明人的思維受限，只會阻礙想像力與創造力。未來會有越來越少的人勘探石油，同樣會有越來越少的人站在流水線的旁邊。

托夫勒指出,中國的教育依賴於學校「清一色」的教育,中國要想在未來的社會中走在前面,需要有更富有創造性的教育系統,而不是為所有人統一設計的模式。自主性學習很重要,學生應當學會學習,不停地訓練自己,不要把自己的心靈封閉了。

以俄羅斯為例子,一個工人要是做錯了什麼,或有一個什麼新鮮的點子,人們就會認為這不對,這是件很危險的事,不僅批評和排擠他,還會讓他失去工作甚至家庭。相反的,美國有一個很好的機制,鼓勵創新和實驗,如果錯了也不會讓你丟掉工作,例如:在矽谷,這個創意不好怎麼辦?那試試別的吧!給學生一個嘗試和創新的空間,而這正是教育中要體現的。

學校不能嘗試新事物,因為他們要遵守太多規章制度。教育制度害得學校不能做人們所建議的事情。因為學校總是做一樣的事情,囚禁了四五千萬的孩子們,而老師們又有這樣那樣的規則,告訴他們必須告訴孩子們什麼東西,必須怎麼樣對待他們,必須取得什麼樣的結果,而且不能讓任何一個孩子掉隊,但是這樣做的效果很有限。

在未來,將出現更多整合型的課程,隨著資訊大量的出現,人們現在正在傳遞的東西很快就會過時。而這種傳遞的知識該被叫做「過時的知識」:在人們的腦子裡、書裡、文化裡,都充斥著這種過時的知識。當變化沒那麼快的時候,這些知識也不會這麼快就堆積如山。現在,由於體量龐大,教室裡的教科書這種概念也將加速過時。

托夫勒設計的未來學校基本元素:

24 小時開放教學

個性化的教育體驗

孩子們在不同的時間上學

課程表橫跨各個專業

非教師跟教師一起工作

老師在商業世界和教書的工作中切換

本地各類公司在學校裡設立辦公機構

3 2020 年，走進虛擬學校空間

　　大多數教育者希望改革現行教育模式時，他們只是向同行諮詢。從不會想到去調查或專業策劃公司去考查。美國未來學家歐文‧布肯在美國《未來學家》雜誌撰文預測，至 2020 年，美國的公共教育將經歷全面、徹底的改革。這場革命不是官方發起的，也不是來自某一個源頭或團體，而是來自眾多源頭，其中包括管理和學習的新模式、有關的家長和學生、私營企業以及技術等。

　　學校管理者大多只是來自其他學校，而不是來自企業、政府、金融界或非營利部門，這造成的後果就是學校成了一個與世隔絕的地方，在這樣的環境中，教師只與其他教師交談，他們只是教師中的成員，只閱讀教育期刊。電腦輔助教學最初曾帶來了某種轉變，但如今卻已經淹沒在這塊教育飛地中。

　　管理和學習領域的最新進展大多來自教育之外的各類領域。大多數教育者不知道有關學習組織論、系統論、工業生態學、多重智慧以及創新與未來的概念。即使教育者有學習的願望，他們也沒有進行自我轉變的遠見或手段。

　　至 2020 年，家長和學生發現一個替代公共教育的有效途徑。在受過良好教育的專業人員可以在家工作的時代，在家上學變得更為容易，而且這種方式正日益盛行。在家上學的學生總是在地理、拼寫和數學等科目中輕而易舉地贏得全國大獎。

　　在家上學的集體化、制度化形式是特色學校。由於每位離開公立學

校、轉到特色學校的學生會帶走政府給每個人的教育撥款，特色學校成為公立學校的一個直接威脅。

最後，企業也參與到這場戰鬥中。其結果便是教育技術和教育企業家（不論是大企業家、小企業家或是巨頭）對公共教育的集中傷害。目前由私人提供的教育產品和服務的市場份額大約為 400 億美元，並且正在增長。這個數位包括輔導、書本、玩具、網際網路服務、行政管理以及軟體的費用，但不包括教區學校的開支。

伴隨在家上學和特色學校而來的商業和技術發展表明：公共教育者不再擁有他們曾經擁有過的教育壟斷。

未來教育模式包含三個基本要素：新型的組織結構、新型的促進體系及進程監控體系以及教師、學生和行政管理人員的新角色。

在這種新模式下，學校將不再是一個固定場所，而將是很多場所：教室、實驗室、演播室、體育館、社區、哥倫比亞的考古挖掘現場、非洲的「和平隊」之村，也可以是虛擬的場所。

一旦空間上可以無拘無束，時間上也可以同樣如此。學年傳統上是由天氣和季節來決定。為了能讓學生回家幹些其他工作，也由於教室裡沒有空調，學校就在夏天放假，週末和節假日也是如此。而在這種新模式下，學校將每天 24 小時、每週 7 天、每年 365 天都開放。

隨著學校在眾多地點不分晝夜開放，學生們的選擇成為教育的一個基本組成部分。選擇成為學習者的權利，而不是教師的權利。事實上，教師的新定義將是為學生提供各種選擇以獲取知識的人，而不是代替他們進行選擇的人。學生也許可以選擇從事社區志願工作或者白天實習、晚上上課。

學校將設計新型監控和促進體系技術，擁有某些經過檢驗的無可爭辯的力量。它可以跟蹤從世界任何地方發送的套裝程式。

跟蹤系統能隨時知道每個學生身在何處。這種系統還能監測學生在各種活動上所用的時間以及這些活動的結果。例如：如果學生需要完成若干

小時的寫作作業，電腦將列出完成任務的各種方法。這名學生將選擇自己希望採用的一項，電腦程式將監測他的進展——或者有沒有進展。

在 2020 年，學校行政管理人員將遭到淘汰，美國行政學專家愛德華茲·戴明指出，一個機構中產生的問題中有 85％ 是管理者的過失。他也許是過於保守了。這些人員所有的行政職責——後勤、財務、維修、安全（這些工作根本不需要教育學學位）——將由可以更為有效地完成這些任務的外包專業人員來處理。這些專業人員將受雇於教師，教師將確保這些新聘人員時刻牢記他們的工作是為教育服務——而不是相反。在進行這些替換後，理應會出現大量的預算工資盈餘。

未來教師指南：

在 2020 年，教師將管理學校。他們將管理學習、科目、課程、評估及發展。教師也還可以聘請其他教師。只有教師知道一個好教師需要具備什麼條件。當然，不是所有的教師都願意成為管理者。有些教師仍然只做教師。

由於教師的新角色很重要，因此針對教師如何也能成為管理者提出了更多具體的要求。一般情況下，教師、管理者將監控學生的學習進度系統、學習場所以及速度。這要求為每個學生制定每週進度系統，並每天進行監控。

教師將管理自己教學活動的預算，並將獲得一張限額的信用卡，用於即時採購和修理。

教師、管理者還將是人力資源管理者，其管理的物件包括：由依據學科領域分組的教師及輔導教師組成的輔助員工、軟體和系統設計者、具有強大的諮詢和支援能力的家長委員會、見習教師，以及研究工作場所趨勢和職業發展的企業專家。

未來學生指南：

2020 年，學生將在很大程度上要對自己的學習負責。他們需要學習基本技能，但是一旦掌握了這些技能，將不會受到強加的年級或科目的限制。有必要把教育從各種年級、年齡和水平的條條框框裡解放出來。為什麼一個 10 歲的孩子不能學習 15 歲孩子的生物課程？為什麼一個 4 歲的孩子不能開始做二年級的數學題？這些事情完全不需要理由。

以年級來劃分水平很不精確，過於含糊，無法確定學生的能力程度。因此在整個學習系統中，需重新訂制過去的行會制度：每名學生在精通某一特定科目之前必須要經過學徒、熟練工及副手等階段。他必須要達到每一階段所規定的標準。

學生將是自我組織、自我學習、自我判斷以及自我發展的個體。每名學生將檢查自己的學習進度策劃及運行情況—包括短期（一星期）、中期（一學期）和長期（畢業乃至以後）的。首要任務將是掌握基本技能（包括通過替代途徑）。學生和教師將考慮眾多的附加目標，以及實現這些目標可以採用的方法。一旦做出決定，將由學生和所有相關教師簽署每週學習協定，並存儲進資料庫。

第 二十一 章

月球背面，一半是水

【本章專家】

史蒂芬‧威廉‧霍金　英國著名物理學家

威廉赫塞爾　世界著名天文學家

里查德‧格特　世界著名天文物理學家

卡羅爾‧斯托克爾　美國國家航空航天局科學家

克里斯‧麥克凱　美國宇航局科學家

莫里士查特連　美國太空總署科學家

威尼安‧謝頓　美國天文學家

弗里曼‧戴森　美國普林斯頓大學天文學教授

保羅‧大衛斯　美國亞利桑那州立大學教授

查理斯‧萊恩威弗　英國新南威爾士大學天文學家

拉夫‧陶曼　德國天文學家

卡爾‧薩根　美國康乃爾大學天文學家

地球將在 200 年內毀滅，地球上的生命一直不斷地承擔著被一場災難從地球上抹去的風險，人類逃離地球毀滅最好的辦法是，20 年內在月球上建立永久性基地，而在接下來 40 年內在火星上建立殖民地，外星人存在的可能性很大，但人類不應主動尋找他們，應盡一切努力避免與他們接觸……

1 月球檔案，背面幽浮

　　2007 年，普林斯頓大學高級研究院教授弗里曼‧戴森在《新科學家》雜誌上撰文預測，2050 年後，人類在科學領域的最大突破將來自於對外太空生命的探索和發現。美國宇航局進行太空研究的科學家克里斯‧麥克凱也預測，半世紀後，人們將會在火星的永凍土層發現「天外來客」的生命痕跡，也可能在木衛二上甚至在人類生活的地球上發現外星生物。而美國亞利桑那州立大學的保羅‧大衛斯教授也做出了大致相同的預測。他說，外星生命有可能已經在地球上生活了上百萬年的時間，但由於這些生命大部分由微生物形式組成，人類無法用肉眼進行識別，從而忽視了它們的存在。

　　月球為何永遠以同一面向著地球？科學家說法是說它以每小時 16.56 公里的速度自轉，另一方面也在繞著地球公轉，它自轉一周的時間正好和公轉一周的時間相同，所以月球永遠以一面向著地球。太陽系其他行星的衛星都沒有這種情形，為何月球「正好」如此，這又是一種巧合中的巧合嗎？難道除了巧合之外，不能找一些其他的解釋嗎？

　　地球有大氣層呵護，一般的不速之客都會在大氣層裡燒毀，落在地面上的隕石並不多。但在失去大氣層保護的月球上，天外隕石的撞擊事件就會成倍地提高，小些的隕石會砸出麻麻點點的坑來，大一些的，就可能砸出一個個巨型撞擊坑，還有在其周邊圍繞著的一座座環形山。

　　月球背面的環形山，一座挨著一座，如簇如擁，遠看像一個蜂窩，近瞧似一片劍麻。月球向著地球的這一面，環形山卻比較少，幾大月海占據了相當大的面積。

　　這便意味著來自太陽系內的小天體，都比較集中地撞擊在了月球的背面，而較少光臨月球的正面。照理論言，月球是太空中的自然星體，不管哪一面受到太空中隕石撞擊的機率應該相同，怎麼會有內外之分呢？有科

學家計算，一個能形成直徑 80 至 160 公里環形山的小天體撞擊月面，其能量相當於幾萬億噸 TNT 爆炸的當量，會在月面上撞出一個深達幾十公里的大坑。甚至有的科學家認為，一個直徑 6 公里以上的小天體，也會造成一個比它直徑大 4 至 5 倍的深坑。

奇怪的是，月球上沒有一個隕石坑是符合科學家的計算的。月面上最大的環形山，是加加林環形山，它的直徑有 280 公里，深度卻僅有 6 公里。一般直徑在 200 公里左右的環形山放眼皆是，其深度大約都在 3 至 4 公里，似乎是在什麼地方被擋住了。

讓科學家們困惑不解的還有，與月球的體積相比，月球上的隕石坑大得出奇，僅加加林環形山就達到了月球直徑的 1/13，而地球上最大的隕石坑只是地球直徑的 1/60，兩相比較，月球的隕石坑讓人不寒而慄！

月球曾發生過不少詭異的現象，數百年來的天文學家不知已看過多少次了。1784 年 4 月，現代天文學之父威廉赫塞爾發現月球表面似乎有火山爆發，但是科學家認為月球在過去 30 億年來已沒有火山活動了，那麼這些「火山」是什麼？1843 年曾繪製數百張月球地圖的德國天文學家約翰史谷脫，發現原來約有 10 公里寬的利尼坑正在逐漸變小，如今，利尼坑只是一個小點，周圍全是白色沉積物，科學家不知原因為何？1882 年 4 月 24 日，科學家發現月球表面「亞里斯多德區」出現不明移動物體。1945 年 10 月 19 日，月面「達爾文牆」出現三個明亮光點。1954 年 7 月 6 日晚上，美國明尼蘇達州天文臺台長和其助手，觀察到皮克洛米尼坑裡面，出現一道黑線，過不久就消失了。1955 年 9 月 8 日，「泰洛斯坑」邊緣出現二次閃光。1956 年 9 月 29 日，日本明治大學的豐田博士觀察到數個黑色物體，似乎排列成 DYAX 和 JWA 字形。1966 年 2 月 4 日，前蘇聯無人探測船月神九號登陸「雨海」後，拍到二排塔狀結構物，距離相等，科學家伊凡·桑托森指出：「它們能形成很強的日光反射，很像跑道旁的記號。」伊凡·桑托森從其陰影長度估計，大約有 15 層樓高，附近沒有任何高地能使這些岩石滾落到現在位置，並且呈幾何形式排列。另外，月

神九號也在「風暴海」邊緣拍到一個神秘洞穴，月球專家威金斯博士因為自己也曾在凱西尼 A 坑發現一個巨大洞穴，因此他相信這些圓洞是通往月球內部。

從美宇航局公布的科學家多年記錄的有數以千計的月球怪異現象，如神秘閃光、白雲、黑雲、結構物、幽浮等，全都是天文學家和科學家共睹的事實，這些現象一直未有合理解釋，到底是什麼呢？

但是，時至今日，宇航員登陸月球已有三十多年了，人類對月球的瞭解並沒有增加，反而由於從宇航員留在月球上的儀器，得到更多的不解資料，讓科學家愈來愈迷惑……

2 月球的驚人秘密

美國科學家威尼安・謝頓，在他的《贏得月亮》一書，從科學的角度評估了種種「不可能」的可能性，「要使太空船在軌道上運行，必須以每小時 1 萬 8 千英里的速度在 100 英里高的太空中飛行才行。同理，月球要留在現有的軌道上，與地球引力取得平衡，也需有精確的速度、重量和高度才行。」他也以為，這樣的條件不是自然天體所能做到的。

早在 1970 年，俄國科學家柴巴可夫和米凱威新提出一個令人震驚的「太空飛船月球」預言，解釋月球起源。他們認為月球事實上不是地球的自然衛星，而是一顆經過某種外來生命改造的星體，月球是被有意的置放在地球上空。不容否認的是，確是有許多資料顯示月球應該是「空心」的。愛因斯坦曾有一句名言：「如果一個想法最初聽起來並不荒謬，那麼就不要對它寄予太大希望了。」事實上，人類社會就是靠無數看似不可能的預言一步步推進的。

2010 年，刊登於《美國國家科學院院刊》上的研究報告中指出，月

球中部岩石中可能蘊含大量水，足以形成一個覆蓋月表的深度達到 1 公尺的海洋。研究人員稱在水在月球內部可能非常普遍。研究領導人、華盛頓卡內基研究所科學家法蘭西斯・麥克科賓提到，40 多年來，人們一直認為月球是一個乾燥的世界。根據研究發現，月球含水量最少在十億分之六十四到百萬分之五之間，至少是以前預計的 100 倍。最近進行的月球任務發現，月表陰暗區隕坑記憶體在凍結水，灰塵下方則存在冰，冰可能來自於撞擊月球的小行星。

科學家認為，月球是在一顆火星大小的天體撞擊月球後形成，即撞擊將大量物質噴向太空而後聚集成月球。月球上存在一個岩漿海。研究人員同時對火山玻璃進行了分析。對所謂的富含克里普礦物（KREEP）的岩石進行了研究。克里普礦物來自結晶化的最後階段。富含克里普礦物的岩石含有更多鉀（K）、稀土元素（REE）、磷（P）以及鈾和釷等其他可產生熱量的元素。

目前有關月球起源的傳統說法有三種，第一個假說是月球和地球一樣，是在 46 億年前由相同的宇宙塵雲和氣體凝聚而成的；第二個假說是月球是由地球拋離出去的，拋出點後來形成太平洋；第三個假說是月球為宇宙中個別形成的星體，行經地球附近時被地球重力場捕獲，而環繞地球。

原本多數科學家相信第一種說法，也有少數相信第二種說法，可是自從宇航員登上月球，取回不少月球土壤，經化驗分析知道月球成分和地球不同。地球是鐵多矽少，月球是鐵少矽多；地球鈦礦很少，月球卻很多，因此證明月球不是地球分出去的。第二種說法站不住腳了。同樣的原因，也使得第一個假說動搖了，因為，如果地球和月球是在 46 億年前經過相同過程形成的，那麼成分應該一樣才對，為何差異會那麼大呢？所以，科學家只好也放棄第一種說法。

只剩第三種說法了，可是如果是其他地方飛來的星體，飛進太陽系後，太陽引力比地球引力大很多倍，照理講月球應該受到太陽的引力而飛向太陽，不是受到地球的引力而留在地球上空的。這三種假說，沒有一項

能解答所有疑問，也沒有一項經得起嚴格的質問。事實上，時至今日，「月球究竟是來自哪裡？」仍是一個謎。月球離地球，平均距離約為 38 萬公里。太陽離地球，平均距離約為 1.5 億萬公里。兩兩相除，我們得到太陽到地球的距離約為月球到地球的 395 倍遠。

太陽直徑約為 138 萬公里，月球直徑約為 3400 多公里，兩兩相除，太陽直徑約為月球的 395 倍大。395 倍，多麼巧合的數字，它告訴我們什麼資訊？太陽直徑是月球的 395 倍大，但是太陽離地球有 395 倍遠，那麼，由於距離抵消了大小，使這兩個天體在地球上空看起來，它們的圓面就變得一樣大了！這個現象是自然界產生的，或是人為的？宇宙中哪巧合的天體？從地面上看過去，兩個約略同大的天體，一個管白天，一個管夜晚，太陽系中，還沒有第二個同例。著名科學家艾西莫夫曾說過：「從各種資料和法則來衡量，月球不應該出現在那裡。」他又說：「月球正好大到能造成日食，小到仍能讓人看到日冕，在天文學上找不出理由解釋此種現象，這真是巧合中的巧合！」難道只是巧合嗎？有些科學家並不這麼認為。

太陽系的行星擁有衛星，這是自然現象，但是地球卻擁有一個大得「詭異」的衛星——月球，也就是說作為一個衛星，月球的體積和其行星——地球相比實在是太大了。

我們來看看下列資料：地球直徑 12756 公里，衛星月球直徑 3467 公里，是地球的 27%。火星直徑 6787 公里，有兩個衛星，大的直徑有 23 公里，是火星的 0.34%。木星直徑 142800 公里，有 13 個衛星，最大的一個直徑 5000 公里，是木星的 3.5%。土星直徑 12 萬公里，有 23 個衛星，最大的一個直徑 4500 公里，是土星的 3.75%。

看一看，其他行星的衛星，直徑都沒有超過母星的 5%，但是月球卻大到 27%，這樣比較之後，發現月球的確不同尋常。

地球上的隕石坑就是如此，但是月球上的就奇怪了，所有的隕石坑竟然都「很淺」，月面上最大的環形山，是加加林環形山，它的直徑有 280

公里，深度卻僅有 6 公里。為什麼如此？天文學家無法解釋？只能用月球表面 6 公里下有一層，很堅硬的殼，無法讓隕石穿透，所以，才使所有的隕石坑都很淺。那麼，那一層很硬的殼是什麼？

最令科學家不解的是，登月宇航員放置在月球表面的不少儀器，其中有「月震儀」，專用來測量月球的地殼震動狀況，結果，發現震波只是從震央向月球表層四周擴散出去，而沒有向月球內部擴散的波，這個事實顯示月球內部是空心的，只有一層月殼而已！因為，若是實心的月球，震波也應該朝內部擴散才對，怎麼只在月表擴散呢？

祭司在古代仰觀天象，參悟宇宙奧妙，建立世界觀，為帝王提供天氣和宇宙情報，其中不乏極度智慧之人。天文學家大概是最像古代的預言家「大祭司」的人。在古代，沒有高度智慧的人是擔當不了這一職務的。

卡爾・薩根就是現代的大祭司，他的職務是美國康乃爾大學行星研究中心的主任，加州理工噴氣推進實驗室的科學家，其名作《宇宙》銷量超過七百萬冊。卡爾・薩根教授認為，「自然形成的衛星，不應該存在內部空洞」，這也是科學家們普遍一致的看法。

1972 年 5 月 13 日，一顆較大的隕石撞擊了月面，其能量相當於 200 噸 TNT 炸藥爆炸後的威力。參與「阿波羅」計畫的科學家給這顆隕石起名為「巨象」。「巨象」造成的巨大月震確實傳到了月球的內部，如果月球是個實心球體，那麼，這種震動應該反復幾次。但是，事實再一次讓科學家失望了，「巨象」引起的震動傳入月球內部以後，就如同泥牛入海，全無消息。發生這種情況，只有一種可能：震動的縱波，在傳入月球內部後，被巨大的空間給「吃」掉了。

以上的研究表明，月球很可能是個中空的球體。而科學家清楚知道的是，按照宇宙形成的理論自然形成的星球絕不會是個空心球，否則，巨大的壓力會把它壓扁的。

月球隕石坑有極多的熔岩，這不奇怪，奇怪的是這些熔岩含有大量的地球上極稀有的金屬元素，如鈦、鉻、釔等等，這些金屬都很堅硬、耐高

溫、抗腐蝕。科學家估計，要熔化這些金屬元素，至少得在二、三千度以上的高溫，可是月球是太空中一顆「死寂的冷星球」，起碼 30 億年以來就沒有火山活動，因此月球上如何產生如此多需要高溫的金屬元素呢？而且，科學家分析宇航員帶回來的 380 公斤月球土壤樣品後，發現竟含有純鐵和純鈦，這又是自然界的不可能，因為據科學規律自然界絕不會有純鐵礦。

在月球 35 至 40 公里的殼體下部，存在一個巨大的空間。裡面究竟有什麼？存在像人一樣的智慧生物嗎？他們靠什麼來生存？

2009 年 6 月 18 日，美國宇航局在甘迺迪航太中心發射兩顆月球探測器，號稱「重返月球」探測器，一顆稱為「月球軌道勘測」飛行器，一顆稱為「月球坑觀測與傳感」探測器。為美國「重返月球」計畫拉開了大幕。

月球如果真是內部空洞，那麼，一切的科學解釋就統統失去了作用。在銀河系 180 億個行星系中，假如有 1% 的星系有生命存在的可能，那麼概率是 1.8 億；在這 1.8 億個行星系中，假如有 1% 有生物，那麼概率是 180 多萬；在 180 萬中，假如有 1% 有智慧生物，那麼概率是 1.8 萬。如果算上銀河外星系，概率會高得嚇人。因此，「人類是宇宙中唯一的生命」的想法是幼稚的。2005 年，普林斯頓大學高級研究院教授弗里曼‧戴森曾預言，再過半個世紀，人類在科學領域的最大突破將來自於對外太空生命的探索和發現。美國亞利桑那州立大學的保羅‧大衛斯教授也做出了大致相同的預測。他說，外星生命有可能已經在地球上生活了上百萬年的時間，但由於這些生命大部分由微生物形式組成，人類無法用肉眼進行識別，從而忽視了它們的存在。

3 在月球居住一天

　　2010 年 4 月，英國著名物理學家史蒂芬‧霍金訪談中預測，地球將在 200 年內毀滅，地球上的生命一直不斷地承擔著被一場災難從地球上抹去的風險，例如：突然性的全球暖化、核戰爭，經過基因改良的病毒甚至其他人們想都想不到的危險，人類的生存越來越接受挑戰。霍金認為，地球上有限的資源是導致地球毀滅的主要原因，由於人類基因中攜帶的『自私、貪婪』的遺傳密碼，人類對於地球的掠奪日盛，資源正在一點點耗盡，人類不能把所有的雞蛋都放在一個籃子裡，所以，不能將賭注放在一個星球上。而人類要想繼續存活只有一條路，逃離到外太空。霍金表示，人類逃離地球毀滅最好的辦法是，20 年內在月球上建立永久性基地，而在接下來 40 年內在火星上建立殖民地，除非人們到達其他星系，否則是無法找到和地球一樣好的居住地。霍金指出，外星人存在的可能性很大，但人類不應主動尋找他們，應盡一切努力避免與他們接觸。宇宙中存在超過 1000 億個星系，每個星系至少包含大量星球。僅僅基於這一數位就幾乎可以斷定外星生命的存在。在他看來，外星生命極有可能以微生物或初級生物的形式存在，但不能排除存在能威脅人類的智慧生物，他們其中有的已將本星球上的資源消耗殆盡，可能生活在巨大的太空飛船上。霍金認為，鑒於外星人可能將地球資源洗劫一空然後揚長而去，人類主動尋求與他們接觸「有些太冒險」。

　　2010 年 5 月，首屆世界月球會議在中國北京召開。國際月球探測工作組執行主任、國際月球會議國際程式委員會主席伯納德‧福音預測，到 2020 年，人們將會為月球基地的建立做好技術等各方面的準備工作。首個月球基地將於 2050 年建成。月球基地或將選址地下。外部採用近似月球表面起伏線條的設計。基地內部將會再設置一層圓形穹頂，透過穹頂可以看到水藍色的地球在天宇運行。地球的極晝極夜現象將會盡收眼底。地

下將設緊急避難所。

在月球基地生活、工作的人員將擁有獨自的工作間和休息場所。隨著技術的完善，生物培養艙將設置溫室大棚，主要培植蔬菜、水果、農作物等植物。該艙中還可以嘗試飼養類似小白鼠之類的動物。科研工作艙將進行月球礦石取樣研究，月球水提取等實驗。

科學家在分析了從月球上帶回來的月壤樣品後測算，月球保存著大約5億噸氦-3，光是氦-3就可以為地球開發1萬至5萬年用的核電，而地球上的氦-3總量僅有10至15噸。月球還有其他豐富的礦產資源，釷礦，儲量巨大的稀土礦、鈦礦、鐵礦等。

其實，月球上有矽、鐵、鋁、鈦和鈣等多種資源，可以用來直接生產建材建造房屋。另外，月球的兩極可能存有1100萬至3.3億噸水冰，它們不僅可以滿足人在月球上生存的需要，水如果分解成氧和氫，還可以成為重要燃料。

但由於現在從地球到月球單程的運輸費約為每噸4000萬美元左右，再加上採掘、提煉和運回地球等費用，開發成本太高。而開發月球上的氦-3是划算的，因為在發電量相同的情況下，使用月球能源氦-3的花費只是目前核電站發電成本的10%，如以石油價格為標準，每噸氦-3價值約40億至100億美元，是月球上的超級「金礦」。

４ 尋找星際定居點

2004年，英國新南威爾士大學天文學家查理斯・萊恩威弗和丹尼爾・格雷瑟在《天文物理學》一書中預測，銀河系大概有10%的星球適合人類生存。銀河系最少存在著1000億個有行星體系的恆星。在整個宇宙中存在著1000億個星系。照這樣計算，整個宇宙最少存在著10萬億（百億

億）個有行星體系的恆星。銀河系有一個「生命可存在區域」位於距銀河系中心 25000 光年的緩慢擴張區域。這個區域包括 40 億年至 80 億年所形成的星球，其中 3/4 的星球比太陽早 10 億年形成。研究資料顯示，這些星體中大部分都比太陽要早大約 10 億年誕生，任何生命形式都有足夠的時間完成各自的進化過程。

查理斯・萊恩威弗和丹尼爾・格雷瑟建立了一個銀河系演化模式，分析後提出了生命可以存在的四個條件：一、有一顆主星的存在；二、有足夠的重金屬形成陸地星球；三、有供生物進化足夠長的時間；四、位於免遭超新星爆炸所引起的伽馬射線輻射的安全位置。

萊恩威弗指出，到目前為止，只有大約 100 個系外行星得到確認，而且這些行星都是像木星一樣的氣態星體。2013 年美國航空航天局的類地行星探測器發射升空後，尋找可孕育地外生命的星球的工作才將真正開始。

2010 年，世界著名天文物理學家，美國普林斯頓大學教授裡里德・格特預測，50 年後人類將邁出在地球之外的星球上建立「殖民地」的第一步，為未來人類移民外星打下基礎。屆時，人類將在火星上建立一個能自給自足的基地。這樣一旦地球上發生大災難之後，人類就將有一個避難之處，不至於從此滅絕。

火星基本上是沙漠行星，地表沙丘、礫石遍布。是太陽系由內往外數的第四顆行星，屬於類地行星，直徑為地球的一半，二氧化碳為主的大氣既稀薄又寒冷，沙塵懸浮其中，每年常有塵暴發生。火星表面的土壤中含有大量氧化鐵，由於長期受紫外線的照射，鐵就生成了一層紅色和黃色的氧化物。誇張一點說，火星就像一個生滿了鏽的世界。由於火星距離太陽比較遠，所接收到的太陽輻射能只有地球的 43%，因而地面平均溫度大約比地球低 30 多℃，晝夜溫差可達上百℃。在火星赤道附近，最高溫度可達 20℃左右。火星上也存在大氣。其主要成分是二氧化碳，約占 95%，還有極少量的一氧化碳和水汽。

火星在史前時代就已經為人類所知。它被認為是太陽系中人類最好的

住所（除地球外），火星比地球小，赤道半徑為3395公里，是地球的一半，體積不到地球的1/6，品質僅是地球的1/10。

火星上存在著大量的水，2005年，來自美國、法國、義大利、德國和俄羅斯的科學家在美國《科學》雜誌上指出。根據資料顯示，木筏似的地面構造與地球兩極附近的冰構造相似。但「板塊」位於火星赤道附近，所以可能有一層火山灰保護冰層使之不會被太陽光融化。英國科學家約翰‧默里領導的研究小組根據火星探測器拍回的資料，在火星北緯5度、東經150度的名為「極樂世界」的平原發現了一處冰凍水域，推測被覆蓋的冰凍水面積大約是800公里長、900公里寬，平均深度達到45公尺，覆蓋了72萬平方公里的面積。默里領導的研究小組通過研究「板塊」的大坑最終做出對冰凍水深度的估計。

德國天文學家拉夫‧陶曼指出，有證據顯示，火星上曾有大量的冰在激烈的火山噴發中融化成水，並儲存在火星地表深層，相信有90%的流動水是在地表下面掩藏的。

水是孕育和存活生命的重要條件。既然火星地表下面儲有流動水或者湖泊，那麼其中就極有可能存在著生命。

2005年，美國國家航空航天局科學家卡羅爾‧斯托克爾和拉里‧萊姆基預測，火星上有生命存在，而且這些生命體很可能都躲藏在火星地表以下的山洞當中，靠著火星地表下的水源生存。它們通過進化已經可以在火星環境下生存。兩位科學家發現，火星的甲烷標誌不斷變化，這可能是地下生物圈活動的結果。另外，這些標誌的附近地表有大量的硫酸鹽黃鉀鐵釩存在。

2003年6月和7月，美國的「勇氣」號和「機遇」號孿生火星探測器相繼登上火星，美國國家航空航天局（NASA）和美國地理協會得出了一個不很明確的結論。儘管人類可以乘坐太空梭趕到火星，但火星上不利於人類生存的條件還是非常明顯的。火星比地球寒冷得多，平均溫度零下40℃至零下60℃。火星上存在宇宙高能離子輻射、宇宙磁場（電磁輻

射），對人體健康極為不利。雖然它們不至於讓登上火星的人馬上死亡，但是到達火星上的人所受到的輻射比在國際空間站上的宇航員所受到的輻射還要大一倍。

這種危害是慢性的和致命的。只要在火星上待上不長時間，就可能因輻射而患上各類癌症、白內障以及神經系統受到傷害後的各種疾病。

由於火星引力只有地球的 38％，大氣壓僅有地球的 1％，因此火星上的微重力環境也是對人類生命和健康的挑戰。最近俄羅斯專家在國際空間站進行的研究也證實，在失重條件下，人的免疫力會下降。

火星與地球的環境比較相似，當然不排除還有其他星球上的環境與地球更相似，比如土星的第 6 顆衛星泰坦，但它離地球太遠。而其他星球比火星上的環境更惡劣。

美國科學家預測，在 2015 年至 2030 年中，抵達火星不超過 100 人，主要任務是探索和分析火星上的氣候、輻射狀況，尋找生命和使生命賴以生存的環境，試種作物。並在火星的隱蔽處修建住宅，使用有效降低輻射的建築材料造房屋，所有穿著要使用防輻射材料。

在 2030 年至 2080 年，在火星上建造化工廠和核電站，形成溫室效應，使火星上攝氏零下幾十度的溫度上升到攝氏零下幾度。這時將有少量人群移居。那時，火星上的溫度已經達到攝氏零下幾度，有植物生長和形成，大氣層逐漸加厚，二氧化碳和水能從地下滲出。人類可以不穿防護服，但仍須帶呼吸器進行呼吸。

到 2150 年，火星大氣層形成，氣溫平均在攝氏零度，可以正常種植和收穫莊稼。綠色植物已經化解和阻擋了輻射，空氣也足夠人們呼吸，火星上開始形成城市。這時可以大規模向火星移民。

第 二十二 章

6 度界限，地球蛻變

【本章專家】

詹姆斯・洛夫洛克　英國著名環境學家

弗蘭克・芬納　澳大利亞國立大學微生物學教授

保羅・克魯岑　諾貝爾化學獎得主

傑里・米特羅維察　加拿大多倫多大學科學家

羅伯特・賓德謝德勒　美國著名冰川學家

尼古拉斯・斯特恩　英國倫敦經濟學院經濟學家

馬克・林納斯　英國科學家

莫季布・拉蒂夫　德國氣候學家

克勞雷　英國愛丁堡大學科學家

「異常」氣候可能只是全球氣候變冷趨勢的開端而已。未來可能持續 20 至 30 年之久，全球將經歷一個寒冷的冰河世紀。

當人類正不斷往大氣中注入二氧化碳造成「溫室效應」時，地球這個行星本身可能正進入一次劇烈無比的冰川期中。溫室效應將與地球冰川期激烈碰撞。

1 100年後，出門靠「走」，治安靠「狗」的陰影？

「好好享受你的生活吧，如果你夠幸運的話，這種生活還能持續 20年，2038年之後，一切就不堪設想了。」2008年4月，英國著名的環境學家，被譽為世界環境科學宗師的詹姆斯·洛夫洛克教授在英國《衛報》中做出這樣的預測。這位氣候科學家堅信地球的大災難必將出現，他認為《京都議定書》是個碳減排的笑話。洛夫洛克在上世紀七〇年代提出了轟動科學界的「蓋亞假說」，認為地球擁有一個全球規模的自我調節系統，可以使環境適應生命的生存，成為繼達爾文之後首位對地球生態提出全新觀點的科學家。

隨著時間的推進，以及氣候變化成為全球最熱的話題，科學家們也越來越發現全球各個圈層的複雜性和互相作用，詹姆斯·洛夫洛克所提出的「蓋亞假說」正在逐步地被接受。他認為災難在某天會突然降臨，導致地球大部分人口的死亡。他堅信，蓋亞和人類社會都會面臨崩潰。洛夫洛克認為，氣候會進入一個全新的被破壞的熱系統中，一旦那天到來，任何行為都是為時已晚。面對正在發生的情況，人類的反應很遲鈍。

2010年，據聯合國政府間氣候變化專業委員會發布的第四份全球氣候評估報告，在北極，因為冰層與冰層之間距離變得太長，北極熊已經沒有體力遊得那麼遠，於是它們開始被淹死在海中。研究人員已經觀測到，格陵蘭島冰蓋的融化速度已經明顯上升，其流失的水量相當於美國科羅拉多河流量的 6 倍。

洪災的增加並不意味水資源的充裕，相反，全球暖化將加劇水資源緊缺的狀況。科學家指出，強降雨天氣的增加並不意味著更多的淡水資源，隨著全球暖化加劇，在極端風暴天氣的間歇，會出現更長時間的乾旱。報告也就此指出，到本世紀末，遭遇乾旱氣候的地區將比現在增加 30%。

在二十一世紀內，全球海水將繼續酸化，其 pH 值可能降低 0.14 到

0.35 個單位。除了改變氣球氣候，溫室氣體排放同樣對海洋環境帶來了巨大影響——海洋酸化。科學家發現，自 1750 年工業革命時期開始，海洋已經吸收了大約一半人類活動所排放的二氧化碳，約 5 萬億噸。這暫時幫助減緩了全球暖化，否則如果這些二氧化碳均保留在大氣之中的話，氣候暖化將會比現在快得多。但是也讓海洋付出沉重的代價。

詹姆斯・洛夫洛克在《蓋亞的復仇》一書中曾預測了地球 100 後的場景：人類各種活動和化石燃料燃燒已經釋放了 5000 億噸的含碳氣體，這已經接近了「古新世—始新世熱極限事件」發生的條件。人類將再也無法像 100 年前一樣享有一個鬱鬱蔥蔥的世界。最危險的就是人類的文明，人們今天仍然在視而不見地「加熱」地球……如果情況持續下去，地球將失去數以億計的生命。

在洛夫洛克 100 年後的預測場景中，地球被視為一個「超級有機體」，不論二氧化碳濃度對全球氣溫的升高發揮多大影響——地球陸地表面都將會變成沙漠或灌木叢生的地帶，或許只有北極圈和格陵蘭島才能成為「幾近消失文明的未來中心」。

如果幸運的話，一個幾億人的文明有可能在這一地區存活下來，因為「西伯利亞的苔原地帶和加拿大北部還處於海平面之上，這個地區的植被也將非常茂盛，而面積增大的北冰洋將會有大量的水藻繁殖，各種魚類也將把這裡當作繁殖的樂園。」

全球最後一次「熱浪」發生在大約 5500 萬年前的始新世時期，也稱「古新世－始新世熱極限事件」。那時，世界氣溫過高已經持續數百萬年，到達了一個臨界點。

「古新世－始新世熱極限事件」是由突然釋放出來的 3000 億至 3 萬億噸的化石碳氣體引發的，最終的結果是始新世早期的氣溫要高於我們今天的氣溫，當時兩極地區沒有冰層覆蓋，氣溫比正常情況升高了 6℃，而且這段時期足足持續了 2000 年。

在這 2000 年裡，地球低緯度和中緯度地區很多地方一片荒蕪：在陸

地上，到處都是沙漠；在海洋中，臨近海平面的海水上層也很少有海洋生物活動，因為一旦海平面的溫度超過20℃，海洋生物就會大大減少。只有在接近兩極地區的高緯度地帶氣溫適宜的地方才有陸地生物和海洋生物的繁衍。

2010年6月，澳大利亞國立大學微生物學著名教授弗蘭克‧芬納在接受澳大利亞《先驅太陽報》和《澳大利亞人》採訪預言：「聽起來可能有點不可思議，但人類可能在100年內滅絕，不僅我們的子孫，包括其他動物也會滅絕。」他補充道，這是一個不可逆轉的情況，這是人口大爆炸、無節制的浪費和全球暖化惹的禍。

弗蘭克教授在全世界消滅天花病毒的戰役中起過主導作用，1980年他在世界衛生大會上宣布成功撲滅天花，這至今仍是世界衛生組織最大成就之一。他說，人類目前已經進入工業化革命後的「人類世」，「人類世」概念的最初提出者是諾貝爾化學獎得主保羅‧克魯岑，弗蘭克教授認為，在過去一個世紀裡，城市化的速度增加了10倍，更可怕的是，幾代人正把幾百萬年形成的化石燃料消耗殆盡。原始人類歷史證明，當時的人們不懂科學，也不製造二氧化碳等溫室氣體，不導致全球暖化，他們可以存活4萬至5萬年之久，然而現在的人類卻不行。他最後表示，儘管有人想為環境做些什麼，但出於利益的考慮，所有努力都被無限推延了。

②全球大遷徙，陸地沉沒

2010年，聯合國氣候變化專門委員會依據全球暖化資料預測，到2100年，全球氣溫最低升高1.8℃，最高升高4.8℃。

2010年，《2012，地球懸念》一書中指出，以4℃為界，如果氣溫上升4℃以上，科學家預測的前景讓人不寒而慄：北部冰山大塊融化，墨西

哥灣暖流就會停止移動，會使歐洲的冬天像西伯利亞一樣寒冷，而世界其他地區則是酷暑難耐。更為糟糕的是，據法國和英國一些研究機構分析，在氣溫超過一定溫度以後，大洋和森林作為碳井吸收二氧化碳的作用就會消失，反而變成釋放二氧化碳的碳源。

南極西部冰蓋雖然如今仍是冰天雪地，但裸露的土地已經大片出現。

2009 年，加拿大多倫多大學科學家傑里·米特羅維察在英國《新科學家》網站發表報告預測，如果全球暖化按目前的趨勢發展下去，南極西部冰蓋有可能在未來數十年或數百年間全部崩塌。並首先會把美國首都華盛頓淹沒，除了因為它正身處一個低窪、沼澤地帶外，更因為南極大冰原融化的水，原來會集中湧向北美和印度洋，造成全球部分沿海地區的海平面上升 6 至 7 公尺，這是傑里·米特羅維察負責的研究組所有成員通過對南極冰蓋融化情況進行電腦實驗時發現的。

這一連串連鎖反應的最終受害者將是北美洲和印度半島。北美大陸和印度洋將經受最大的海平面改變的衝擊——據估計，美國東岸的海平面將上升一至二公尺。華盛頓特區正好坐落在該地區正中，這意味著華盛頓特區海平面上升可能高達 6.3 公尺。大水也有可能把整個南佛羅里達州及路易斯安那州南部淹沒。包括加州在內的北美洲西岸、歐洲和印度洋一帶的沿岸地區的水淹程度也可能超出原先預期。

南極西部冰蓋在大半個南極洲的海拔 1800 公尺處聳立。它含冰 220 萬立方公里，和格陵蘭冰蓋的含冰量相若。在地球的數十萬以至數千萬年歷史中，極地冰蓋經歷了一個又一個擴大和減退的週期。南極大冰原融化的水，並非均勻地分散到世界各地海洋中，而是會集中在北美和印度洋周圍。而美國東岸可能在一次海水膨脹中首當其衝。

如此大量的水若重新分布，甚至有可能改變地球旋轉的軸心。據中國國家海洋局發布的《2009 年中國海平面公報》，海平面上升 1 公尺，中國 12.5 萬平方公里的土地會被淹；中國海洋專家周康成直指北緯 30 至 50 度地區極易受颱風、風暴潮侵襲……這一北緯 20 至 50 度的危險地帶，恰好

包括了長江三角洲、珠江三角洲和黃河三角洲。

2010 年，美國航空航天局前科學家、著名冰川學家羅伯特・賓德謝德勒在《科學美國人》雜誌中預測，到 2100 年，北極無冰和海岸線變樣都會發生，本世紀可能會升高 1 公尺。海洋裡的巨大熱量正在使冰蓋消融。根據目前的趨勢，人類將無法逃避「未來水世界」的現實。羅伯特・賓德謝德勒指出，根據英國倫敦經濟學院經濟學家尼古拉斯・斯特恩估算，全球約有 2 億人居住在高出目前海平面不到一公尺的地區，其中包括全球十座最大城市中的 8 座。他們將不得不遷移。

羅伯特・賓德謝德勒指出除非對溫室氣體排放進行控制，否則覆蓋在高山地區（約占地球上總冰量的 1%）、格陵蘭島（9%）和南極洲（90%）的冰蓋終會消融殆盡。如果它們完全融化，最終將會使海平面上升 65 公尺。冰蓋全部消融需要幾個世紀，然而，冰蓋的消融速度比科學家在僅僅幾年以前所作的預計還要迅速。哪怕海平面平緩上升，發生災難性風暴的風險也會逐漸增大。另外，最近人們才驚訝地意識到，冰蓋對周圍海水還有萬有引力效應：大體來說，如果格陵蘭冰蓋融化，「海平面的上升主要會發生在南半球」，反過來，如果南極冰蓋融化，北半球海平面將上升更多。

3 上海沉沒與不只上海沉沒

新世紀之初，全球氣候出現大異常已成定局，氣候變化對地球的影響可能遠遠超出想像！溫室效應造成的全球暖化，並不是每個地區愈來愈溫暖，而是全世界都將面臨氣候變化愈來愈劇烈，即是對於人類而言，極端的氣候會愈來愈多，比如暴風雪，大颶風、大洪水或乾旱，將會是常態。

2007 年，英國科學家馬克・林納斯在《改變世界的 6℃》一書中預測

地球氣溫升高 6℃後全球面臨的災難。

氣溫上升 1℃，美國的內布拉斯加州是美國的大糧倉，尤其是該州的沙山地區，出產美國最好的牛肉。如果全球的氣溫再上升 1℃的話，美國的「糧倉」將重新變回大漠，將人類逼出這一地區。

全球最熱的撒哈拉大漠可能會變得濕潤起來，重現 6000 年前岩畫中大象、水牛和野羊在肥美的草原上巡遊的美麗景象。1 萬 1 千年來吉力馬札羅峰一直戴著的雪白冰帽將不復存在，使得整個非洲大陸成了真正的無冰世界。歐洲阿爾卑斯山的冰雪將全部融化。

氣溫上升 2℃，格陵蘭島的冰蓋將徹底融化，從而使得全球海洋的水平面上升 7 公尺。科學家們做出這一推測的依據是，大約 12 萬 5 千年前，地球的氣溫比現在平均高出 1℃至 2℃，結果全球的冰蓋全部融化。全球的山脈都會受影響，比如說為利馬河提供水源的安第斯山系的冰架全部消失；加利福尼亞 3/4 的冰峰雪原將消失。

全球的食物，尤其是熱帶地區的食物將會大受影響。1/3 的動植物種群因為天氣的變化而滅絕。

氣溫上升 3℃，是地球的一個重大「拐點」，因為地球氣溫一旦上升 3℃，那麼就意味著全球暖化的趨勢將徹底失控，人類再也無力介入地球氣溫的變化。災難核心將是南美洲的亞馬孫熱帶雨林。南部非洲和美國西部開始出現更大面積的沙漠，使得成百上千萬原來從事農牧業的人們被逼背井離鄉。

在南亞次大陸，由於印度河水位開始下跌，印度與巴基斯坦因為搶水而爆發衝突乃至戰爭。在歐洲大陸和英國，夏季乾旱高溫與冬天極冷相伴而來，一些低海拔的沿岸地區被海水淹沒。

氣溫上升 4℃，對於地球的大部分地區來說都是災難。意味著數十億噸被冰封在南北兩極和西伯利亞的二氧化碳氣體將釋放出來，進入臭氧層，從而成為全球暖化的倍增器──加快變暖的速度。此時，北冰洋所有的冰蓋將全部消失，北極成了一片浩瀚的海洋，北極熊和其他需要依賴冰

為生的動物將徹底滅絕。

南極洲西部地區的冰蓋將與大陸脫離，最終海平面上漲，從而使得全球的沿海地區再度被海水吞沒。在歐洲，新的沙漠開始形成，並且向義大利、西班牙、希臘和土耳其擴展。在如今溫度宜人的瑞士，夏季的氣溫將高達 48℃，比巴格達還熱。阿爾卑斯山最高峰將徹底沒有冰雪，裸露出巨大的岩石。由於氣溫持續保持在 45℃，歐洲人們被迫大量向北遷居。

氣溫上升 5℃ 至 6℃，地球將面臨著徹底的災難，綠色闊葉林將重現加拿大北極圈，而南極的腹地也會有類似的情景。然而，由於陸地大部分被淹沒，動植物無法適應新的環境而有 95% 的種類滅絕，因此地球將重回史前時期。

4 冰封時代即將到來

從大約 1 萬 2 千年前以來，地球就沒出現過這種劇變，雖然大約 8200 年前發生過小變動。典型的氣候劇變通常是溫度突然變冷，並持續幾個世紀，有時長達 1500 年，然後又突然以更快速度變暖。沒人知道這種變化究竟怎麼發生的。

2010 年，德國氣候學家莫季布‧拉蒂夫通過對海洋表面以下 3000 英尺左右、海水開始冷熱週期性循環的地方進行了測量和研究，得出新結論：近期橫掃大半個北半球，讓多個國家深陷嚴寒困擾的「異常」氣候可能只是全球氣候變冷趨勢的開端而已。未來可能持續 20 至 30 年之久，全球將經歷一個寒冷的冰河世紀。

當人類正不斷往大氣中注入二氧化碳造成「溫室效應」時，地球這個行星本身可能正進入一次劇烈無比的冰川期中。溫室效應將與地球冰川期激烈碰撞。

科學最新資料模型認為，幾千年後，整個北半球都將被冰層覆蓋，如同現在的南北極一樣——前提是新的冰川期沒有和「大氣暖化」發生衝突。

2008 年，英國愛丁堡大學科學家克勞雷在英國著名的《自然》雜誌發表了一份研究預測，他所帶領的研究團隊發現，地球將迎來另一個「冰河世紀」，而且是幾百萬年來最強烈的一次。不過，人類活動產生的溫室氣體如二氧化碳等仍會持續加熱大氣層，也許繼而延遲新的冰河世紀的來臨。氣候變化懷疑論者可能會說，這麼說來二氧化碳還是件好事。但事實不會這樣。克勞雷指出，如果大氣變暖真的能抵消或延緩冰河世紀的到來，這不是一個讓人安心的消息，因為人類正在進入高異常的氣候變化狀態中。

克勞雷預測，這次的冰川期來得比以往更氣勢洶洶，更嚴峻。按照地球氣候常態，1 萬年到 10 萬年之後，地球的北半球大部分如加拿大、歐洲和亞洲都將被「永久性」的冰層覆蓋，情形就像現在的南極一樣。

大約在 6.5 億年前，地球呈現完全冷凍狀態，表面溫度驟然跌落，整個地球覆蓋在 3000 多公尺厚的冰層之下。這一冰凍期持續了大約 2500 萬年之久。

地球每隔一段時間都會遇到一段冰川期，在過去 300 萬年來，地球跌跌撞撞地循環走過了幾十個冰川期。每次冰川期到來，極地的冰層都慢慢擴大到其他地方。冰川期快結束的時候，它們又慢慢縮回到極地。每次冰川期一般都僅持續大約 4.1 萬年，但在過去的 50 萬年中，地球被這些冰層覆蓋的時間卻長達 10 萬年。

冰川還可能會引起另一種連鎖災難。美國的科幻電影《明天過後》，講述的是全球溫室效應改變了海洋暖流的運動，從而使得地球在幾周時間內進入到了冰川期。冰可以反射 85% 的太陽光，而海面對陽光的反射率不足 10%。冰川越多，暴露於陽光之下的海面也就越少，那麼地球吸收的陽光能量就越少，氣溫就會越來越低。一旦地球被冷凍，單細胞微生物就會死亡或退化。這樣，只有發生一系列大規模的火山爆發，幾十甚至上百億噸熾

熱的火山熔岩才有能融化厚厚的冰川。

與此同時，過去50萬年中，冰川期及間冰期的溫度變化都變得更加極端，最低溫度和最高溫度的紀錄連續被打破。根據地球岩石的紀錄，這些極端的氣候變化不可能在短時間內緩解，而最近的兩次冰川期更是有史以來氣候變化幅度最大的兩次。

研究預測，在這次即將到來的冰川期中，北美洲的遭遇與其在過去十幾萬年間的歷次冰川期相似，將被厚厚的冰層覆蓋。同時，電腦模擬顯示，歐洲和亞洲也進入了冰層區，從英格蘭到敘利亞，大片的土地都將被厚達3千5百公尺的冰層覆蓋。這是此前冰川期中從未見到的景象。

然而，即使這次新冰川期真的有如此不尋常，人類活動排放出的大量溫室氣體造成的氣候暖化也同樣不尋常。克勞雷提到，溫度只要升高3到5度，人們就可以面臨過去5000萬年從未遇到的氣候。而在冷與熱的衝撞中，到底會發生什麼，誰也不知道。現在還不知道會發生什麼情況。一方面地球上有非冰川期的，溫暖的大氣，另一方面，極地冰層至今依然存在。這本身就是很奇怪的景觀。

史前氣候專家洛倫·李斯基預測，下一個冰川期可以比此前100萬年中的任何一次都要來得嚴重。500萬年前，複雜生命剛剛開始進化，地球那時的溫度比現在高出很多，極地沒有任何冰。上一次類似的「溫室地球」階段大約發生在1億到5000萬年前，當時南極上森林蒼鬱，淺海則覆蓋了現在美洲、歐洲和非洲的大片地區。

這之後，可能是與喜馬拉雅山快速上升有關，地球大氣中的二氧化碳量開始慢慢下降，地球也開始慢慢變冷。南極在3000萬年前第一次出現了永久性冰蓋，此後慢慢擴大。不久，北極也出現冰蓋。

250萬年前左右，地球氣候進入了全新的震盪階段，冰川期與間冰期頻繁交替一直到現在。在此期間，北半球的冰層也不斷擴大。這期間，北歐、北亞和北美洲的覆冰厚度一度高達4000公尺，海平面則在今天海平面的120公尺之下。

　　一次比一次更冷的冰川期，讓地球在過去 50 萬年中總體來說不斷變冷——直到「人類世」到來。「人類世」這個詞是剛開始受到廣泛認可的地質概念，由諾貝爾獎大氣化學家保羅‧克魯岑提出。它沒有特定的起始時間，意指人類活動開始對地球大氣和生態產生越來越關鍵影響的這段時間。

第 二十三 章
2012，化石時代預言

【本章專家】

赫拉爾多・阿爾達納　美國加州大學教授

理查・費舍爾　美國國家航空航天局科學家

邁克爾・凱瑟　美國宇航局科學家

史蒂芬・高　美國密蘇里科技大學地球物理學家

高建國　中國國家地震局地質研究所研究員

蕭茲　美國哥倫比亞大學地震學家

亞特華德　美國地質勘探局專家

戈德芬格　美國俄勒岡州立大學教授

阿布德拉赫瑪托夫　吉爾吉斯斯坦科學院地震研究所所長

弗拉基米爾・科索博科夫　俄羅斯科學院科學家

雷・卡斯　澳大利亞莫納西莫大學教授

布萊恩　澳大利亞伍倫貢大學地球科學家

斯蒂芬・塞爾夫　英國火山學家

佛拉基米爾・克里維茲基　俄羅斯杜布納大學教授

尼古拉・札爾溫　俄羅斯莫斯科大學科學家

米哈伊爾・魯金　俄羅斯自然科學家

太陽正從沉睡中甦醒，在未來幾年間，人們預計將會看到更多太陽活動。在二十一世紀末，也許沒有人會相信，人類所生存的地球，所面臨的危機，遠遠超過人類所經歷的史前年代。

1 2012，地球懸念

在二十一世紀末，也許沒有人會相信，人類所生存的地球，所面臨的危機，遠遠超過人類所經歷的史前年代。人類所依存的自然界正罹患著無數的體症：世界各地頻頻出現極端天氣氣候事件。暴雨與暴雪交替，酷暑與嚴寒相伴。而生活在地球上的有些人也似乎預感到什麼，焦慮急躁，精力耗竭，忐忑不安，注意力分散，凌晨三、四點鐘難以說清的醒來。某些事情確實正在發生。時間正以不斷加速的方式表現著。這顆星球感覺上好似就在蛻變，並以史無前例的頻率振動著。地球究竟發生了什麼？未來又怎樣？

2012 年這個概念是從馬雅文明中提出來的。自從 1839 年美國人鐘斯・史帝芬斯第一次在中南美洲洪都拉斯的熱帶叢林中發現了馬雅文明遺址以來，世界各國考古人員在中南美洲的叢林和荒原上，一共發現了 170 多處被遺棄的馬雅文明的古代城市遺跡。這個神秘的民族在南美洲的熱帶叢林中建立了一座座規模驚人的巨型建築，雄偉壯觀，更令人驚訝的是馬雅文化中的精確曆法和天文知識。時間是馬雅人宇宙觀的核心，所有的裝飾、浮雕和雕像，無一不同某具體日期直接相關。所有的馬雅建築都是石頭做的一個巨大日曆的一部分。

在馬雅人殘存的四部珍貴文獻中，有一部是記述馬雅人天文曆法的。通過馬雅文化專家的研究，人們知道馬雅人有三種曆法，即地球年、金星年和卓爾金年。他們分別是：地球年 365 天，金星年 584 天，卓爾金年 260 天。

在「卓爾金曆」曆法中，這種曆法以一年為 260 天計算，但奇怪的是，它不是以地球上所觀察到的任何一種天體的運行為依據，在太陽系內沒有一個適用這種曆法的星球。依照這種曆法，這顆行星的大致位置應在金星和地球之間。

「卓爾金曆」中的這個符號，表達了馬雅人所描述的銀河核心。有馬雅學者認為，這個叫「卓爾金曆」的曆法記載了「銀河季候」的運行規律，而據「卓爾金」曆所敘述：地球現在已經在所謂的「第五個太陽紀」了，這是最後一個「太陽紀」。

科學家預測，太陽系在向著銀河系赤道方向運行，並於 2012 年 12 月 21 日這一天，將抵達銀河系的赤道位置。而世界將在 2012 年進入蛻變時期，將在 2012 年 12 月 21 日進入馬雅人認為的「第五太陽紀」，那麼這個第五太陽紀有多長久呢？沒人知道。

2010 年 10 月，美國加州大學教授赫拉爾多·阿爾達納在其撰寫的《曆法與紀年 II——遠古與中世紀的天文與時間》一書預測，三名早期的馬雅文化研究專家發明了一種「GMT 常量」，用於把馬雅曆轉換成現在通用的西曆，但這個「GMT 常量」的可信性存在問題，因此兩個曆法之間的偏差應為 50 至 100 年，即 2012 年這一時段將推後 50 至 100 年。

2 太陽風暴，宇宙微塵輻射

2008 年 12 月，美國宇航局在一份報告中宣布發現地球磁氣圈破了個大洞，比地球寬四倍而且還在擴大中。即將來臨的下一次太陽風暴，科學家已經準確預測，時間就在 2012 年 9 月 22 日。從 2013 年後，太陽可能將從沉睡中甦醒，隨即進入活躍期，屆時人類將會面臨很大的麻煩。

2010 年 6 月，美國國家航空航天局科學家理查·費舍爾在華盛頓太空大氣高峰論壇上預測。太陽正從沉睡中甦醒，在未來幾年間，人們預計將會看到更多太陽活動。

地球是宇宙中漂浮的一個星球，在太陽系太空中充滿了強烈的太陽風，太陽風雖然十分稀薄，但它刮起來的猛烈強勁，遠遠勝過地球上的

風。在地球上，12 級颱風的風速是每秒 32.5 公尺以上，而太陽風的風速，在地球附近卻經常保持在每秒 350 到 450 千公尺，是地球風速的上萬倍，最猛烈時可達每秒 800 千公尺以上。太陽風從太陽大氣最外層的日冕，向空間持續拋射出來的物質粒子流。這種粒子流是從冕洞中噴射出來的，其主要成分是氫粒子和氦粒子。太陽風雖然猛烈，卻不會吹襲到地球上來。這是因為地球經過進化，有一層地球磁場。地磁場把太陽風阻擋在地球之外。

磁氣圈就是包裹著地球周圍一層看不見的帶電粒子，它相當於地球磁場的保護層，使得地球免受太陽風的衝擊。

2009 年，英國《新科學家》網站撰文預測，2012 年地球將會遭遇強烈的超級太陽風暴，其破壞力將遠遠超過「卡崔娜」颶風，而且地球上幾乎所有的人都將難逃其災難性的影響。太陽風暴影響超乎想像，在活躍高峰期間，黑子生成劇烈爆發活動，觸發太陽風暴。黑子爆發時會釋放大量帶電粒子，可能讓全地球陷入一片黑暗，不但電力無法供給，臭氧層被破壞，電子通信還可能全部停擺。

美國宇航局科學家邁克爾·凱瑟指出，末日場景不會出現。儘管他承認此前的太陽風暴造成了很大的破壞，但是他表示如果相同強度的太陽風暴再次來襲的話，如果有足夠的預警，電網運營商會調整系統來減輕損失。

3 巨災時代，「日本沉沒」

2005 年 1 月，前美國國家科學院院長布魯斯·阿爾伯茲在接受媒體專訪時指出：經過了 2004 年末的印尼大地震，亞洲─太平洋板塊正在變得越發脆弱，地震和海嘯也將越發活躍。尤其是亞洲東部的日本列島已經處在了一個隨時可能塌陷的「漏斗」之上。

真正的危險，其實就藏在地下……

世界上最深的海溝是馬里亞那海溝，平均深度 8000 公尺，距離日本列島最近處不過 200 公里，由於受到亞洲大陸板塊的推壓和太平洋板塊後退的原因，正在以每年 10 公分的速度向東北方向，即太平洋一日本列島一線擴張。而處在太平洋和亞洲兩大板塊交界的日本列島無疑已經身處在這個世界上最深的漏斗的邊緣！

2006 年，日本東京廣播公司曾翻拍了一部名為《日本沉沒》的電影。該書為作家小松左京著作的日本科幻小說。為第 27 回日本推理作家協會賞、第 5 回星雲賞日本長篇組的得獎作品。電影講述地震專家在伊豆沖海底，發現海底出現異常的龜裂與亂泥流。陸續收集到的資料令人確信將會有災難發生，並得出唯一的一個結論。那就是「日本列島歷來最壞的情況——1 年內的地殼變動導致大部分的陸地下沉到海中」了。事態的發展正在以大大超出人們所估計的速度進行中。各地相繼發生巨大的地震。幾乎停止了活動的休眠火山開始活躍起來……令人吃驚的是，災難就這樣突如其來；電影中許多畫面竟然會變成真實的鏡頭。

2011 年 3 月 11 日，日本宮城縣東北部發生芮氏 9 級地震並引發海嘯，日本氣象廳隨即發布了海嘯警報稱地震將引發約 6 公尺高海嘯，後修正為 10 公尺。根據後續研究表明海嘯最高達到 23 公尺。其震級為世界觀測史上最高震級。

根據中國國家地震台網中心調查，2008 年開始，中國開始進入地震活動的相對活躍期。跟二十世紀比較，地球的相對活躍度就更加明顯了。例如：二十世紀全球 6 級以上地震，從不同資料庫提取的結果雖有差異，但這一百年的總數約在 3600 到 4000 次。而到二十一世紀，僅僅 2001 年到 2008 年 5 月中旬，約 7 年半的時間內，6 級以上地震就達 1200 餘次。長期從事全球變化研究，中國地震學家楊學祥教授預測，從 2004 年至 2018 年，全球進入特大地震頻發期。2010 年，美國密蘇里科技大學地球物理學家史蒂芬·高撰文指出，全球 8 級左右的地震平均每年 1 次左右，

現在卻遠遠超過這個頻率，不太尋常。地球變得比較好動的原因目前還無法確認，有可能是因為地球岩石圈壓力場發生變化。

地球物理學有一句名言：「地震不會殺人，建築物才會。」人類文明基本上建立了一棟巨大的紙牌屋。人類極端仰賴有效率的農業和運輸系統，一旦全球氣候劇變，城市生活形態可能全面崩潰。農民或許能養活自己或另外兩、三倍的人口，卻不可能養活 50 倍的人口。

進入二十一世紀以來，短短十年中，全球連續發生一些造成巨大的自然災難，海嘯、颶風、泥石流、強地震……其中也包括兩次死亡人數在二十萬以上的地震。而在二十世紀一百年中死亡人數在二十萬以上的地震只發生過兩次。對於地震模式，地震專家過去比較偏重於地殼板塊運動的研究，但是近來開始注意天體運行是否對地殼活動產生影響。例如：2008 年 9 月 11 日，印尼地震與日本地震相繼發生，只有 20 分鐘間隔，中國國家地震局地質研究所研究員高建國認為，它們之間肯定有關聯，而這是什麼樣的關聯，目前還不清楚。從宇宙空間看：星球運行成一線，也可能是誘發多地震的外因。

根據地質學理論，自 2000 年開始，地球進入了「拉馬德雷」從暖位向冷位轉變的時期。「拉馬德雷」是一種高空氣壓流，分別以「暖位相」和「冷位相」兩種形式交替在太平洋上空出現，每種現象持續 20 年至 30 年。當進入「拉馬德雷冷位相」時期後，太平洋高空氣流將發生變化，而這種變化將會導致太平洋部分海面的高度發生變化。而由於地球的氣圈、水圈和岩石圈的物質運動、重力位變化和角動量交換彼此互有聯繫，因此，「冷位相」時期往往是颶風和強震相伴而來。

2004 年 12 月 26 日，印尼蘇門答臘海域發生 8.9 級地震並引發海嘯，30 萬人遇難；

2008 年 5 月 12 日，中國四川汶川發生 8.0 級地震，造成近 7 萬人死亡；

2010 年 1 月 12 日，海地發生 7.3 級地震，約 30 萬人喪生；

2011 年 3 月 11 日，日本宮城縣東北部海域發生 9 級地震並引發海

嘯，1 萬多人遇難。

中國地處世界上兩個最大地震集中發生地帶——環太平洋地震帶與歐亞地震帶之間，屬於世界上多地震的國家，也是蒙受地震災害最為深重的國家之一。

在二十世紀，有 1/3 的陸上破壞性地震發生在中國，死亡人數約 60 萬，占全世界同期因地震死亡人數的一半左右。二十世紀死亡 20 萬人以上的大地震全球共兩次，都發生在中國，一次是 1920 年寧夏海原 8.5 級大地震，死亡 23 萬餘人；另一次是 1976 年河北唐山 7.8 級地震，死亡 24 萬餘人。1900 年以來，中國死於地震的人數達 55 萬之多，占全球地震死亡人數的 53%。中國的地震活動主要分布在五個地區的 23 條地震帶上。這五個地區是：一、臺灣及其附近海域；二、西南地區，主要是西藏、四川西部和雲南中西部；三、西北地方，主要在甘肅河西走廊、青海、寧夏、天山南北麓；四、華北地區，主要在太行山兩側、汾渭河谷、陰山—燕山一帶、山東中部和渤海灣；五、東南沿海的廣東、福建等地。

國際上也有許多專家對未來的大地震進行了預測。

2010 年 3 月，美國世界新聞網報導美國哥倫比亞大學地震學家蕭茲的預測，日本正處在環太平洋地震帶上，而且日本東海斷層處平均 150 年發生一次 8 級地震，目前該地區已經 150 多年沒有發生過 8 級以上地震，這裡即將發生大地震的可能性非常高。蕭茲指出，亞洲和歐洲是地球兩大地震頻繁區，一個是太平洋盆地周圍的「火環」，日本和美國加州的大多數地震，以及智利最近的強震都位於火環帶上。另一則是通稱歐亞地震帶的「阿爾卑斯—喜馬拉雅地震帶」，1999 年的土耳其大地震，2005 年的喀什米爾地震以及 2008 年的四川大地震都在歐亞地震帶上。這兩個地震帶都位於板塊交界處，板塊經常碰撞、分開或重疊，全球 99% 的地震都發生在這裡。日本的東海斷層大約每 150 年發生一次 8 級地震，上次是 1856 年，下一次爆發的時間已經迫近，該地區極有可能發生強震。

2009 年 5 月，美國地質勘探局根據獲得的相關資料推測，美國加利福

尼亞洲在未來 30 年內，發生能造成大面積破壞的強地震可能性為 99%。
美國地質勘探局指出，他們發現，加州在 2038 年前不發生 6.7 級地震的
概率只有 1%。同一時期，加州發生 7.5 級以上大規模地震的概率預計為
46%，以加州南部人口稠密地區遭遇地震的可能性最大，這一預測是科學
家根據新模型做出的。地質學家認為，加州最可能發生地震的地區，位於
洛杉磯以東，里弗塞德縣的聖安德莉亞斷層南段。此前，美國地質勘
探局地震學家露西・鐘斯在 2001 年 8 月曾與聯邦緊急措施署官員參加會
議。當時，他們提出了美國最可能遭遇的三大災難。即紐約恐怖襲擊、紐
奧良超強颶風、加州強烈地震。前兩個預言已不幸言中。鐘斯和其他地震
專家目前正努力阻止第三場災難的發生。他們計畫重新評估加利福尼亞洲
的防震措施，使其能經受住一場強烈地震的考驗。

2010 年 9 月，美國《富比士》雜誌刊載了因為各種環境災難的原
因，在本世紀幾座城市可能會淪為「鬼城」的城市，其中就包括舊金山，
早在 2009 年 6 月，美國華盛頓大學的地震學家維達里提出，美國西岸的
舊金山和洛杉磯可能進入百年大地震的週期，而在更北邊的西雅圖，甚至
有可能會出現規模 9 級的超級大地震。這個說法在美國地震研究機構一直
存在，但如今卻讓人感到格外恐懼。科學家最近利用電腦模擬了一場芮氏
9 級的地震，發現震動將持續 2 到 5 分鐘，屆時從加拿大不列顛哥倫比亞
省到美國加州北部的所有品質欠佳的建築將無一倖免，高速公路和橋樑也
將全線坍塌。不僅如此，地震還將在短時間內引發強烈海嘯，當巨浪湧向
海岸的時候，地勢低窪的海濱城市難逃被淹的命運。

2008 年 5 月，俄羅斯科學院國際地震預測理論和數學地球物理學研究
所專家弗拉基米爾・科索博科夫說，2018 年前，世界將發生超大地震。
俄科學家發明的「M 8S 計算法」可以對地震進行中期（幾年內）預測。
專家發現，大地震具有明顯的週期性，在週期的末期地震活動會加強。俄
地震學家指出，在他們所研究的半徑 3000 公里範圍內的 262 個地震週期
中，有 124 個出現活動加強的徵兆。

 **美國倒計時**

2006 年，澳大利亞莫納西莫大學教授雷‧卡斯預測，世界最大的超級火山爆發很可能發生在印尼蘇門答臘島上的多巴湖。多巴湖火山最後一次爆發的時間是在 7 萬 3 千多年前，那次爆發的威力非常大，火山灰擋住了太陽輻射線，導致世界回到了冰河時代。卡斯教授指出，超級火山是地球上最大的潛在危險，超級火山肯定是會爆發的，它可能在幾年、50 年或 1000 年內爆發，但遲早要爆發。

印尼位於太平洋火環帶，共有 129 座活火山，居世界之冠。

澳大利亞伍倫貢大學地球科學家布萊恩預測，印尼太平洋火帶頻繁的地殼劇烈運動，可能預示附近的火山爆發在即。

英國火山學家斯蒂芬‧塞爾夫指出，地質研究證明，超級火山的爆發能量和摧毀力是有史以來未曾見過的，僅超級火山爆發產生的火山灰就足以毀壞整個大陸幾十年，只要超級火山爆發，人類將回到數萬年以前。

英國布里斯托大學的斯蒂芬‧斯巴克指出，儘管超級火山爆發很罕見，但這是人類不可避免的，從某些意義上講，人類將來必然要面對超級火山，並面臨著如何從超級火山爆發中生存下來。與小行星相撞、核武器攻擊和全球暖化等威脅不同，人類在超級火山面前所能做的事似乎微乎其微。

大多數科學家認為，6500 萬年前，一顆名為 Chicxulub 的小行星墜落在地球表面，引起大爆炸導致恐龍滅絕。1991 年在墨西哥的尤卡坦半島發現的一個遠古隕星撞擊坑進一步支持了這種觀點。凱勒認為，經過對「K-T 界線」岩層沉澱物的研究發現，小行星撞擊地球的時間發生在「K-T 界線」形成前約 30 萬年，但它並沒有造成生物滅絕；相反，印度德干地盾系列火山爆發的時間與「K-T 界線」形成的時間最接近。

在 7.5 萬年前，印尼托巴曾發生了一次規模相近的超級火山爆發事

件。托巴火山爆發造成了地球上 60% 以上的生命死亡，火山噴發物比起
64 萬年前的黃石超級火山噴發物高出 2 倍。那次爆發導致地球長達 1000
年的結冰期，估計當時噴發出來的火山物質可能高達 1000 立方千公尺。
一些研究員認為，托巴火山爆發可能導致地球生命大部分滅絕，人類人口
下降到 10000 人到 5000 人之間，當時的地球類人生命「智人」被推向滅
絕的邊緣，人類進化出現「基因瓶頸」。

地球資料顯示，毀滅性的天然災難平均是萬年一遇，尼安德特人曾是
地球的統治者，最終卻未能進化成現代人，3 萬年前突然從地球上神秘地
消失了，2010 年，俄羅斯聖彼德堡史前人類學研究小組通過研究預測，
尼安德特人的滅絕緣於當時的火山大爆發。小組負責人科學家柳波芙·古
洛婉諾娃指出，突如其來的火山爆發使得生態環境發生巨大改變，出現極
端寒冷的天氣和多變的氣候，北半球產生了「火山冬天」的現象。

2010 年，俄羅斯杜布納大學地球物理學教授佛拉基米爾·克里維茲
基在俄羅斯《晨報》發表預測，以埃亞菲亞德冰蓋火山爆發震驚了全世界
的冰島可能再次成為地球大災難的發源地。火山爆發時，最先噴出的是氣
體，然後依次是火山灰，火山碎屑和火山岩彈，最後是熔漿。冰島火山至
今只噴出了碎屑，這說明還可能發生非常劇烈的噴發。

俄羅斯莫斯科大學地球科學博物館科學家尼古拉·札爾溫預測，如果
埃亞菲亞德拉冰蓋火山的鄰居——卡特拉火山也活躍起來，地球接下來可
能面臨蔓延全世界的大洪水。如果格陵蘭冰川的融化達到警戒線，冰島這
個大陸板塊的連接帶就可能發生斷裂。到時，北美大陸板塊將迅速抬升，
歐亞大陸板塊將迅速下沉。洪水將傾瀉到坍塌的地方。前所未有的強烈地
震將會出現，沉睡的火山將被喚醒。海洋將掀起 20 至 30 公尺高的滔天巨
浪，離海岸線數千公里的地方都將被淹沒。紐約、里約熱內盧、布宜諾斯
艾利斯和聖彼德堡、加里寧格勒都不能倖免。札爾溫指出，需要觀察格陵
蘭冰川的融化速度。也許，它會融化的更早。也可能在 2030 到 2070 年中
發生。

俄羅斯自然科學家米哈伊爾・魯金指出，冰島火山爆發是一個合理的自然過程。英國和冰島之間發現了兩處重大的水面異常現象，澳大利亞也發現了一處。這些變化源於 1908 年阿爾泰山發生的大爆炸，當時半座山像被刀削掉了一樣。未來，地球上的地震烈度將增大，特別是中國和澳大利亞。這與地球改變軌道有關。

2010 年，《美國倒計時》一書綜合眾多科學家研究預測，下一次最有可能爆發超級火山的地點是美國懷俄明州的黃石國家公園。黃石國家公園處的地殼之下，蘊藏著一個超大火山熔岩庫，大約離地面 8 公里深。熔岩區長約 50 公里，寬約 25 公里。自 2004 年，黃石火山口每年都會上升 8 公分左右，科學家們推斷這是一種火山即將爆發的跡象。

美國地質勘探局的丘克・維克指出，黃石超級火山爆發的頻率應在 60 萬年左右，黃石火山最後一次大規模爆發發生於 64 萬年前，而在過去 200 萬年間也曾發生過數次與此規模相當的爆發。美國地質學家預測，如果爆發，半個美國將被 1 公尺厚的火山灰掩埋。

地球上最危險的超級火山：

（1）塔爾火山　（菲律賓八打雁省呂宋島）

（2）聖塔馬里亞火山　（瓜地馬拉西部高地）

（3）阿瓦欽斯基火山　（俄羅斯堪察加半島）

（4）尼拉貢戈火山　（剛果民主共和國戈馬鎮）

（5）默拉皮火山　（印尼爪哇島中部）

（6）黃石公園火山　（美國懷俄明州黃石國家公園）

（7）波波卡特佩特火山　（墨西哥墨西哥城）

（8）維蘇威火山　（義大利那不勒斯灣）

（9）帕爾馬別哈火山　（西班牙加那利群島帕爾馬島）

（10）卡特拉火山　（冰島埃亞菲亞德拉冰川）

（11）坦博拉火山　（印尼松巴哇島）

第 二十四 章
超弦時代,「蟲洞」旅行

【本章專家】

史蒂芬・威廉・霍金　英國著名物理學家

加來道雄　世界著名物理學家

查理斯　美國紐約城市大學天體物理學家

米奇奧・卡庫　世界著名物理學家

邁克爾・格林　英國倫敦瑪麗皇后學院物理學教授

里查德・格特　世界著名天文物理學家

布萊恩・格林　美國物理學家

羅埃德　美國麻省理工大學物理學家

隱身披風和隱形傳送可能會在本世紀變成現實,時間旅行至少在幾千年後才能實現。

蟲洞是宇宙中的隧道,它能扭曲空間,可以讓原本相隔億萬公里的地方近在咫尺。黑洞和黑洞之間也可以通過蟲洞連接,當然,它還是僅僅是一個連通的「宇宙監獄」。

「隱形傳送」，四維空間裂縫

2008 年，世界高能物理和理論物理學中超弦理論的發明者之一，美國紐約城市大學物理學教授，世界著名物理學家加來道雄，在《不可能的物理學》一書中預測，隱身披風和隱形傳送可能會在本世紀變成現實，時間旅行至少在幾千年後才能實現。

物理學家已經在進行隱形傳送的研究。這種科技主要依賴一種被稱作量子糾纏的現象，物理學家已經利用這種現象，在加那利群島上的拉帕爾瑪島和特納里夫島之間，將一粒光子「隱形傳送」89 英里。加來道雄指出，實際上並沒有將光子從一個地方轉移到另一個地方，因為這樣的話，就破壞了原物。它在另一端接收到的其實是原物的複製體，只不過帶有原物的所有資訊罷了。

在物理學上，時間被認為是除了長、寬、高之外的第四度空間。當一個人從家裡走到商店時，他在空間的三個維度都作了位移：長度、寬度、高度。其實，也在第四維度——時間維度——進行了運動。

物理學家發現，時空可以不是平坦的，而是彎曲的。在這種情況下，人們會十分的發現，如果恆星形成了黑洞，那麼時空在史瓦西半徑，也就是視界的地方是與原來的時空完全垂直的。在不是平坦的宇宙時空中，這種結構就以為著黑洞的視界內的部分會與宇宙的另一個部分相結合，然後在那裡產生一個洞。這個洞可以是黑洞，也可以是白洞。而這個彎曲的視界，叫史瓦西喉，也就是一種特定的蟲洞。

美國紐約城市大學天體物理學家、《空間：我們在宇宙中的家》一書的作者查理斯提到，時間和空間在時空四維構造中密不可分。時空可以看作是一塊四維的彈性纖維。當任何有品質的物體，以至一顆行星或其他星星，落到這塊纖維上時，它就會激起一片漣漪。這個漣漪，相當於由帶品質的物體引起的時空彎曲。時空彎曲使物體沿著一條彎曲的路線運動，空

間的曲率就是人們所熟知的重力加速度。

查理斯指出，根據天體物理學理論進行的推測表明，對於空間上的三個維度，人們可以來去自如。但對於時間維度，人們就無法如此自由了。在四維時空中，對於時間維，人們只能向前，不可能向後倒退。從數學上講，可以說某種東西正沿著時間軸往後退。但上，無論如何，都無法回到過去。

2 「蟲洞」連接著「黑洞」

科學家認為蟲洞是宇宙中的隧道，它能扭曲空間，可以讓原本相隔億萬公里的地方近在咫尺。黑洞和黑洞之間也可以通過蟲洞連接，當然，它還是僅僅是一個連通的「宇宙監獄」。

蟲洞不僅可以作為一個連接洞的工具，它還在宇宙的正常時空中出現，成為一個突然出現在宇宙中的超空間管道。蟲洞沒有視界，踏有的僅僅是一個和外界的分解面。蟲洞通過這個分解面和超空間連接，但是在這裡時空曲率不是無限大。就好比在一個在平面中一條曲線和另一條曲線相切，在蟲洞的問題中，它就好比是一個四維管道和一個三維的空間相切，在這裡時空曲率不是無限大。因而人們現在可以安全地通過蟲洞，而不被巨大的引力所摧毀。

2008 年，《多維空間》和《平行世界》作者，世界著名物理學家，美國紐約城市大學教授米奇奧・卡庫在一篇報告中指出，蟲洞連接著將來，也連接著過去，但別太樂觀了，因為供應時間機器的燃料絕不是人類目前的技術所能達到的。在時空這個物體上「鑽孔」，需要一顆星星那麼大的能量，或者相反，需要來自比「無」還要少的其他星體上的「負能量」。

英國倫敦瑪麗皇后學院物理學教授邁克爾・格林提到，最樂觀的估計

是，如果能打開這樣一個孔，就能從一個地點快速到達另一個地點，或者從一個時刻迅速趕往另一個時刻。超弦理論主張宇宙萬物都是由一連串緊密排列的微細能量組成，隨著它們不同的震動模式而衍生出不同的狀態和現象。

世界著名天文物理學家，美國普林斯頓大學教授里查德‧格特提出，宇宙弦或者是無限長，或者是成環形，它們沒有起始點。它們就像義大利麵條那樣，或者是圍成圓形的義大利麵條。兩種弦理論是互不干涉的。由於它們都能給時空帶來巨大彎曲，因此它們在理論上都給時光旅行提供了可能性。但這是一個只有超級文明才有可能達到的目標。

愛因斯坦曾經指出：「如果剛開始這個想法聽起來不荒謬可笑，那麼它就沒有希望變成現實。」愛因斯坦的說法為那些研究宇宙理論的科學家帶來了希望。後來他又證明了黑洞確實存在，並證明運行速度越快，時間過得越慢的觀點是正確的。

里查德‧格特指出，人類可以在地球上看到某些短暫的宇宙粒子。對於人類來說，這些粒子的行程大約有數千年，但粒子感覺其穿越太空、到達地球的過程僅僅用了幾分鐘時間。實際上，這些宇宙粒子已經進入了未來。基於愛因斯坦的理論，可以將空間充分扭曲來製造一個局部的重力場，就如同一個能夠以任意大小呈現的炸麵包圈一樣。重力場繞著這一炸麵包圈圍成一個圓圈，這樣就使得空間和時間都能緊緊地「彎曲」到過去。儘管很難描述這一「炸麵包圈」在現實生活中的樣子，但數學公式顯示，時光機器中每一階段的時間都將在「炸麵包圈」內的某一個空間內產生。格特舉例，建造一艘太空船。以光速行駛一定的時間，然後再回到地球。當一個人走出飛船的那一刻，他可能就在一百萬年之後的地球上了，而他本人，可能才只長了一歲。這樣，去未來地球旅行的願望就實現了。

美國哥倫比亞大學理論粒子物理教授，物理學家布萊恩‧格林指出，很多人都有過時間倒退的想法，他們或者是為了與故去的親密愛人重逢，或者是希望能制止慘絕人寰的殺戮等。但是從回到過去這點上，幾乎無一

成立。

3 時間生成器，時間還原

　　將時間重新恢復到某一個節點，最早還被認為是科幻小說裡才會出現的東西，今天，它已突然成為理論物理學家最關注的項目。2010 年，世界物理學大師史蒂芬・霍金在英國《每日郵報》撰文預測，帶著人類飛入未來的時間機器，在理論上是可行的，所需條件包括太空中的蟲洞或速度接近光速的太空船。不過，不要搭時間機器回去看歷史。

　　霍金指出，在科學界，時間旅行一度被認為是歪理邪說，但現在不同了。為了讓這一切從虛幻變成現實，人們應以物理學家的角度來重新審視時間——即第四維。這個問題沒有聽上去那麼晦澀難懂。每個人都知道，任何物體都以三維形式存在。一切物體都有寬度、高度和長度。此外，還有一種長度——時間的長度。時間機器的關鍵就是第四維。一切物體都有時間以及空間的長度。時間旅行意味著人們要經過第四維。要想搞明白這一點，可以想像自己正在從事一種日常活動，比如開車。開車沿直線行駛，是在一維中旅行。向左轉或是向右轉，則是二維旅行。驅車上下山路意味著又多增加了高度，所以是在三維空間內。那麼怎樣才能實現時間旅行？怎樣才能發現穿越第四維的通道呢？

　　蟲洞是穿越第四維的通道，蟲洞就在人們周圍，只是小到肉眼無法看見。宇宙萬物都會出現小孔或裂縫，這種基本規律同樣適用於時間。時間也有細微的裂縫和空隙，比分子、原子還要小的空隙被稱作「量子泡沫」，而蟲洞就存在於「量子泡沫」中。

　　有朝一日，人類也許能夠捕獲某一個蟲洞，將它放大到足以使人類甚至太空船從中穿過。時間就像是一條河流，在不同的地段會有不同的流

速，而這正是實現通往未來之旅的關鍵。比整個銀河系還要重的超大黑洞可以更明顯地降低時間流逝的速度。這種超大黑洞就像是一部天然的時間機器。如果一艘太空船進入超大黑洞，在超大黑洞內執行 5 年任務，返回地球時會發現已過去了 10 年。

如果人們想踏上未來之旅，那麼速度必須快。如果能夠建造出速度接近光速的太空船，那麼太空船必然會因為不能違反光速最快的法則，而致使艙內的時間放慢。在太空飛行數年後飛船將到達其最高速度——相當於光速的 99%。在這一速度下，在船上待一天，就意味著在地球上度過一年。船上的乘客就是變相飛向未來，作出名副其實的時間旅行。從理論上講，蟲洞或時光隧道不僅僅能把人們帶到別的星球。如果兩端在同一個地方，且由時間而非距離分離，在遙遠的過去，飛船就能在地球附近自由出入，或許恐龍會看到飛船登陸。

但霍金同時提出一個「瘋狂科學家」悖論：一個科學家在建造蟲洞——僅需一分鐘就來到過去，通過蟲洞，科學家可以看到一分鐘前的自己。如果這位科學家利用蟲洞向以前的自己開槍，會發生什麼？他現在已經一命嗚呼。那又是誰開的槍呢？這便是悖論。這種時間機器會違反整個宇宙所遵循的基本規則。據此，霍金認為任何通過蟲洞和其他方式回到過去的時間旅行或許都是不可能的。但這並不意味著所有的時間旅行不可行。他對時間旅行深信不疑，對通向未來的時間旅行更是如此。

2010 年 7 月，美國麻省理工學院的物理學家發布了一份報告：量子態隱形傳輸會決定此人在時間旅行中「有所為」且「有所不為」，即使重返歷史之旅能夠實現，人們也不可能改變歷史。新理論的關鍵是封閉類時曲線這一概念，封閉類時曲線就像一個封閉的時間圓環，出發後還會返回到起始時間點。量子態隱形傳輸就是遠距離傳輸，是在無比奇特的量子世界裡，量子呈現的「糾纏」運動狀態。該狀態的光子如同有「心電感應」，能使需要傳輸的量子態「超時空穿越」，在一個地方神秘消失，不需要任何載體的攜帶，又在另一個地方瞬間出現。在「超時空穿越」中它

傳輸的不再是經典資訊，而是量子態攜帶的量子資訊，這些量子資訊是未來量子通信網路的組成要素。研究人員指出，「量子態隱形傳輸」與「後選擇」模型疊加的 P-CTCs 形式下，量子的表現可看作是量子所做的一種時間旅行，同時，這一現象也會發生在任何一個常規量子力學實踐中，進一步為經典的「祖父悖論」提供了「首尾必相一致」的論斷，理論上使時間機器可邁出「祖父悖論」的夢魘。

美國麻省理工大學物理學家羅埃德指出，「後選擇模型」，即允許人回溯過去時空，但禁止一切干預歷史的行為。如果能到過去去旅行，你不能對歷史做出任何改變。羅埃德又展示了一項採用光子進行基於「後選擇模型」的實驗。此項實驗旨在模擬穿越時空的奇特路徑：封閉時間狀曲線（CTCs），它們可以攜帶任何東西一起回到過去再送回現在。這個奇異路徑就是一個人回到過去又回到現在，在時間上形成的一個閉合路徑。這種閉合路徑就像一個封閉的時間圓環，出發後還會返回到起始時間點。

科學家正在設計各種各樣的與時間相關聯的機器，最主要的一種就是歐洲的大型強子對撞機，2010 年 3 月，項目投資約合 56 億美元歐洲大型強子對撞機項目實施迄今最高能量的質子束對撞實驗，隨著大型強子對撞機質子束流以比此前粒子加速器所獲得的高出 3.5 倍的能量實現首輪對撞，全球粒子物理學家正在期盼著物理學新領域內可能到來的偉大成果。

該專案位於日內瓦附近瑞士和法國交界地區地下 100 公尺深處、總長約合 27 公里的環形隧道內，建造用以尋找暗物質、反物質等現象，最終揭開宇宙形成之謎。

斯捷克洛夫物理和數學研究所的科學家伊麗・阿雷菲耶娃和伊戈爾・沃洛維奇指出，時間旅行符合現代理論數學物理的原理，而當高能量的粒子相撞時，就有可能促使『蟲洞』出現。物理學中這種現象被稱為『像曲線一樣封閉的時間』，它起碼從理論上允許人們回到過去，在人們的傳統觀念中，時間是一條直線，只能向前，不能回頭。

第 二十五 章

與未來告別

【本章專家】

阿爾文‧托夫勒　世界著名未來學家

斯圖亞特‧皮姆　美國杜克大學生物多樣性專家

林克萊特　英國科學家

西恩‧索斯塔克　美國太空智慧探索研究所天文學家

彼得‧沃德　美國華盛頓大學古生物學家

威爾森　美國哈佛大學生物學家

道格‧迪克遜　英國地質學家

史蒂夫‧斯坦利　美國約翰‧霍普金斯大學地理生物學家

艾倫‧韋斯曼　美國亞利桑那大學教授

斯蒂夫‧鐘斯　英國倫敦大學教授

布魯克斯　美國麻省理工大學教授

保羅‧薩弗　美國斯坦福大學學者

在天上可以做到地面上做不到的事……

生物的時鐘也在一刻不停地往前走。那麼人類究竟會通向何方？百萬年後我們的後代又會是什麼樣子呢？

飄浮的第四次文明

阿爾文・托夫勒，世界最著名的未來學家。早在上世紀八〇年代，他在其《第三次浪潮中》一書中就曾準確預言網際網路的出現及對人類社會的衝擊，影響了整整一代人。據國際科學情報研究所統計表明，它是世界社會科學文獻中被引用最多的著作之一。

阿爾文・托夫勒預言，「第四次浪潮」將在可以預期的未來到來，太空能夠幫助人們解決很多在地球上無法解決的難題。甚至，它會從根本上改變人們對事物的認識。屆時，人類將考慮移民到太空中去，繁衍生息。在宇宙中，由於引力極小，細胞受到的壓力也小，非常有利於做細胞實驗，這樣產生的醫學結果就與地球上的實驗結果不完全相同。也就是說，在天上可以做到地面上做不到的事。

托夫勒提到，生命可以在人想像不到的地方生存。在北極幾千公尺深的海底，如此巨大的壓力下，有微生物出沒；同樣，火星上也有微生物的痕跡。生命不一定要以人類的形式存在。生存究竟需要什麼條件？人身上的每一個細胞，都從人體接受並回饋資訊。一旦和人體分離，這種溝通就中斷了，但細胞內部還在不斷地進行化學上的溝通。

「第三次浪潮」已從第一個階段進入到第二個階段。第一個階段以「數位化」為特徵；第二個階段將是資訊技術和生物技術的融合，將集中在生物、遺傳等生物學領域，將是一個「人機世界」。在過去，資訊技術改變了生物學的發展，將來生物學還會反過來改變資訊技術的進程。將來的經濟會以生物學為核心，也會有越來越多的人將經濟或社會比喻成一個生物系統。

此前，托夫勒把人類社會經濟發展劃分為三次文明階段：

種植技術，帶來了人類的曙光，創造了農業文明——第一次文明。

蒸汽機，延伸了人類的手臂，創造了工業文明——第二次文明。

網際網路，引爆了資訊革命，創造了資訊文明——第三次文明。

 城市無人區重現

假如人類在一夜之間突然從地球上全部消失，那麼地球將會變成什麼樣子？ 2008 年，美國亞利桑那大學的艾倫·韋斯曼教授在《沒有我們的世界》一書中，對沒有人類的地球將會發生怎樣的變化進行了大膽的預測。

在這個架空的思維實驗中，韋斯曼教授並未對人類為何消失得無影無蹤進行嚴密闡釋。他只是簡單假定了人類突然消失這個前提，而後描繪了隨著時間的演進，在幾年、幾十年，甚至幾個世紀內，地球上最有可能發生的事情。

人類從地球上消失後，那麼全世界的燈光幾乎都將在短時間內立即熄滅，地球上最後的電能將會由風力發電機產生，但幾周後，一到晚上，全世界都將陷入一片深邃的黑暗中。這是自原始人鑽木取火、圍繞篝火取暖以來從來沒有經歷過的黑暗。

在一周之內全世界 400 多個核反應爐將發生災難——核反應爐冷卻系統的柴油發動機由於失去燃料供應，將會全部罷工，核反應爐將一個接一個由於過熱而燃燒，最終爆炸，地球上將同時發生數百起切爾諾貝利式的核洩漏災難。大量放射性物質將會被釋放到空氣、河流和海洋中。

核洩漏對於動物和植物的最終影響尚不清楚。生物學家羅夫洛克認為，大部分野生生物其實並不懼怕核輻射，仍會自我生長。這是整個假設的關鍵點。

在核災難發生後幾十年，地球上的生態環境將大為改觀，海洋、河流、空氣和小溪都將重新變乾淨，在很短時間內，大自然將重新獲得對地球的「控制權」。人類消失後，一些依賴人類生存的動物將遭到滅頂之

災，譬如老鼠、蟑螂、八哥鳥、牛、羊和其他圈養動物。寄居在人類身上的蝨子將會在幾年之內滅絕，愛滋病也將從地球上消失。

不過，在廣袤的非洲草原上，獅子和金錢豹的數量將呈爆炸式增長，它們將瘋狂捕食非洲草原上數百萬隻牛羊，而不用再擔心獵人們的長矛和獵槍。人類消失後，大多數野生動植物都會繼續繁衍，人類消失後100年，非洲大象將會繁衍到1000萬隻左右。非洲草原和森林將成為野生動物的樂園。

而世界各地的城市和鄉村都將雜草叢生，幾個世紀後，英國將重新被森林和灌木叢覆蓋，一些外來動物，包括狼、熊等等，也許將穿過英吉利海峽隧道，「移民」英國。

人類消失後，倫敦和紐約等靠近海邊的大城市，將最先覆滅。由於抽水泵停止工作，這些城市的地鐵、隧道和下水道將在短時間內被水淹沒。野草將會吞沒每一條公路，15年內，英國的高速公路將會像上世紀六〇年代的非洲公路一樣原始。由於水和野草的腐蝕，許多城市建築物的牆壁很快就會出現裂縫，屋頂瓦片開始脫落，牆和屋頂間的裂縫會越來越大，20年內這些建築物將全部坍塌。在英國，大多數建築物在20年內將成為一片廢墟。美國的許多城市由於遭遇更為嚴酷的氣候，將坍塌得更快。最先倒塌的將是那些用劣質材料建成的房屋，而設計良好的鋼筋水泥結構建築物有可能「倖存」幾個世紀，而英吉利海峽隧道「倖存」的時間可能會更長。

當城市中的建築物紛紛坍塌的時候，人類的其他發明將會是什麼下場？韋斯曼教授在書中預言，鐵和鋼將是壽命最短暫的物質之一，儘管它們非常堅硬，但卻很難抵抗腐蝕。在人類消失後的一個世紀到兩個世紀內，所有的汽車將全部生鏽並爛掉，再過幾百年，代表人類文明的鋼筋水泥結構建築物也將全部坍塌。不過，與鋼鐵相比，青銅耐腐蝕性更強，可存在數百萬年。那時，遠古時代的青銅雕塑以及更多的現代青銅雕塑將成為人類文明的唯一標誌。人類消失幾百萬年後，地球上將仍會散落著成千

上萬個半氧化的青銅製品——包括雕塑和精巧的青銅器具等等。此外，用銅和合金製成的硬幣也將在地球上存在相當長的時間。到那時，地球將重返「青銅時代」。

事實上，在人類的所有發明中，塑膠袋將是「拒絕被大自然力量毀滅」的人類遺產之一。當人類從地球上消失後，數十億隻塑膠袋將像風箏一樣在地球上四處飄蕩，即使過去一萬年，大多數塑膠袋仍然不會消失。

大多數人認為紙會自動分解，但事實上，如果缺少空氣和水，紙張也可以存在成千上萬年，這也正是人類可以閱讀具有 3000 年歷史的埃及古書的原因。人類的書籍如果被掩埋在沙土層中，可能過 1 萬年後仍然可以閱讀。

人類消失 10 萬年後，金字塔和巨石陣可能仍會存在，一些核反應爐外面的碩大混凝土掩蓋物也可能仍未消失，剩下一些塑膠袋也許仍在地球上飄蕩。

人類消失後，另一種生物也許會快速進化，接管被人類「遺棄」的地球。韋斯曼教授認為，最有可能成為地球新主宰的候選者是狒狒，儘管它們也許沒有黑猩猩聰明，但它們數量龐大，此外它們也更能適應環境。

不管什麼生物繼人類之後主宰地球，它們的命運仍將和地球一樣「命中註定」要毀滅。目前，太陽正處於「中年」，在幾億年後，它會變得更熱更亮，10 億年後，太陽的熱量將會毀滅地球上的絕大多數生物。當海洋也被太陽的熱量「烤乾」後，地球的進化史將寫完最後一章，那時，地球上所有的生物將全部消失。再過幾億年，地球將徹底淪為一個擁有超熱蒸氣大氣層、被沙漠覆蓋、沒有任何生命跡象的「地獄星球」。

不過，也許外星人會注意到其他的東西。在月球上，由於沒有空氣和水的腐蝕，月球車、金屬製品和腳印可遺留到太陽系覆滅的那一天。美國「航行者」行星際探測器仍將繼續它在銀河系中漫長、寂靜的旅程，直到它們意外與星球相撞或落入路過的外星人之手。這些機器並非人類留下的最後遺物，擴散於太空中的電波生命力更頑強。當然，隨著時間的消逝，

電波也會變弱，最後消失。毫無疑問，沒有人類的地球將變得更潔淨、更美好。但沒有了人類，一些東西也會失去。

3 物種滅絕加速

　　2008 年，聯合國生物多樣性保護秘書處發布的報告顯示，自工業革命開始，全球已進入第六次物種大滅絕期。與地球史上前五次因自然災害而導致的大滅絕所不同的是，人類因其自身的活動，而把其他物種的自然滅絕速度提高了 100 至 1000 倍。而美國哈佛生物學家威爾森則預測，在 20 年內滅絕速度很有可能上升到背景計數率的 10000 倍。

　　據推測，如果按現在每小時 3 個物種滅絕的速度，40 多年後的 2050 年，地球上 1/4 到一半的物種將會滅絕或瀕臨滅絕。

　　2009 年，世界自然保護聯盟發布的《受威脅物種紅色名錄》表明，目前，世界上還有 1/4 的哺乳動物、1200 多種鳥類以及 3 萬多種植物面臨滅絕的危險。而如果沒有人類的干擾，在過去的 2 億年中，平均大約每 100 年才有 90 種脊椎動物滅絕，平均每 27 年有一種高等植物滅絕。正是因為人類的干擾，使鳥類和哺乳類動物滅絕的速度提高了 100 倍到 1000 倍。

　　生命的起源至少可以追溯到 35 億年前，但進化論並非一帆風順。古生物學家在野外採集化石標本時經常會遇到這樣的現象：在某一特定地質時期的底層中，化石，無論數量還是種類相較於之前的底層都呈現出驟然的銳減趨勢，這基本上可以確定，在這個時期的歷史上曾發生過大規模的生物滅絕事件。

　　據統計，自漢武紀以來，明顯的生物大滅絕事件發生了 15 次，其中有 5 次影響遍及全球，分別是奧陶紀—志留紀大滅絕，晚泥盆世佛拉斯期—法門期大滅絕，二疊紀—三疊紀大滅絕，三疊紀—侏羅紀大滅絕和白

堊紀—第三紀大滅絕。

　　第一次生物大滅絕，發生在距今 4.4 億年前的晚奧陶世，是地球上第三次大的物種滅絕事件，約 85% 的物種滅亡。據估計，大約有 100 個科的生物滅絕了，在屬種級別上滅絕率更高，如腕足類中，屬的滅絕率為 60%，種的滅絕率可達 85%，人們非常熟悉的三葉蟲就在這次滅絕中元氣大傷，此後再也無法恢復以前的繁榮。古生物學家認為這次的物種滅絕是由全球氣候暖化造成的。

　　第二次大滅絕發生在距今約 3.65 億年前的晚泥盆世，是史上第四大物種滅絕事件。此次，海洋生物遭到重創，70% 的物種消失了。當時淺海的珊瑚幾乎全部滅絕，深海珊瑚也部分滅絕了。層孔蟲幾乎全部消失，竹節石全部滅亡，浮游植物的滅絕率也達 90% 以上，腕足動物中有 3 大類滅絕。對於這次滅絕的起因甚少，唯一的線索是，此次大滅絕中受影響最大的是那些生活在暖水中的物種，因此很多古生物學家認為造成這次大滅絕事件的原因，是一次與奧陶紀末相似的全球變冷事件。

　　二疊紀的地球呈現一派欣欣向榮的景象，菊石、珊瑚還有魚類在海洋中非常繁榮，兩棲動物以及爬行動物進一步深入內陸活動，這段相對穩定的時期持續了大概 4000 萬年。到了晚二疊紀，大約在 2.5 億年前，地球歷史上最大的一次大滅絕事件發生了。古生物學家認為，大規模海侵和缺氧可能是海洋生物滅絕的一個原因。

　　這次事件使地球上 96% 的海洋生物和 70% 的陸生物滅絕，其滅絕科數占當時動物科總數的 57% 左右，83% 的屬從此消失。這次大滅絕使得占領海洋近 3 億年的海洋生物從此衰敗，許多古生物繁榮的重要生物門類，如三葉蟲，盾皮魚等均遭滅門，曾長期統治淺海底域的腕足動物，一大批貝類全部消亡，連深水海域裡的放射蟲等也慘遭重創。這使生態系統獲得了一次最徹底的更新，為恐龍類等爬行類動物的進化鋪平了道路。古生物學界普遍認為，這一次大滅絕是地球歷史從古生代向中生代轉變的里程碑。

中生代，人們通常稱之為恐龍時代，這個時代發生過兩次大滅絕，第一次成就了恐龍的興起，後一次則消滅了恐龍。恐龍的興起得益於第四次大滅絕，發生在距今 2.5 億年前的三疊世。這次滅絕也謎團重重，它造成的影響相對輕微，是五次大滅絕中最弱的，但也有 1/3 的科，76% 的物種在此時期滅絕。其中海洋生物有 20% 的科滅絕，陸地上大多數非恐龍類的古爬行類，似哺乳類和一些大型兩棲動物都滅絕了。在這次滅絕中，牙形石類全部滅絕，菊石、海綿動物、頭足類、腕足動物、昆蟲及陸生脊椎動物中的多個門類，都走到進化的終點。他們騰出了許多「生態位」，為很多新物種的產生提供了有利條件，恐龍就是從此開始了它們統治大地的征程。

最後一次的大滅絕，也是人們熟知的一次大滅絕，雖然它的起因眾說紛紜，但是結果卻毫無爭論：恐龍從地球上消失了，那些恆溫的，小型哺乳動物終於有了契機占領地球，直至演化成人。

4 未來是野蠻世界

2005 年，英國地質學家道格‧迪克遜在他的著作《未來是野蠻世界》中預測，百萬年之後，人類已經從地球上消失，地球將徹底回歸為野生動物的王國。迪克遜和他的同行約翰‧亞當斯給那些以後可能會出現的未來生物起了許多種的名字。

道格‧迪克遜的觀點是，在 500 萬年以後會出現一個冰河世紀，人類自然無法熬過冰冷的世界。而類似巨型老鼠的齧齒動物和另一種大型水鳥卻在這個過程當中得到了空前進化。

再過 1 億年，冰河世紀過去，地球上的冰層逐漸融化，這時陸上大型的哺乳類動物走到了生命的盡頭，取而代之的則是海洋世界：有卡車一

樣大小的水母，章魚演變而來的近親，還有比恐龍更大塊頭的爬行類動物……

道格‧迪克遜預測，在 2 億年間，地球上會多出無數先前聞所未聞的物種，如「魚鳥」，一種能用腮在水中呼吸但能像鷹一樣高飛的鳥類；「噸魷」，一種數噸重卻生活在陸地上的魷魚；「魷猴」，一種魷魚和長臂猿的雜交後代，素食動物，但卻是以後世界上最聰明的動物，諸如此類。

美國古生物學家彼得‧沃德則不同意迪克遜的看法。他還描繪出了與之截然相反的畫面：未來的世界是屬於齧齒類動物，未來將是老鼠的世界。老鼠由於搜尋食物的需要，將會進化得形如小袋鼠，兩顆門牙也因刨食需要變得更長。

根據他的預測，千百萬年之後，人類仍然有自己的寵物，但是他們已經不是這個地球的主宰者，他們也沒有現在這麼繁盛了。那時，如今在地球上稱王稱霸的大型哺乳類動物像老虎、獅子、熊等都因為棲身之地遭到破壞而一一滅絕。

在沃特看來，人類不會在未來徹底滅亡，但是地球一定會有個翻天覆地的變化。那時，人類不但沒有從這個星球消失，反而會有比現在更加龐大的人口。

若果真如此，集中在兩個地方的動物將會進化的最快：人群密集的城市和土地肥沃的農村。百萬年以後，大片的草原將不復存在，地球上也不會再有龐大的哺乳類動物了。

根據化石的研究結果，齧齒類動物的基因中具有很強的衍生新種類能力。因此，在如此龐大的家族中那些不適應環境的會逐漸被淘汰，而那些生命力強的則會進化，然後再衍生更多的分支，淘汰率極低。

美國約翰‧霍普金斯大學地理生物學家史蒂夫‧斯坦利也預測，現代社會裡的鼠和蛇的種類在不斷地增多，不停地分化出其他種群。如果老鼠變得多樣化，那麼蛇也會那樣，因為多數的蛇都以老鼠為食。那時候，地球的溫度會比現在更不穩定，而那些對變化較快溫度適應能力強的動物自

然才能得以倖存。此外,這些動物還要有超強的抗汙染能力。因此,沃德推斷像老鼠這樣的齧齒類動物、蛇、蟑螂以及烏鴉等一直讓現代人噁心討厭的動物卻是未來地球的主人。

5 重返古新世

2005 年,美國《發現頻道》網站公布了 100 多位國際權威的生物學家、氣象學家、地質學家、社會學家和人類學家等,對 500 萬年、1 億年和 2 億年以後的地球環境和生物進行的預測。到那時由於地球環境出現劇變,已不適宜人類生存,人類已經遷移到太陽系的其他星球居住,把這個藍色的星球留給了經過特別進化的奇特生物。

500 萬年後:地球周而復始的冰河期再現。

500 萬年後,又是一個冰河期,極地的冰又會大量增加,覆蓋的區域就像上次冰河期一樣大。到那時,現在的法國北方會非常寒冷,北極圈到時會擴展到巴黎,冰厚達兩公里。而地中海已經乾涸,變成一塊巨大的鹽層。

500 萬年後,亞馬遜熱帶雨林也不復存在,整個亞馬遜就成一個大草原,就像是南美大草原一樣。美國堪薩斯州變成寒冷的不毛之地,整個北美地區都會變成沙漠。這樣的環境已經不適合人類居住,而那時主宰地球的將是一些奇特生物。

在北歐地區是一片冰原,那裡生活著雪地跟蹤獸、鯡鳥鯨和粗毛鼠,而北美則成了一片沙漠,生活著死亡收集者鳥、斯賓克鳥和格格背獸,巴布卡里狒狒和卡拉基拉鳥是那裡的主宰。

1 億年後：溫室地球時代，地球重回海洋。

　　1 億年後，由於南極洲和格陵蘭冰蓋融化，海平面比現在的海平面要高 100 公尺。孟加拉灣變成巨大的沼澤地，澳洲和亞洲合成一個大高地，像是新的喜馬拉雅山。而莫斯科已經是一個巨大淺海。曾經荒無人煙、似乎毫無生命跡象的南極洲大陸，在板塊構造運動的推動下，一直向北漂移，漂到了溫暖的水域。

　　1 億年後，那時已經沒了工廠和牛類向大氣中釋放二氧化碳等溫室氣體，但那時的地球卻炎熱得像個大火山，向大氣中釋放出一氧化碳和一氧化硫等氣體，大氣中富含二氧化碳和氧氣，那時候，在淺海區生活著海洋幽靈水母和暗礁滑行魚，而在孟加拉灣則有潛伏魚、塔拉頓龜和沼澤章魚，大高原的動物有大藍風信使鳥、銀蜘蛛和波格獸。

2 億年後：泛古陸第二期，沙漠時期的影像。

　　到了 2 億年後，所有高級脊椎動物種類都會消亡，最大的食草動物是可怕的魷魚。2 億年後的地球只有一個大陸，被一個大洋包圍著，就像蛋黃被蛋清包圍著一樣。月球的引力讓地球速度變慢，那時一天有 25 個小時，所有的大陸都漂移碰撞在一起，成為一個完整的大陸，中央是乾旱荒蕪的沙漠，但在大陸周圍靠近海洋的地方則有雨林，現在的大洋自然合併成「全球洋」，那時候的大洋比現在更狂暴，氣候條件極端，颶風經常發生，大洋的中心離最近的大陸也有 1 萬英里遠。

　　在全球洋中生活著沙克帕斯鯊魚、銀殼魚、弗利什魚、彩虹魷魚，大黃蜂生活在沙漠，沙漠中的動物還有土節蟲、花園蟲和滑絲帶蟲等，在北方森林中，大魷魚、斯奎本魷魚和滑管菌在那裡漫遊。

附錄一
未來世界編年史

2020 年：量子電腦誕生，它將以無型性廣泛存在於各種機器中。家用量子電腦將主要採用人體生物電作為能量供給，隨身攜帶將更便捷。

2025 年：人類首次登陸火星。無線上網將變得極其便宜與便捷。量子發電機將應運而生。

2030 年：人類將迎接全塑膠機器時代的到來：手機、電視、手錶、電腦內將會廣泛使用廉價的塑膠晶片，而以上機器的顯示器部分則採用發光塑膠，性能更勝過液晶顯示。能照亮整間屋子的可折疊塑膠薄片將代替傳統燈具，能夠噴塗在牆上的發光塑膠塗料將採用於建築室內裝潢中，隨天氣變化而改變顏色。塑膠太陽能電池技術走向成熟，讓我們過上電力自給自足的日子。

2035 年：家庭機械電子工廠將進入千家萬戶，足不出戶就可製造出完全符合消費者需求的產品。眼罩式顯示器將成為個人電腦配置的主流模式，真正的全析影像首次到來。世界上第一座商用核聚變發電站建成，第一座氫發電站也將在建設中。

2040 年：太空升降機——「太空梯」大規模運輸，採用太陽能動力的機器人在三英尺寬的碳奈米管太空升降機上以每小時 120 英里的速度升降，從而使向地球軌道運送材料的成本由每磅 1 萬美元下降至 100 美元，將淘汰大部分火箭。由於資訊網路的發達，將興起在家辦公的熱潮。

2045 年：啟動「人類基因組改造工程」——將重新設計人類的 DNA，開始擁有選擇人類自我進化方向的權利。富有家庭將可以購買優良品種的基因以便植入自己即將出世的後代身上，人的外貌、智商、體能等

等各方面素質均可以在出生前就設定好。此外，在醫療中將廣泛採用「基因電路」設計，引入到質體上的細菌中的合成基因電路，製造出人工合成生物體系，它們具有其所對應的更複雜的自然生物體系所具有的某些特徵，譬如可以誘導一個「殺手基因」去引起細胞死亡，從而限制細胞數量用以治療癌症；也可以利用幹細胞建造人體的任何器官。

2050 年：對神經病學的研究將能理解各種感官並且會直接運用這種成果，做出一種能夠模擬人類所有感觀資訊的金屬「大腦帽」。任何人戴上這頂帽子，都能進入虛擬實境空間，體驗整個世界（全析影像），這項技術的廣泛發展將導致整個影視遊戲娛樂業發生根本性質的革命。醫生們戴上這頂帽子，可以體驗病人的症狀。遊戲者通過它，可以組建另一個虛擬世界（人機結合第一步）。

2055 年：石油資源枯竭，世界經濟進入後石油時代。出現能自我複製增殖的馮·諾伊曼機器。

2060 年：厭倦了每天的生活，上百萬人用冷凍法讓自己「移民」到未來以尋求刺激。人造能處理各種各樣垃圾廢物的微生物將誕生並將廣泛得以應用。第四代核武器——世界第一顆利用反物質能源的「光子彈」成功試爆。

2065 年：利用氫動力能源的碳纖維汽車將進行流水線生產，開始遍及世界各地。人類的自然分娩充滿著危險，將製造出能夠代替人類懷孕以及生產的機器。

2070 年：世界第一艘天空母艦建成，世界戰爭格局將完全改觀。世界第一座高度超過千米的建築將竣工。世界第一個太空城市將開始建造，將陸續有移民遷入。人與機器之間的交流將更便捷於人類之間的交流，機器可以讀懂或理解人類的思想；人類也可以把腦電波轉為電波信號，直接用意志遙控機器。因此，人類也可以用意志直接地駕駛任何交通工具，用意志直接地操控電腦系統（人機結合第二步）。

2075 年：開始大規模開發月球，將在月球上巨型的火山洞中建築新

城市，用水將取自於貯存於月球南北兩極的冰。並且，用月球上儲量豐富的氦 -3 來進行核聚變發電，再通過巨型紅外線發射器用以大量供應地球。

2080 年：人造智慧將達到人腦的水準（人機智能對話成為可能，圖靈測試則將在某些特定領域變為現實），從此，地球上將有兩種聰明的物種同時存在。等待人們將是一個機械化的天堂，機器人開始享有人權。智慧型機器人開始大規模地代替產業工人，同時機器人也將進入千家萬戶包攬煩瑣的家務。難以想像的舒適生活將使人們過上富有的、遊手好閒的日子。人類退休了，這是走向生物後社會的第一步。

2085 年：全面裝備戰爭機器人，大規模機器戰爭將開始醞釀。萬用翻譯機器誕生，這將極大地加速了全人類的統一。

2090 年：奈米技術運用純熟，大規模利用轉基因技術培育出的微生物來生產各種各樣美食，生產效率將大大高於傳統農業。因此，農業將逐漸消失。

2095 年：人工智慧開始代替人類的智力勞動，更多更優良的新型機器將由同樣屬於機器的人工智慧設計並製造出來，從而實現機器的設計與製造的全自動化。利用人類特異功能原理製造出能夠進行遙感通靈的遙感機，即時資訊收集將變得異常便利。

2100 年：目前使用的貨幣將取消，全球將通用一種「時間」貨幣單位，這種貨幣主要不以物質實體存在。

2110 年：「人機結合」技術將獲得重大發展，通過注射或吞服數百萬「奈米機器人」植入人體，製造出「電子人」，甚至成為人類智慧的延伸，以期用此與高度發達的人工智慧相抗衡。充分理解細胞的語言，科學家將製造出能夠支援大腦記憶庫的晶片（人機結合第三步）。

2115 年：人類可以按照自己的意圖利用基因技術創造出大量新的物種，同時讓眾多已絕種的物種再生，甚至包括恐龍。整個地球的生態系統將發生革命性突變。物理學的大一統理論將誕生。

2120 年：通過轉基因技術將含有 DNA 電腦的資訊「植入」人類胚

胎，創造出轉基因人機合體——同時生長著人腦與 DNA 電腦的新人類
（人機結合第四步）。

　　2130 年：地球與月球之間將通過超長「太空梯」連接在一起，地月
間的物質交流將變得異常便捷。製造出「夢境機器」，人類將可以控制自
身的夢境。

　　2140 年：製造出利用量子原理進行存儲與計算資訊的「量子細胞」，
機器人開始進入「多細胞時代」——由數十億「量子細胞」（奈米機器人）
組成單一整體機器人。世界上第一部保障機器人人權的法律將頒布。

　　2150 年：虛擬實境技術發展到極致，整個人類生存環境都可以真實
地在遊戲中模擬。人類將更願意生活在虛擬世界裡，組建自己的虛擬世
界，相當一部分人將就職於虛擬世界領域。

　　2170 年：飛碟普及，世界交通領域將煥然一新。對於人類大腦生理
學方面的研究將突破臨界點，繼而創造出可讓人類無需睡眠的機器，促使
人類整個生命歷程將發生極大改觀。

　　2200 年：「宇宙新型動力」的發展，使人類有能力開始探索太陽星系
外的星際。

　　2250 年：時間機器誕生，人類將遨遊於地球上各個不同歷史時空，
整個地球史將成為整體。

　　2270 年：記憶將能夠移植，教育制度將發生本質性的轉變。大規模
開發火星。人類將能夠控制全球氣候，沙漠將人工地變綠洲。

　　2360 年：人類首次正式與外星文明接觸，開始全面瞭解外星文明的
歷程。即時，「宇宙生物學」將創立。

　　2480 年：大規模開發小行星將成為可能。甚至可以將整個小行星改
造，在其內部用以容納數百萬人口的城市。

　　2690 年：沒有通過人工基因改造的人類將越來越少，地球上將形成
以後人類為主的人類社會。後人類將以光的輻射傳遞作為主要能量補給
方式。

2870 年：人類甚至可以將自己的意識下載到智慧型機器內，從而達到某種程度的「永生」（人機結合第五步）。

3050 年：月球在政治上宣布獨立，城市繁榮遍及月球。同時，全球各大洋海底將開始遍布城市。

3340 年：從太空到深海都將遨遊著巨型或奈米機器人。由無數奈米機器人組成的奈米塵雲將對全太陽系環境構成汙染威脅。

3400 年：全球政治統一，將撤銷一切海關，貿易、人口等流通完全自由。在人工基因改造的進化後，人類自身的生理機能可以完全適應在真空中生存，人類可以不用任何設備而在太空中行走。

3570 年：人工智慧體系將發生失控，「黑洞炸彈」等終極性武器被廣泛性使用。

3710 年：為了逃避戰爭的陰影，人類首次進行恆星際移民，部分人類遠遷至外太陽系新的星球。

4200 年：人類的私有制逐漸消失，國家的概念將起變化。

4350 年：地球氣候發生巨變進入下一次冰河時代。將在水星表面佈滿太陽能板用以供應地球。

4500 年：位於茫茫冰原之中巨型城市將建成，以地下、地表、空中立體形態呈現，平均高度 400 公尺，通信、交通線路將遍布建築物內部，人口以 10 億計。同樣巨型城市將在外太空出現。

7690 年：人類將批量機器人投放至金星，以期望它們能夠自我增值、自我改造逐步建立起完全獨立於地球文明的金星機器文明。

26940 年：由於地球冰河紀進入極盛，地球人類將大規模遷徙至外太空，只在今天的熱帶地區存在常居人口，人類進入「太空遊牧時代」。

10 萬年後：高度發達的機器人將淘汰人類，地球將進行地質史上的又一次物種大爆發。

120 萬年後：外銀河系文明出現。

附錄二
你不能不知道的未來趨勢——中國崛起

1. 2020，中國升入全球發達國家

　　任何關於未來的探討，都必須先從中國說起。擁有全球 1/4 人口的中國常被列入未來世界強國，它的經濟在近 30 年裡突飛猛進，這無疑使其成為一個重要的強國。

　　2010 年，美國智庫卡內基基金會預測，2030 年中國 GDP 就將趕上美國，考慮到人民幣對美元升值最終可能為 3：1，到 2050 年中國的 GDP 將為 82 萬億美元，將是美國 44 萬億美元的兩倍。三大國際組織將移往中國，世界銀行、國際貨幣基金組織和聯合國經社總部有可能遷至中國北京或上海，就像現在的歐盟一樣，美國在全球經濟將只能發揮次要的影響力。

　　但是中國的人均生活水準仍將趕不上美國。即使到了 2050 年中國人均 GDP 為 5.3 萬美元，也只有美國 9.5 萬美元的 2/3 左右。報告預測，到 2100 年，中國人均 GDP 才有可能超過美國。

　　2006 年，世界金融巨頭美國高盛公司在其發布的第 138 號全球經濟研究報告《中國是否會未富先老？》中預測，到 2027 年中國成為老齡社會的時候，其人均 GDP（2005 年價格）在所有（預測）情景中都已超過 1 萬美元，標誌著它會成為一個名副其實的發達國家……到了 2030 年，……估計中國的人均 GDP 是 21626 美元（2005 年價格）。

　　然而，這僅是一種保守的預測，被譽為世界經濟學之父的美國芝加哥大學教授、諾貝爾經濟學獎得主羅伯特·福格爾在《外交政策》雜誌上發表文章預言，按購買力平價方法計算，2040 年中國 GDP 將達到 123

萬億美元。這一規模相當於全球 GDP 的 40%，遠超過美國 GDP 占全球的 14%。到 2050 年後，中國以購買力為準的 GDP 將達到美國的兩倍。而在 2010 年，中國的 GDP 已超過日本躍居世界第二位。同時，福格爾還預測，2040 年中國人均收入將達 8.5 萬美元，達到歐盟（EU）的兩倍以上。雖然仍不及美國，但將超過日本。

福格爾推測，未來 20 年左右，中國中學入學率將提高近一倍，大學入學率增加大約 50%，僅此一點就能使中國的經濟年增長率提高六個百分點以上。在二十世紀的最後 20 年裡，許多西歐國家的高校入學率從大約 25% 增至 50%。根據經濟學家愛德溫·曼斯費爾德的研究，教育水準提高的結果不僅僅是勞動者的生產率顯著提高，公司的效益也是如此。在 1971 年的一項值得注意的研究中，曼斯費爾德發現，那些及早採用複雜新技術的公司總裁一般而言比緩於創新的公司主管更年輕，所受教育也更好。

福格爾在分析經濟增長的原因時，也提到中國其自身嚴重的人口問題：收入差距拉大、燃料短缺、水源匱乏、環境汙染以及仍然不穩的銀行系統。對西方人來說，關於以亞洲為經濟中心的世界的說法似乎難以相像。正如以長遠歷史眼光看問題的中國學者常常指出的那樣，在過去兩千年的大部分時期，中國的經濟規模居世界第一。當歐洲尚在黑暗時代摸索並進行災難性的宗教戰爭時，中國就已形成了當時世界上最高的生活水準。早在 1999 年的時候，羅伯特·福格爾根據研究做出預言，到 2015 年的時候，中國的汽車產量將達到 1000 萬輛，這一預測引起許多經濟學家的質疑，因為 1998 年中國的汽車產量僅僅 50 萬輛。但到 2009 年，中國的汽車產量已經達到了 1000 萬輛，使這些預測更加吸引世界媒體的目光。

2. 大趨勢，工資大幅上漲

2006 年，世界銀行在《全球經濟展望》報告中預測，至 2030 年，中國人工資將大幅上漲，人均收入將從相當於高收入國家平均水準的 19%，上升至 42%。自 1989 年至 2004 年間，中國實際工資的增幅為 110%。

　　2030 年，世界在貧困和收入分配方面將發生重大變化。消費低於每天 1 美元的貧困人口，將從目前的 11 億減至 5.5 億，而消費低於每天兩美元的貧困人口，將從目前的 27 億減至 19 億以下。同時，貧困人口中非洲國家所占的比重將明顯上升：到 2030 年，東亞和南亞在全球最貧窮的 10% 人口中的比例，將占 30%，低於 2000 年的 60%。而非洲亞撒哈拉地區在最貧窮的 10% 人口中的比例，將從 30% 升至 55%。

　　此外，全球中產階級（收入介於目前巴西與義大利平均收入之間的人）中，有 12 億人將來自發展中國家，高於 2000 年的 4 億。

　　未來 25 年，環境制約或疾病似乎都不可能使全球經濟停頓，不過它們可能帶來局部性或暫時的困難。戰爭，包括動用核武器或生化武器的非對稱性戰爭，似乎是一個更大的威脅。

　　2010 年，全球領先的英國智庫歐睿公司在報告中預測，隨著中國經濟大踏步地向前，中國的中產階層的隊伍也不斷壯大，到了 2020 年，在經濟的強大驅動下，這一數字將達到 7 億。而哈佛大學東亞經濟研究所主任德懷特帕金斯也指出，目前，中國的中產階層規模少於總人口的 1/4，但是隨著中國經濟的增長，這一比例將會持續增加，這是毫無疑問的。

　　中國中產收入標準：11800 至 17700 美元／年（約合人民幣 79945 至 119918 元／年），目前中產階層占全國人口的比例約 23%。

　　1978 年的改革開放，經濟翻天覆地一番之餘，帶來的是一代人身分的變遷。在傳統的產業工人和農民之外，出現了一個新的中產階層，或者說出現了中等收入群體。2002 年的一項研究指出，中國中產階層的人數已經達到 8000 萬人以上。

　　著名社會學家、中國社科院榮譽學部委員、原社會學所所長陸學藝主編的《當代中國社會結構》一書指出，2001 年以來，以中產階層加速崛起為標誌，現代社會階層結構在進一步形成。據該書介紹，在 2000 年之前，中國社會階層結構中已經出現了中產階層崛起的趨勢。2001 年的全國調查表明中產階層的規模已經達到 15% 左右。而在 2000 年之後，中產

階層崛起的速度在加快。

根據 2005 年全國 1% 人口抽樣調查、2005 年中國人民大學、香港科技大學中國綜合社會調查資料（CGSS）、2006 年中國社會科學院全國綜合社會調查資料（GSS）的綜合分析，目前中國中產階層的規模比例為 23% 左右。

短短幾年間，中國中產階層規模比例提高了 8 個百分點，這遠遠快於 2000 年之前中國中產階層的成長速度。因此，英國路透社稱，從世界級的基礎設施到數量龐大的中產階層，中國都令人瞠目結舌。

英國智庫歐睿資訊諮詢公司的研究顯示，到 2020 年，中國的中產階層將達到 7 億人。而根據國家人口發展戰略研究稱，2020 年中國人口將達到 14.5 億。那麼，再過十年中國的中產階層人數將占到總人口的 48% 以上，到時候中國人近半成為中產階層。

而美國早已是一個中產階層的市民社會，年收入三萬到二十萬美元的就屬於中產階層。而這一階層達到了總人口的 80% 左右。美國中產收入標準為 2 至 3 萬美元／年。目前中產階層占全國人口的比例為 80%。

以普通美國人家為例，夫妻兩個人加起來年收入十萬美元左右，一工作就買了一輛日本車，工作了兩年之後，開始供一套二十萬美元左右的房子，一百多平方公尺，在波士頓的市區，足夠一家三口居住。這其中，美國上層中產階層（受到過高等教育的高端職業人士或高級管理人員），家庭年收入大多在 8 至 15 萬美元之間，占人口的 10％。而美國下層中產階層（半職業的高級技術工人或者工匠或者自雇人士），家庭年收入通常在 3 至 8 萬美元之間，達到了人口 30％。

世界銀行曾發布報告稱，未來 20 多年，全球化將把 8 億多人「推入」中產階層。到了 2030 年，中產階層的人口將增加到 12 億，占全球人口的 15％。

日本神戶大學石原享一教授提到，「現在中國應該努力實現的經濟發展計畫不是總數量的擴大，而是品質的發展。要使中產階層增加，縮小收

入差距的話，還面臨著如下三個重要的課題，首當其衝的就是通過累進稅制對收入進行再分配。其次還要完善教育和社會保障。最後就是培養社會責任為第一位的企業文化。日本企業的經營幹部和普通員工之間的工資差並不大。日本的中產階層占很大比例的原因有如下兩點，首先就是，用最高為 75% 的累進個人所得稅制將收入進行了再分配。因為這是完善教育和社會保障的財源。」

3. 中國崛起的二線城市群

2010 年，美國《外交政策》雜誌刊發文章預測，未來 20 年世界將經歷規模和速度均前所未有的城市化擴張。然而，並非所有國家都會參與這一進程；正在崛起的亞洲，特別是中國和印度兩國將在新的城市化時代中扮演重要角色。

20 年後，亞洲一半地區將實現城市化，近 10 億人從農村向城市遷移，數以萬億計的資金將用於修建道路、電力和供水系統以及發展社會服務。中國和印度將在全球新一輪城市化進程中占據 40% 的份額，但兩國應對這一變化採取了不同的策略。中國已經有系統的計畫，開始規劃土地和建造交通網絡，而印度並沒有做好足夠準備。

20 年後，亞洲城市人口占全球城市人口比例將由 1950 年時的 1/3 增至 55%，印度和中國將擁有全球 30% 的城市人口。20 年前、當前和 20 年後世界城市人口總數分別為 20 億、32 億和 47 億，同期亞洲城市人口數量為 8 億、16 億和 25 億。

短短 20 年裡，中國人口超過 4000 萬的城市地區數量將達到 44 個，印度將擁有 11 座這樣的城市。誰將居住在這些城市裡呢？中國居民主要是來自農村地區的移民，印度則主要是新增人口。20 年後印度 55 歲以上人口比例為 16%，中國是 28%。

到 2025 年，70% 的中國人將生活在人口數量過百萬的城市裡，印度的這一比例為 47%。到 2030 年，中國將擁有人口過百萬的城市 221 座，

新增城市居民 4 億,超過美國全國人口。印度人口過百萬的城市將達 68 座,新增城市居民 2.15 億,超過西班牙全國人口。

如果保持目前的發展趨勢,中國未來 20 年需要新增 400 億平方公尺的商住綜合建築,相當於每兩年增加一座紐約城。印度則每年需要新增 7000 至 9000 萬平方公尺的建築面積,相當於每年兩座孟買或一座芝加哥。

未來 20 年中國需要新增建築面積 400 億平方公尺,相當於 10 個紐約或瑞士全國面積;印度需要新增 14 至 18 億平方公尺,相當於 4 個紐約或科威特全境。

中國已經計畫在 170 座主要城市修建新的地鐵、公路和高速鐵路,北京在 2004 至 2006 年期間僅城市交通支出就增長了近 50%。相比之下,印度交通基礎設施建設的支出急需提高。以該國目前地鐵和道路建設速度來看,印度即將遭遇大範圍的交通擁堵。要適應目前城市化發展速度,印度需要每年修建 350 至 400 公里的地鐵線路,而這是過去 10 年中修建能力的 20 倍投入。

城市化進程需要巨額資金投入,未來 20 年中國需要投入 35 至 40 萬億美元,印度的花費為 2.2 萬億美元。兩國需要在教育和醫療衛生等方面投入鉅資。由於 65 歲以上人口數量翻倍和大量城市移民出現,中國在醫療衛生方面的支出占 GDP 比例將由 19% 上升至 21%。儘管中國經濟實現快速增長,要承擔這一開支也並非易事。中國許多大城市能夠在資金方面實現自足,但其他小一些的新興城市仍然存在赤字。印度的城市開支相比於國際標準仍非常低。

居民

中國和印度的大城市將迎來越來越多的中產階層,創造出比如今的日本和西班牙更大的消費市場。中國城市中產階層家庭數量將增長 3 倍,印度將增長近 4 倍。印度年收入超過 100 萬盧比(約 2.2 萬美元)的城市家庭數量將達到 1100 萬,超過澳大利亞全國家庭總數。城市化進程加快將

拉大農村和城市地區之間的貧富差距，中國和印度城市人均 GDP 將分別是農村人均 GDP 的 3.5 倍和 5 倍。

城市就業將比農村地區更加普遍且收入更高，中國年增長 26% 的大學畢業生大部分會在城市工作，印度城市新增就業職位的 3/4 在服務部門。

即使中國和印度盡可能多地修建鐵路、公路和地鐵，仍將無法滿足城市化發展和汽車數量激增的需要。過去 20 年，中國汽車數量增長速度是道路承載能力的 3 倍，北京市內車速已下降到不足倫敦的一半。印度的前景更糟，如果該國城市基礎設施投資按照預期 20 年 3000 億美元的速度進行，全國交通將陷入停滯狀態。

以目前投資速度計算，到 2030 年印度城市將面臨公共服務危機，需要 3800 萬套住房，每天有 1090 億升汙水得不到處理，每天缺少 940 億升用水，每年有 820 億噸垃圾待清理。

市政

中國城市化最大挑戰可能要算水供應了，目前 70% 的用水需求來自農業，但城市消費者和商業企業需求正在增加。相比於總水量，水資源分布不均問題更明顯，未來數年需要花費超過 1200 億美元用於水資源的運輸、存儲和管理。在印度，大多數城市基礎設施部門未來幾年裡都將出現服務能力不足的問題。

2009 年，總部位於美國的麥肯錫全球研究院在一項中國城市化報告中預測，在未來 20 年內，中國城市 40% 以上的人口將由移民組成，當地政府向市民提供服務的能力將面臨巨大壓力。在現有 1.03 億城市移民的基礎上，在 2025 年前，中國城市還將面臨另外 2.43 億移民湧入，導致城市總人口接近 10 億人。

報告預測，在更集約化的城市化模式之下，到 2025 年，中國人均國內生產總值將提高 20%，因為大型城市的生產率通常更高，能源利用效率也將提高 20%。這一模式還能降低城市發展占用的可耕地面積。為應

對這些日益加劇的壓力，中國應摒棄當前更分散化的城市化模式，轉而採用更集約化的模式。中國當前的模式形成了成百上千的中型城市，並導致了中國標誌式城市的無序擴張，而集約化模式則強調城市數量更少但規模更大。然而，鼓勵發展大型城市也將帶來一些弊病，例如：空氣汙染加劇，而中國繁忙道路上的交通擁堵狀況也將更嚴重。

麥肯錫預測，在 2025 年，中國將發展出 11 個經濟聚落，其中包括瀋陽、大連、青島、濟南、西安、鄭州、長沙、廈門、福州等城市，各自帶動旁邊數個的城市發展。8 個超級城市將在 2025 年誕生，分別是北京、上海、廣州、深圳、天津、武漢、重慶和成都等 8 個人口超過千萬的巨型城市。中國將出現 221 個 100 萬人口的大城市，23 個 500 萬以上人口的大城市。在十年內，中國數億人將躋身上層中產階層。到 2025 年，該階層的人數將高達 5.2 億，涵蓋中國城市人口的一半以上。

目前，中國家庭會將稅後收入的 1/4 存入銀行，這是世界上最高的存款率之一。中國高儲蓄率的兩大原因是對醫療保健和退休養老的擔心。在未來的 20 年內，城市消費者在食品上的消費將以每年 6.7% 的速度增長，保持其在消費大類中的首要位置，並使中國成為全球增長最快的食品市場之一。但其他消費大類增長得更快，因此食品所占的消費比例將有所下降。住房和醫療保健將成為兩個增長最快的消費大類。到 2025 年為止，這兩項支出加起來將占到家庭預算的 16.6%。

4. 2030，中國地價預測

2010 年 6 月，中國宏觀經濟學會秘書長、經濟學家王建撰文預測，在 2030 年前的 20 年中，中國的城市地價與房價都仍將處在強勁上漲的時間段內，而且會比進入新世紀以來的十年上漲得更強烈。中國地價將以 11% 的速度遞增，在 2030 年左右，中國將到達人口高峰，全國平均樓價將從現在的 4000 元／平方公尺，漲到 3 萬多元／平方公尺，即現在的十倍左右。15 億人口中將有 12 億城市人口，城市化率超過 80%。

目前如果不算進城打工的農民，當前真正的城市人口只有 4.5 億，因此在未來 20 年將有接近 8 億人要進城，是目前城市人口的兩倍，而同期的經濟總規模也將增長 13 倍，但是同期內的城市土地可供量僅能增長 48％。

2005 年，中國城市人口（為非農人口）為 3.58 億人，當年城市建成區面積為 3.25 萬平方公里，城市人口人均占地水準為 91 平方公尺。按城市建成區人均占地與城市間交通網絡人均占地大體為 6：4 的比例計算，交通人均占地為 61 平方公尺，則 2005 年城市人口人均占地為 152 平方公尺。

到 2030 年，按人口 15 億和 80％的城市化率計算，將比目前新增約 8.5 億城市人口，如果按 2005 年的平均城市化占地水準計算，將需占用 1.9 億畝耕地。

全球糧價上漲將再次抬升地價，土地是不可再生的資源，房價上漲與地產商「捂地」行為有關，但是捂地行為是建築在資源短缺的基礎上，地產商正是由於清楚地看到了土地的長期稀缺性，才敢出鉅資大量囤積土地。未來 20 年中國的非農土地供給只有 2000 多萬畝，分配到中國的幾百個大城市，其中的大部分還要用到工、商、醫療、文教和城市基礎設施建設中去，能分配給房地產業的很少。關於 2030 年以前中國非農土地的可供量目前還有很多爭論，在未來，中國政府將繼續執行 18 億畝耕地紅線不能碰的原則，2030 年中國將達到 15 億人口，自 1998 年以來，中國人口增加了 8713 萬人，增長了 7％，但糧食產量僅增長了 3.6％，剛剛超過人口增長率的一半，如果按照目前的糧食增長速度，到 2030 年中國的糧食總產量僅能增加到 5.7 億噸，即有 1.8 億噸需要進口，這已經相當於一年全球糧食貿易量的 80％了，由於糧食是最重要的民生產品，中國占有如此大的世界進口份額是不可能的。

土地產出率與地價上漲率具有一致性。如果是計算地價增長率，應該比房價增長率更接近土地產出率的增長率。根據滙豐銀行的研究報告，其中估計 2008 年中國的地價總值是 100 萬億元人民幣，如果按 2008 年全國

城市建成區面積 3.63 萬平方公里計算，中國城市當年每平方公尺的平均地價就是 2780 元。

測算 2030 年的中國 GDP 總值，2000 年以來，中國 GDP 的平減指數年均為 4.2％，由於次債危機爆發後世界各國政府為了刺激經濟復甦大量印鈔，而世界經濟可能仍處在低迷期，因此未來 20 年內的通脹率應該大於前十年。因此，未來 20 年中國的 GDP 平減指數測算為年均 4.5％。由於中國城市化嚴重滯後，其中包含了巨大的需求增長動力，因此以未來 20 年的經濟增長率按偏於保守的 8％計算，2008 年的現價 GDP 是 30.1 萬億元，則到 2030 年中國的現價 GDP 總值就是 430 萬億元。

在 5.35 萬平方公里面積上產出 430 萬億元經濟總量，則到 2030 年中國城市單位土地的 GDP 產出率就是 80.6 萬億元／萬平方公里，是 2008 年的 9.7 倍。這個增長倍數也就是地價增長倍數，即到 2030 年中國的地價基本上是目前的十倍。如果 2008 年中國地價均價是 2780 元／平方公尺，則到 2030 年就是 2.7 萬元／平方公尺，這個城市土地均價乘上全國城市面積，就是到 2030 年中國的地價總值，是 1445 萬億元。

根據經濟資料，日本在 1990 年地產泡沫高峰時，人均 GDP 為 30000 美元，東京城區房價均價 20000 美元，全國的城市地價總值約 24 萬億美元，比 1985 年廣場協定後增長了 1.4 倍，如果擠掉泡沫，日本正常地價總值應在 10 萬億美元左右。中國的國土規模是日本的 25 倍，按這個倍數計算，到工業化完成期中國的地價總值應是 250 萬億美元，按目前匯率折算應是 1700 萬億元人民幣，與上面所計算的 1445 萬億元的地產總值相差不大。

在日本等東亞國家，地價一般占房價的 70％，如果也按這個水準計算，到 2030 年中國商品房屋的平均價格應該已經超過了 3.8 萬元／平方公尺。北京、上海這樣的大城市目前的房價就已經是全國均價的 3 倍以上，因此到 2030 年中國千萬人口以上大城市的平均房價將超過 10 萬元／平方公尺。

　　2001 至 2008 年，中國商品房價的年均增長率是 7.6％，如果在未來 20 年中國的平均房價從 2008 年的 3800 元／平方公尺上漲到超過 3.8 萬元／平方公尺，則未來 20 年內的房價年均上漲率就會超過 11％，這說明，到 2030 年中國基本上完成工業化的時候，在 15 億人口中將有 12 億城市人口，城市化率超過 80％。目前如果不算進城打工的農民，真正的城市人口只有 4.5 億，因此在未來 20 年將有接近 8 億人要進城，是目前城市人口的兩倍，而同期的經濟總規模也將增長 13 倍，但是同期內的城市土地可供量僅能增長 48％，所以在有限土地供給背景下的城市化加速與經濟的持續較快增長，是導致地價與房價加快增長的根本原因。

　　中國的人口高峰是在 2030 年，由於中國目前已經在加速進入老齡化階段，到 2030 年以後人口總數也會出現較明顯減少，中國城市地價強勁上升的勢頭由此才會開始轉變。

後記
未來正浮出水面

多年來，有關後工業時代最經典的提問是以這樣一句話開始：未來會怎樣？而且，提問的次數越多，似乎人們由此產生的疑惑就越多。未來真的可以預知嗎，即使你是最不願意想的那一個，那麼面對有可能讓自己面臨重大改變的現狀，還能說一切無關緊要嗎？

短短十年中，世界上已經發生了難以想像的變化，無處不在的網路成為人們溝通的主要工具。網路上密匝的資訊正好形成了一種虛擬化平臺，它的出現，使機會變成了一種成本，話語權從精英階層轉移出來到了公眾手中，這是一個劃時代的事件，它建築了形成未來世界的「開放與參與的架構」。

未來究竟怎樣呢，在人們的腦海中一直存有著這樣的場景：世界已經變成了一個龐大的「實驗場」，每個人都能感受到，隨著地緣界限的消失，屬於舊工業文明的傳統場景漸行漸遠，資訊化本身就是一個舊的模式解體的過程，過渡常常帶來超過想像的痛苦……

這是一個屬於蜂巢經濟的時代，浮現在眼前的不僅是一串串由精英們給出的撲朔迷離的數位，網路全球化將會使人與人之間的距離更近，包括思想和收入，而人們幾千年來默守的傳統更可能在「數字鴻溝」中被遺棄。

這是一個屬於機會成本的時代，比一台電腦更有價值的東西是什麼，答案是兩台電腦，在鎖定效應、網路虛擬效應不斷衝擊著社會經濟的時候，人們印象中物以稀為貴的想法將會徹底改變。人們將更借助於共用效應，隨著人們擁有電腦的數量增多，這台電腦的價值也將隨著增大。這不是物質量變的力量，而是共用普及的價值。普及之所以比稀有重要，正是

源於邊際效用遞增、網路效應、臨界容量等因素。共用程度越高的東西越有價值。例如：軟體，當複製的生產成本幾乎忽略不計的時候，其標準價值的提升速度令人吃驚。

在未來，世界更像是一個轉動的水晶球，人類用以創造和維持自身的工具在不斷進化，藉以抵禦自己所面臨的種種危機。社會從一個不穩定的平衡狀態，轉移到另一個不穩定平衡狀態。

人們無處不在協調地行動——從在農田裡種地這樣的簡單工作，到蜂巢般的自動化工廠。每個人都將有一個屬於自己的虛擬化空間，可以在同一起跑線上合作或競爭，種族、膚色、語言等所有差異都被打破了，人類通過海底光纜和網路就能實現新的社會分工。然而，完全的競爭也意味著一個殘酷的實驗場，未來世界強調更多的或許會是利益均等，因為一個「機會均等的公平競爭」，有時是極不公平的。許多人們認為憑一己之力就可以完成的事情，實際上需要不止一個人的努力：甚至一本書，還需要編輯、出版商、設計人員、印刷廠、倉庫保管員、卡車司機和其餘許多在讀者和作者之間架設網路的人的合作。

在即將到來，或者說已經部分地到來的人類未來世界，關於生命形態的許多匪夷所思的猜想都將成為可能，人們一方面在享受著數字實驗所帶來的便利，另一方面卻不得不面對傳統的道德規範的坍塌所造成的精神上的迷惘與失落。

在未來，也許人們會有所收穫，也許會失去更多。未來世界正在浮出水面，世界頂尖的專家們正在用他們的推測給出一個個答案。

看見未來──超級精英破解未來大趨勢

作　　　者	蘇言、賀瀕	
發　行　人	林敬彬	
主　　　編	楊安瑜	
編　　　輯	陳佩君	
美術編排	于長煦	
封面設計	王雋夫	

出　　　版　大都會文化事業有限公司　行政院新聞局北市業字第89號

發　　　行　大都會文化事業有限公司

110台北市信義區基隆路一段432號4樓之9

讀者服務專線：(02)27235216

讀者服務傳真：(02)27235220

電子郵件信箱：metro@ms21.hinet.net

網　　　址：www.metrobook.com.tw

郵政劃撥　14050529 大都會文化事業有限公司

出版日期　2012年1月初版一刷

定　　　價　280元

ISBN　978-986-6152-31-3

書　　　號　FOCUS-008

Chinese (complex) copyright © 2012 by
Metropolitan Culture Enterprise Co., Ltd.
4F-9, Double Hero Bldg., 432, Keelung Rd., Sec. 1,
Taipei 110, Taiwan
Tel:+886-2-2723-5216　Fax:+886-2-2723-5220
E-mail:metro@ms21.hinet.net
Web-site:www.metrobook.com.tw

◎本書由上海本周圖書有限公司授權繁體字版之出版發行。

◎本書如有缺頁、破損、裝訂錯誤，請寄回本公司更換。

國家圖書館出版品預行編目資料

看見未來：超級精英破解未來大趨勢 / 蘇言, 賀瀕合
　著. -- 初版. -- 臺北市：大都會文化, 2012.01
　　面；　公分. -- (FOCUS-008)

ISBN 978-986-6152-31-3 (平裝)

1.未來社會 2.社會變遷 3.趨勢研究

541.49　　　　　　　　　　　　　　100023513

大都會文化　讀者服務卡

書名：**看見未來─超級精英破解未來大趨勢**
謝謝您選擇了這本書！期待您的支持與建議，讓我們能有更多聯繫與互動的機會。

A. 您在何時購得本書：＿＿＿＿年＿＿＿＿月＿＿＿＿日

B. 您在何處購得本書：＿＿＿＿＿＿＿＿書店，位於＿＿＿＿＿＿＿＿(市、縣)

C. 您從哪裡得知本書的消息：
　　1.□書店　2.□報章雜誌　3.□電台活動　4.□網路資訊
　　5.□書籤宣傳品等　6.□親友介紹　7.□書評　8.□其他

D. 您購買本書的動機：（可複選）
　　1.□對主題或內容感興趣　2.□工作需要　3.□生活需要
　　4.□自我進修　5.□內容為流行熱門話題　6.□其他

E. 您最喜歡本書的：（可複選）
　　1.□內容題材　2.□字體大小　3.□翻譯文筆　4.□封面　5.□編排方式　6.□其他

F. 您認為本書的封面：1.□非常出色　2.□普通　3.□毫不起眼　4.□其他

G. 您認為本書的編排：1.□非常出色　2.□普通　3.□毫不起眼　4.□其他

H. 您通常以哪些方式購書:(可複選)
　　1.□逛書店　2.□書展　3.□劃撥郵購　4.□團體訂購　5.□網路購書　6.□其他

I. 您希望我們出版哪類書籍：（可複選）
　　1.□旅遊　2.□流行文化　3.□生活休閒　4.□美容保養　5.□散文小品
　　6.□科學新知　7.□藝術音樂　8.□致富理財　9.□工商企管　10.□科幻推理
　　11.□史哲類　12.□勵志傳記　13.□電影小說　14.□語言學習（＿＿＿語　）
　　15.□幽默諧趣　16.□其他

J. 您對本書(系)的建議：
＿＿＿＿＿＿＿＿＿＿＿＿＿＿＿＿＿＿＿＿＿＿＿＿＿＿＿＿＿＿＿＿＿＿＿

K. 您對本出版社的建議：
＿＿＿＿＿＿＿＿＿＿＿＿＿＿＿＿＿＿＿＿＿＿＿＿＿＿＿＿＿＿＿＿＿＿＿

讀者小檔案

姓名：＿＿＿＿＿＿＿＿　性別：□男 □女　生日：＿＿＿年＿＿＿月＿＿＿日

年齡：□20歲以下 □21～30歲 □31～40歲　□41～50歲 □51歲以上

職業：1.□學生 2.□軍公教 3.□大眾傳播 4.□服務業 5.□金融業 6.□製造業
　　　7.□資訊業 8.□自由業 9.□家管 10.□退休 11.□其他

學歷：□國小或以下 □國中 □高中／高職 □大學／大專 □研究所以上

通訊地址：＿＿＿＿＿＿＿＿＿＿＿＿＿＿＿＿＿＿＿＿＿＿＿＿＿＿＿＿＿＿

電話：（H）＿＿＿＿＿＿＿＿＿　（O）＿＿＿＿＿＿＿＿　傳真：＿＿＿＿＿＿＿

行動電話：＿＿＿＿＿＿＿＿＿　E-Mail：＿＿＿＿＿＿＿＿＿＿＿＿＿＿＿＿＿

◎謝謝您購買本書，也歡迎您加入我們的會員，請上大都會文化網站 www.metrobook.com.tw
登錄您的資料。您將不定期收到最新圖書優惠資訊和電子報。

看見未來

——超級精英破解未來大趨勢

北 區 郵 政 管 理 局
登記證北台字第9125號
免 貼 郵 票

大都會文化事業有限公司

讀 者 服 務 部　　收

11051台北市基隆路一段432號4樓之9

寄回這張服務卡〔免貼郵票〕
您可以：
◎不定期收到最新出版訊息
◎參加各項回饋優惠活動

大都會文化
METROPOLITAN CULTURE